主　　编　赖惠能　周　宇

副 主 编　董科娜

撰稿/组稿　周　宇　朱　霞　董科娜

吴小敏　郑　霞　马昊天

编务统筹　朱　霞

编务执行　戴崇高

美术编辑　吴　锋

"经纬之间"织就现代化"国际纺都"

——中国式现代化县域实践观察

◎赖惠能 周 宇 主编
◎董科娜 副主编

中国出版集团有限公司
研究出版社

目　录

序

提起“柯桥”，也许有些人并不那么熟悉，可要说到“绍兴”，那就恐怕鲜有人不知了：会稽禹陵、古越之都、山阴兰亭、沈园……王羲之、陆游、秋瑾、鲁迅、蔡元培……绍兴实乃古今鱼米之乡、文化之邦，物阜民丰、人杰地灵。

柯桥，原系绍兴的一个镇，后为绍兴县的县城，现是绍兴市的柯桥区，是绍兴的重要组成部分。故柯桥乃一片经济繁荣、文化底蕴丰厚、百姓安居乐业的古域。改革开放以来，在这片古域之上，吹过一阵又一阵新风，创造了一个又一个奇迹，成为中华大地上的一方热土。

1992年，在这里诞生了全国第一家以“中国”命名的专业市场——中国轻纺城。短短二三十年的时间，从“河边布街”，到“布满全球”，轻纺城的布料，不仅流向全国各地的大街小巷，而且远销世界200多个国家和地区。这里领了全国开办专业市场风气之先，也创造了一个奇迹。

站在时代的滚滚潮头，柯桥一路高歌猛进。在全面建成小康社会的新时期，柯桥一直是全国社会进步、经济发展、文化建设、民生改善的排头兵。党委政府的“积极有为”，加上柯桥百姓“历经千辛万苦、说尽千言万语、走遍千山万水、想尽千方百计”的“四千精神”，2018年，柯桥区上榜全国县域经济基本竞争力十强。可以说，柯桥的发展史，是我国改革开放以来经济社会飞速发展的一个缩影，柯桥向全国展示了高水平全面小康的县域发展路径。

习近平总书记在党的二十大报告中指出："从现在起，中国共产党的中心任务就是团结带领全国各族人民全面建成社会主义现代化强国、实现第二个百年奋斗目标，以中国式现代化全面推进中华民族伟大复兴。"古语道，"郡县治，天下安"。古往今来，县域历来是发展经济、治理国家的基础。今天，没有县域的现代化，就没有全国的现代化。探索中国式现代化的县域发展路径，"摸着石头过河"的实践，对于中国式现代化道路、理论、体制创新的完善具有重要意义。路在何方？柯桥一路走来留下的足迹，对我们是一种启示。

柯桥的路，展示了如何发展经济、治理城乡、改善民生，更以自身的作为告诉我们什么是"中国特色社会主义"。通过本书，我们看到柯桥坚定不移地以推进共同富裕为抓手，探索一条发达县域实现中国式现代化的路径。我们认为，"共同富裕"是中国式现代化区别于西方现代化最本质、最显著的标志。中国共产党人的"初心"是什么？我们奋斗的目标是什么？为中华民族谋复兴，为中国人民谋幸福。我们始终认为，共同富裕，让广大人民群众过上幸福美满的好生活，是中国特色社会主义的精髓所在。

柯桥，"不忘初心、牢记使命"，始终紧紧抓住共同富裕这个"纲"，过去如此，今天更加自觉，更加动真格、下功夫。

不断做大"蛋糕"。努力构建现代产业体系，发展新质生产力，从"一块布"的传统产业，向涵盖现代纺织、新材料、生物医药和泛半导体的"1+3"现代产业融合集群发展。继续做大做强传统产业，下力气提升传统产业的科技水平、开拓新产业。

精心分好"蛋糕"。脚踏实地做工作，不断缩小城乡、收入、地区三大差距。提倡、推进共同富裕，培养"共富星村"、共富指导员、共富工坊。2022年柯桥农民人均收入超5万，跃居浙江省第一。努力做好第二次分配，以百姓之心为心，把最好的资源给教育，引入国企参与高质量养老服务体系建设，定向培养280多名乡村医生，打造公共服务"七优享"（幼有善育、学有优教、劳有所得、病有良医、老有康养、住有宜居、弱有众扶）金名片。

功夫不负有心人。这几年，柯桥克服种种困难，不停前进脚步。2023年，被国家发改委列为“国家级共同富裕实践观察地”，跻身全国综合实力百强区排名第九位，又以“图强争先、领跑竞跑”的姿态奔上新征程。柯桥，已经取得的成绩骄人、耀眼；展望未来，现代化“国际纺都、杭绍星城”，可盼可期！

高明光　求是杂志社原社长

俯瞰柯桥　林哲秉／摄

导　言

讲述中国式现代化的地方故事

现代化是人类文明进步历程上的一次伟大的历史性跃升。利用先发优势，西方国家将世界各个角落都卷入了其主导的全球化进程，建构起了不平等的世界政治经济体系，并依据西方的历史经验，建构出了单线历史观主导的现代化话语体系，掌握了现代化及人类文明进步的话语主导权。

中国式现代化的出场，极大地改变了现代化的世界版图，打破了人类社会现代化进程中“东方从属于西方”[①]的历史格局，并以后发大国自主探索现代化道路的成就，开创了超大规模后发大国现代化的成功范例，确证了现代性及现代化道路的多样性，消解了西式现代化模式及其话语体系的普世性，展示了人类社会现代化的新图景。

流动的现代性与多元的现代化

现代化体现了人类文明进步的总体趋势，各国的现代化追求及其取得的成果有着共同的规定，现代化的推进过程也遵循着某些具有普遍性的规律。

①《马克思恩格斯文集》第2卷，人民出版社2009年版，第36页。

但无论是作为现代化成果的现代性还是现代化的具体过程，从来都是普遍性与特殊性的统一，其具体内涵和实现形式从来都是多元的，走向现代化的共同历史进程也必然会有不同的路径及其表现形式。国情的差异性、文化的多元性，以及现代化现实条件的千差万别，决定了各国现代化过程必然会呈现出显著的个性化差异。

就广大发展中国家而言，走向现代化的过程中固然存在某些潜在的“后发优势”，但同样产生了诸多发达国家不曾遭遇的特殊难题。

作为全球最大的发展中国家，发展中国家遇到的后发难题，中国一应俱全，并且因为人口、疆域的超大规模属性而显著地放大了这些挑战潜在的风险。因而在后发国家中，中国的现代化实践具有重要的典型性意义。中国的实践表明，所谓的“后发劣势”，不是永远无法摆脱的历史宿命，只要探索形成了符合本国国情的现代化道路及其制度支撑体系，培植和激发出现代化的内生动力，就能够克服后发境遇带来的种种不利条件，进而挖掘和发挥出“后发优势”。中国的实践还表明，在世界体系中处于不利地位的发展中国家，并非只有“依附”发展或主动“脱钩”两种非此即彼的选择，而是完全有可能在积极参与全球经济一体化进程中保持现代化建设的自主性，进而通过有效发挥比较优势，在世界经济体系中赢得立足之地。

就此而言，中国式现代化的出场，不仅在很大程度上改变了世界现代化进程“东方从属于西方”的历史格局，而且打破了全球现代化话语“东方从属于西方”的局面，凸显了东方现代化经验的独特意义，彰显了发展中国家以自主性探索，重构现代性意涵、拓展现代化道路、推动人类文明进步的丰富可能性。

地方经验与中国式现代化生成的实践逻辑

中国式现代化新道路之所以充满活力，显示出强大的现实生命力，就在于它内生于中国特色社会主义现代化探索历程，内生于中央顶层设计与地方自主性探索的良性互动之中，地方层面“摸着石头过河”的摸索，甚至是试错性的尝试，构成了中国式现代化道路、理论、体制创新的重要经验和智慧来源。

大体上，地方的探索实践主要有两种方式。一种是中央以改革“试点”或设立“试验区”的形式，明确授权地方进行专项改革或综合配套改革试验；另一种是在中央没有明确授权的情况下，地方根据中央对于改革的总体构想，结合地方经济社会发展面临的现实挑战进行自主性探索。相对而言，随着改革推进方式的调整，地方的探索实践越来越多地由第二种方式过渡到了第一种方式。但无论采用哪种方式，地方的试验都构成了各项重大改革推进不可或缺的重要环节，地方取得的成功经验都会被国家层面的决策所吸纳，成为最终出台的改革方案、制度安排的重要经验支撑和智慧来源。实践证明，鼓励多样化的地方探索试验，正是大国的体制改革和现代化道路探索的重要优势所在。

一是多样化、多层面的地方性试验，能够有效地控制改革风险及其带来的社会震荡，防止体制改革和重大战略选择出现全盘性的失误

鼓励地方在中央既定大政方针的框架内进行局部性试验，既可以通过借鉴地方试验的经验启示来找寻体制改革的有效突破口，通过对多样式的地方改革经验的总结、比较，优化改革方案的整体设计，同时可以将改革的风险控制在可承受的范围之内，降低改革的不确定性，增强社会成员对改革的适应能力。地方的大胆探索与中央的审慎决策的结合，正是中国改革有效权衡改革、发展、稳定关系的重要方式。

二是鼓励地方进行自主性探索，可以充分调动地方政府的积极性、创造性，充分利用其拥有的丰富的地方性知识，汇聚体制改革和发展战略选择的实践智慧

所谓“地方性知识”（local knowledge）是相对于普遍知识而言的基于地方具体情境的认知体系。改革开放之初，在中央的鼓励下，沿海地区形成了以苏南模式、珠三角模式、温州模式为代表的多元化的地方工业化和市场化模式，这些地方发展模式的形成，都与各地独特的区域文化传统、社会资源禀赋及其面临的发展压力息息相关，其成功经验凝聚着丰富的地方性知识。正是这种多样化的地方工业化、市场化模式的同时并存，极大地丰富了人们对市场经济的认知和想象，为社会主义市场经济体制的建构提供了重要的实践经验支撑。

三是多样化的地方性试验，不仅有效地增强了经济社会发展的创新活力，而且显著提高了国家层面重大决策的回应性和适应性

中国不仅是一个拥有复杂的文化、宗教、民族结构的异质性社会，而且是一个区域发展差距极大的国家。各地发展水平、发展条件及其承担的发展功能的差异，决定了国家不可能在体制改革和发展战略上一概采取“一刀切”的做法，而必须在同一政策和制度框架内赋予地方必要的自主权，因地制宜地贯彻落实国家的发展方略。

如果说中国的体制改革和发展战略制定，都广泛吸纳了地方性试验的成功经验的话，那么，作为新中国成立以来特别是改革开放以来理论创新、制度创新、战略创新的集成，中国式现代化道路的开创，更是凝聚着丰富的地方实践的元素、经验和智慧。以书籍出版的方式观察中国式现代化各地的鲜活实践，汇聚破解现代化难题的多元地方路径和方案，将为最终积淀、升华为中国式现代化的思想智慧贡献一份力量。

中国式现代化的浙江先行实践

由于区域之间资源禀赋、发展条件的差异以及发展水平的不平衡，中国现代化建设以及中国式现代化道路的探索，呈现出的是地区之间阶梯式推进的格局，沿海发达地区的探索实践及其经验积累，对于深化社会主义现代化建设规律的认识，最终在国家层面探索形成成熟的中国式现代化道路，具有重要的探路意义。

无论就发展成就的显著性，还是发展道路及演进逻辑的内生性，浙江的省域现代化在全国都极具典型性。改革开放之前，浙江作为计划体制的边陲地区和海防前沿，国家投资稀少，加之资源匮乏，工业基础相当薄弱，是一个典型的农业省份，主要经济指标均居全国中游水平。经过40多年的快速发展，浙江省域现代化建设取得了历史性的成就，主要经济指标跃居全国前列，成为居民富庶程度最高、城乡区域发展最协调的省份，肩负起了高质量发展建设共同富裕示范区、打造新时代全面展示中国特色社会主义制度优越性的重要窗口的重任，浙江的发展态势和重大改革举措也因此倍受各界关注。

从演进逻辑来讲，中国式现代化新道路的生成，在纵向上体现为发展水平的不断跃升，逐步从相对粗放的发展迈向高质量发展；在横向上体现为发展内涵的不断拓展，从相对单一的经济增长，迈向富强、民主、文明、和谐、美丽的全面现代化。浙江省域现代化生动地展示了中国经济发展模式转型升级，从粗放型增长迈向高质量发展的历程，展示了从全面小康迈向全面现代化的内生轨迹，为中国式现代化提供了丰富多彩的实践案例。正因如此，《中国式现代化市域实践观察》和《中国式现代化县域实践观察》系列丛书开篇之作选择了浙江具有代表性的城市和区县。

浙江故事汇聚的是社会变革的内生活力源源不断地释放出来的故事。从改革伊始，浙江就以市场化、民营化改革形成了体制机制创新优势，迅速激发出全社会沉睡已久的创业创新活力，形成了一浪高过一浪的改革创新热潮，成为中国市场化改革的重要试验场。20世纪80年代，温州率先走上了以农村家庭工业为起点，进而逐步形成专业市场与产业集群相匹配的农村工业化道路，推动了地方经济的迅猛发展，“温州模式”也因此成为与“苏南模式”“珠江模式”并驾齐驱的三大工业化模式。20世纪90年代中期以来，“莫名其妙”“无中生有”“点石成金”的义乌模式异军突起，充分展示了市场经济的发展魔力，成为浙江市场化、工业化的新样板。新世纪以来，以杭州为代表的互联网经济、数字经济横空出世，带动了浙江产业结构的深刻变革，成为省域现代化的重要新动源。从“温州模式”到“浙江现象”，再到“新浙江现象”，在改革开放的各个阶段，浙江都为全国诸多重大体制改革贡献了大量原创性的经验，为中国式现代化新道路的探索提供了卓有成效的创新实践样本。

浙江故事呈现的是激情四射的万众创新、大众创业场景

任何一个民族、国家现代化的成功实践，都离不开社会大众精神状态变革的支撑。作为浙江人文精神的代表，浙东事功学自作主宰、经世致用、义利并重、工商皆本等思想传统，都同主流思想大异其趣，体现出浙江区域文化传统鲜明、独特的精神气质，赋予了浙江人一系列适应市场经济发展的特殊人力资本优势，一种特殊的文化基因。浙江先行一步的市场化改革，最重要的意义就在于它迅速激活了浙江区域文化积淀的工商文化基因，将浙江民间崇尚务实、注重功利、乐于经商的价值观念与行为方式，转变成了大众化的创业浪潮。浙江市场经济发展之所以始终充满活力，就在于市场化、民营化的体制机制创新，同浙江区域文化传统的相互激荡，推动了浙江民众完成了生存方式、交往方式以及价值观念的一场革命性变革，在全社会塑造出了一种全新的精神气质，使千千万万普普通通的老百姓演变成了“走遍千山万水、说尽千言万语、想尽千方百计、吃尽千辛万苦”的市场经济开路先锋，造就了浙江大众化创业和“老百姓经济”格局，使浙江成为创业主体最密集的省份之一，大约每7个浙江人中就有1个创业者。浙江省域现代化的底层逻辑，毫无疑问，是现代化实践普遍的主体性自觉，是千百万浙江人民现实地将自己塑造成了社会财富创造主体和现代化建设主体，进而将全国各地具有创业创新志趣的各类人才源源不断地吸纳到浙江的创业大潮之中，铸就了浙江创业创新澎湃的精神动力。

浙江故事展现的是精彩纷呈的多元现代化路径和方案

浙江靠山面海，平原、丘陵、山区由北至南依次排开，地形地貌复杂多变。改革开放以来，各地充分发挥资源禀赋的特色优势，形成了高度多元化的工业化模式。到20世纪90年代后期，全省各县市区几乎都形成了极具地方特色的“块状经济”。“八八战略”实施以来，各市县更是在省域现代化建设中，各擅胜场，做足特色和优势的文章，在经济建设以及现代化各项事业发展上形成了你追我赶的发展态势。从“块状经济”到产业集群，再到特色小镇；从全国首屈一指的“县域经济”，到走在全国前列的“县域善治”；从

温台地区多元化的民营经济，到以杭州为代表的数字经济；从浙北地区的城乡均衡发展，到浙南浙西的生态经济建设；从四大都市区的集聚化发展，到山区26县“一县一策”的高质量发展。浙江的现代性和现代化过程琳琅满目，多元性体现得极为充分。多元化的工业化、现代化路径和方案，不仅有效地发挥了各地在资源禀赋和地方性知识上的比较优势，极大地丰富了各地推进市域、县域现代化的视野，使各地在发挥优势、补齐短板中实现了现代化建设总体水平的逐步提升，而且也为中国式现代化道路的探索、生成提供了极为丰富的地方性经验支撑。在浙江范围内进行中国式现代化市域、县域实践观察，我们看到的不是一种特殊、统一的地方工业化和现代化模式，而是多元路径和方案在相互竞争、相互比对中不断迭代升级。

浙江故事蕴含的是有效市场与有效政府良性互动的深层逻辑

浙江是中国市场化改革的先行省份，迄今为止浙江省域现代化的所有先行优势，归根到底，都源自于改革伊始的市场化、民营化体制机制创新的先发优势。先行一步的市场化改革不仅造就了规模庞大的市场主体，而且激发和塑造出了万众创新、大众创业的社会风尚。在共同富裕成为中国式现代化的现实议程的今天，恰恰是一个市场化改革的先行省份，一个民营经济最为发达的省份，成为全国唯一的高质量发展建设共同富裕示范区。解码浙江，我们从中获得的最大启示就是，市场经济是中国走向共同富裕的现代化的必由之路。“理论和实践都证明，市场配置资源是最有效率的形式。市场决定资源配置是市场经济的一般规律，市场经济本质上就是市场决定资源配置的经济。”②没有健全的市场经济体系，没有旺盛的民营经济发展活力，浙江就不可能在省域现代化上先行一步，就不可能具备建设共同富裕示范区的基本条件。

政府与市场是现代社会最重要的两种资源配置方式，不同的现代化道路选择，最终都可以从市场与政府在资源配置上的功能定位及相互关系上得到阐释。《中国式现代化市域实践观察》和《中国式现代化县域实践观察》系

②习近平：《关于〈中共中央关于全面深化改革若干重大问题的决定〉的说明》，《人民日报》2013年11月16日。

列丛书要讲明白、讲透彻的就是每个地方如何“更好地发挥政府的作用”。

浙江故事清楚地告诉我们，政府与市场的合理关系不是固定不变的，政府的开拓性作用也决不是没有边界的。改革开放初期，从20世纪80年代默许基层群众为解决自己的生计问题而采取的某些冲破旧体制的举动，对个体私营经济的发展采取放任自流甚至暗中支持的策略，到20世纪90年代积极引导、扶持、规范个体私营经济发展，为市场体系的发育提供各种有效的政策激励，浙江各级地方政府形成了一整套务实、开放、理性的行为模式，如对于先行先试过程中出现的种种不成熟现象，“允许试、允许看、允许改”，坚持“老百姓愿意干的不阻拦，老百姓不愿意干的不强迫”；面对改革创新遭遇的种种姓资姓社的担忧和非议，“不动摇、不攀比、不张扬、不争论、不气馁”，坚持“少说多做”，拿事实来说话；针对纠缠不同所有制经济比重的思想干扰，坚持“不论成分重发展，不限比例看效益”；对于基层群众创造的成功经验，及时总结、推广，用以指导各地的实践，如此等等。这些独具特色的促进民营经济发展的“地方性知识”，都为浙江成功地培育出大众化创业浪潮，创造了至关重要的制度环境。新世纪以来，随着市场主体和市场经济体系发育的逐步成熟，以“八八战略”的实施为标志，浙江进一步理顺了政府与市场的关系，显著地强化了政府在促进城乡区域协调发展上的战略引导功能，强化了政府的公共服务供给以及发展环境营造功能。

中国式现代化是中华民族前所未有的伟大社会变革，其深刻性、广泛性超过了人类社会以往所有的现代化实践。超大规模国家现代化的一个重要优势，就是社会各个领域、全国各个地方的多样性探索，共同构成波澜壮阔的社会变革试验场景，汇聚形成破解现代化难题的多元路径和方案，最终积淀、升华为中国式现代化的思想智慧。《中国式现代化市域实践观察》和《中国式现代化县域实践观察》系列丛书就是要将典型区域发展实践纳入中国式现代化的大场景，审视、总结市域、县域样本蕴含的具有广泛借鉴意义的实践经验。

何显明 浙江省社会科学院原院长

水韵纺都、杭绍星城　林哲秉／摄

总　论

解码柯桥：共同富裕的中国式现代化县域实践

说到浙江省绍兴市柯桥区，第一印象就是“富”。

位于浙江中部的柯桥区前身是绍兴县，2013年撤县设区，处于杭州0.5小时经济圈和上海1.5小时交通圈内，是绍兴市接轨沪杭都市区的桥头堡、杭绍甬一体化发展的关键节点区。

在全面建成小康社会的历史时期，柯桥就是“老先进”，2018年，柯桥位列全国县域经济基本竞争力十强，如今又以全国综合实力百强区排名第九来展现自己的综合实力：2023年，该区GDP首次迈上两千亿元台阶，增速高出全省2个、全市0.5个百分点。规上工业增加值、固定资产投资、外贸出口等主要指标分别增长12.1%、12.4%、10.2%。

柯桥，确实“富”。

富在产业，这里是亚洲最大的布匹专业市场所在地、世界最大的纺织贸易集聚地。中国轻纺城与全国近一半的纺织企业建立了产销关系，全球每年有1/4的面料在此成交。从上游的聚酯纤维、化纤原料生产，到中游的织造、染整，再到下游的服装设计、加工、纺机装备制造，柯桥建立有全球最完备的现代纺织产业体系。现代纺织是柯桥经济的“压舱石”，新质生产力也在蓬勃兴起——以宇越新材料、宝万碳纤维、日月光能等重大项目为牵引，先进功能材料“万亩千亿”平台加速崛起。

富在百姓，2023年农村居民人均可支配收入5.5万元，位列浙江省第二。城乡居民收入比缩小至1.582。全区328个村集体经济组织平均经营性收入为367.77万元。

和全面建成小康社会一样，作为国家最基本的行政和经济单元，没有县域的现代化，就没有全面的现代化。走进中国式现代化新征程，一路“领跑”的柯桥给自己划定的“先行”目标是从高水平全面小康的“富”到中国式现代化的“共富”——以推动共同富裕为主抓手来建设中国式现代化的县域。

精准定位中国式现代化价值坐标的选择

柯桥为何以推动共同富裕为抓手来建设中国式现代化的县域？开篇所说的柯桥之“富”实际上是微观层面阐述柯桥的基础。从宏观和中观的层面分析，可以更清晰地认识到这一县域发展目标的意义。

宏观层面，纵观整个人类社会发展史，走向现代化是全人类共同的理想，是一个世界性的历史过程。中国，正上演着人类历史上最大规模的现代化进程。

党的二十大报告明确提出：“从现在起，中国共产党的中心任务就是团结带领全国各族人民全面建成社会主义现代化强国、实现第二个百年奋斗目标，以中国式现代化全面推进中华民族伟大复兴。”在此背景下，2023年中央经济工作会议进一步深化了新时代做好经济工作的规律性认识，强调“必须把推进中国式现代化作为最大的政治”。

什么是中国式现代化？它既有与全球所有城市相同的治理特征，也有基于中国国情、体现时代特征、彰显社会主义制度优势的鲜明特色。党的二十大报告明确指出中国式现代化是人口规模巨大的现代化，是全体人民共同富裕的现代化，是物质文明和精神文明相协调的现代化，是人与自然和谐共生的现代化，是走和平发展道路的现代化。

这五大鲜明特色中，全体人民共同富裕是对西方资本逻辑的全面超越。实现共同富裕是社会主义的本质要求，正是在这一点上，社会主义与其他社会形态发展的差异性才得到本质的彰显。也就是说，如何推进全体人民共同富裕的中国式现代化是各地在推进中国式现代化的进程中必须回应和解答的重大课题。从这个角度就不难理解，为何柯桥会将推进共同富裕的中国式现代化县域样板作为自己的目标定位，这是一个精准定位中国式现代化价值坐标的选择。

中观层面来看，浙江的现代化省域先行为柯桥提供了领跑优势，浙江的新目标新定位也决定了柯桥在推进中国式现代化上的发力点。

改革开放以来，浙江一直以先行者的姿态奋进在中国现代化建设的最前沿。21世纪之初，习近平同志顺应中国改革发展的大逻辑，在浙江制定实施“八八战略”，率先就省域社会主义现代化建设进行了全盘性的战略谋划，奠定了浙江在省域现代化探索上先行一步的战略主动和历史主动。

在“八八战略”引领下，浙江深入探索，上下求索，在服务国家需要、推动自身发展、顺应人民意愿的实践过程中，先行领跑的实践逻辑日渐清晰，一系列现代化建设的规律性认识应运而出。可以说，“八八战略”引领下的省域现代化实践，是中国式现代化生成、演进历程的缩影，完整地呈现了中国式现代化从粗放型增长迈向高质量发展，从单纯的经济建设迈向经济、政治、社会、文化、生态文明建设协调发展，从小康生活迈向高品质生活的内生演进轨迹。

党的十八大后，习近平总书记和党中央对浙江先行发展给予了亲切关怀、寄予了殷切希望。2016年9月对浙江提出了“秉持浙江精神，干在实处、走在前列、勇立潮头”的新要求；2020年3月又赋予浙江努力成为新时代全面展示中国特色社会主义制度优越性的“重要窗口”的新目标新定位；2021年6月再次给予浙江“高质量发展建设共同富裕示范区”的新使命。2023年9月，习近平总书记在浙江考察时指出，浙江是中国式现代化的先行者，对浙江提出“走在前列、先行示范、续写新篇、积极探索”的重要要求。

从这些新目标、新定位、新使命来看，推进全体人民共同富裕的中国式现代化，浙江都是最重要的先行实践输出地。县域发展走在浙江前列的柯桥理应担当起这样的重大使命，率先探索出共同富裕的中国式现代化县域实践路径。

确定了目标，路线图怎么规划？经过一年多的深入观察和调研，我们总结了“一二三四五”的柯桥实践路径：

“一”是确定以推动共同富裕的中国式现代化作为县域高质量发展的一条逻辑主线。

“二”是重点做好“两件事情”，即产业为基、做大“蛋糕”；人民至上、分好“蛋糕”。

“三”是把缩小地区差距、城乡差距和收入差距这三大差距作为主攻方向。

“四”是在这个过程中处理好了“四组关系”，即政府与市场的关系、扬长和补短的关系、有为与有感的关系、传统与现代的关系。

“五”是在“5个有”——政府有为、市场有效、改革有力、百姓有劲、成果有感中打造共同富裕和中国式现代化县域样板，为发达地区县域发展探路。

2023年底，柯桥区被国家发改委列为国家级共同富裕实践观察地。下文我们将就这“一二三四五”的柯桥实践作具体阐述。

一条主线：以推动共同富裕的中国式现代化作为县域高质量发展的逻辑主线

“实现共同富裕不仅是经济问题，而且是关系党的执政基础的重大政治问题。”2021年1月，习近平总书记就共同富裕的重要性做出重要表述。这就要求我们用更加系统的思维去看待共同富裕，它绝不仅仅是搞好乡村振兴或者提高公共服务水平就能解决的问题，它呼唤的是通过体制机制创新带来

新时期国际纺织之都
薄膜起皱
铭众涂层

International Textile City In The New Era
市场
网布
建勇
仓储
货架
特种
丝
涂层
烫金
银涂
油面压光
众恒
烫金
大棚冲孔

中国轻纺城　姚加峰／摄

的系统重塑。

系统观念，这就是柯桥的工作方法——把推动共同富裕作为中国式现代化县域发展的主线、主轴，突破部门界限、条块分割、工作碎片化，统领全局。

首先是清醒认识到党在共同富裕的系统工程中发挥着绝对领导作用，在推进共同富裕的实践中必须始终把党的领导置于最重要、最突出的位置，构建党建统领的整体智治体系。其次是在顶层设计上把握系统性和整体性，立足当前、着眼长远，设计符合一段时间内实际需求的目标，尽力而为、量力而行。第三是科学规划突破性抓手，不能“脚踩西瓜皮，滑到哪儿算哪儿”，运用综合集成方法，通过体制机制的创新去解决共同富裕的内在复杂问题。最后是深入调查研究，没有调查，就没有发言权，调查研究是永不过时的“传家宝”，在调查中为发展解题。

在这样的方法论下，柯桥构建了“一组一办一团一中心六专班”组织体系。“一组”即高质量发展推动共同富裕领导小组，区委书记任组长，区长任第一副组长。“一办”即领导小组办公室。“一团”即柯桥区委高质量发展建设共同富裕示范先行区顾问团，成为柯桥区委区政府设立的高层次决策咨询机构，对全区共同富裕示范区建设的重大战略、重大决策、重大项目和重点问题进行研究和咨询论证；对共同富裕相关的中长期规划和重要规划进行研究和咨询论证；对涉及全区共同富裕相关的难点、热点问题进行咨询研究。“一中心”即共同富裕指导中心，相当于系统推进的“中枢”和“发动机”，推动改革创新，破除共同富裕机制性制度性障碍。“六专班”瞄准推动共同富裕的重点、难点和柯桥仍面临的短板问题：党建共富专班聚焦推动共富联盟扩面，消除经济相对薄弱村；扩中提低专班聚焦扩大中等收入群体，推动低收入群体增收，打造橄榄型社会结构；民生补短专班聚焦补齐医疗、教育、养老、住房等民生短板，提升公共服务均等化水平；平安共富工作专班聚焦打造“平安柯桥”；三次分配专班聚焦高质量发展慈善事业；未来乡村专班聚焦打造强村富民的标志性成果。这样的架构成为柯桥系统推进共同富裕的组织保障。

两大重点：做大“蛋糕”、分好“蛋糕”

一条主线的系统谋划下，柯桥紧紧抓牢推进共同富裕两大重点，推动经济高质量发展共同富裕基石，做大“蛋糕”；破除共同富裕机制性制度性障碍，分好“蛋糕”。

产业为基、做大“蛋糕”

把“蛋糕”做大，发展仍是第一要务，从根本上说还是GDP总量的增长，这是共同富裕的基础，只有经济总量增大了，人均可支配收入才有可能提高，老百姓才能有更多的财富积累。2023年，柯桥在全国综合实力百强区的榜单中排名再晋1位，位列全国第九。2023年，柯桥全区实现地区生产总值首次迈上2000亿元大关，根据国家统一初步核算达到2030.29亿元、增长8.3%，高出全国3.1个、浙江省2.3个百分点。一般公共预算收入142.2亿元、增长7.3%，城乡居民人均可支配收入分别达到8.7万元、5.5万元，分别增长6%、7.2%。

柯桥经济的“压舱石”是制造业，主导的是纺织产业。

今天的柯桥，是一座“托在布上”的现代都市。110万的常住人口中有70多万是“新柯桥人”，他们绝大多数都从事纺织产业。当地有8000多家纺织企业，其中大纺织产业规上企业908家，轻纺城的市场经营户已经达到3.6万。毫无疑问，纺织业是柯桥的第一富民产业。

2022年，柯桥大纺织实现产值1296亿元，占规上工业总产值的55.8%；轻纺城市场群实现成交额2501.76亿元，增长6.96%；轻纺城网上成交额达809.13亿元，增长15.31%，连续31年居全国同类专业市场首位；纺织品出口超1000亿元，贸易覆盖190多个国家和地区，占区出口总额的77.7%。

从摇着船橹的“水上布市”，到大胆开辟“马路市场”，再到建设现代化“国际纺都”，从“一根丝”到“一块布”，再到“一件衣”……深耕纺织业的柯桥如今拥有全国最具代表性的纺织产业集群基地和全球最大的纺织品集散中心——中国轻纺城，形成了全球最完备的现代纺织产业体系。

世界纺织看中国，中国纺织看浙江，浙江纺织看柯桥。盛名之下，这个经济“底座”的形成绝非一日之功，回溯历史，从传统到现代，柯桥纺织业的华丽蜕变至少经历了5个阶段，有5个里程碑式的时间节点。

第一个时间节点：1992年，柯桥（时为绍兴县）成立全国第一家以“中国”命名的专业市场——中国轻纺城。

20世纪80年代，改革开放激起大潮奔涌。1983年12月，国务院决定取消布票，纺织品实行敞开供应。敢为人先的绍兴人敏锐察觉到：纺织业发展的春天要来了。当地政府迅速作出决策，在全国率先发展以纺织、印染为主体的乡镇轻纺工业。

随后，一批头戴乌毡帽、手摇乌篷船的布贩子，开始沿河叫卖本地生产的布料，自发形成了热闹的“水上布市”。不久后，他们又抛橹上岸，在临河狭长的小街摆摊销售布匹，“水上布市”自此发展为“河边布街”。1985年，当地因势利导，把杂乱无序但是生意颇好的“河边布街”改建成棚屋式“柯桥轻纺产品市场”，推动自发市场向规模集贸市场转变。到1988年，又建成了多功能、封闭式的“绍兴轻纺市场”，这也是全国首个室内轻纺产品专业市场。此后，“弄潮儿”们用脚步拓展销路，产品内销全国各地。

1992年6月1日，经国家工商行政管理局批准，绍兴轻纺市场更名为浙江绍兴中国轻纺城。这是全国首家以“中国”命名的专业市场。1993年3月25日，中国轻纺城改制为股份有限公司，5月9日中国轻纺城发展股份有限公司正式成立，是全国首家以大型专业批发市场为基础组建的股份制企业。1994年11月2日，绍兴中国轻纺城发展股份有限公司正式被国务院列为全国百家现代企业制度试点单位，成为全国专业市场中唯一列入试点的企业。

第二个时间节点：1998年，柯桥纺织走出国门，开启“二次创业”。

20世纪末亚洲金融危机后，当地引导纺织企业国内国外“两个轮子一起转”，质优价廉的柯桥布料走出国门，迅速抢占了非洲市场。1999年，首届中国纺织品博览会在中国轻纺城展览中心举办，333个参展摊位一举创下5.15亿元的成交额。2001年，中国加入WTO。柯桥外贸从非洲拓展到欧美，大批布商“拎包就走”跑展会、找客户，开启了“二次创业”。

1997年5月19日，全国人大常委会副委员长费孝通考察中国轻纺城后指出，中国轻纺城不仅规模大，而且发展潜力大，发展“二次创业”前景广阔。

1998年5月24日，县委县政府拟定中国轻纺城“二次创业”的基本思路，提出用5年时间把中国轻纺城建设成为中国乃至国际的纺织品交易中心、信息中心、技术开发中心和价格发布中心。

第三个时间节点：2010年，柯桥下决心“补短板”，推动印染集聚、设备换代、产品升级，从量的扩张转向质的提升，既要金山银山，也要绿水青山。

纺织离不开印染，上承织造下接服装的柯桥印染业，始终与轻纺市场的繁荣相得益彰。

曾经，由于产业结构“低散乱”，柯桥印染业饱受高耗能、高成本、高污染和产业竞争力下降的困扰。2009年，柯桥染布总量达156亿米，而利润仅有13亿元，印染每米布平均仅挣8分钱，耗水却达12.7公斤。而与此同时，印染带来的环境污染、土地利用率低下等问题日益凸显。2010年，柯桥开始谋划印染产业集聚升级。

历时8年，柯桥区通过“整合集聚一批、兼并重组一批、倒逼关停一批”，全面完成印染产业集聚升级工程，全区212家印染企业缩减整合至108家，集聚搬迁至蓝印时尚小镇；又历时近4年，2018年11月至2022年9月，越城区32家印染企业“跨域整合”组成了五大印染组团，也集聚搬迁至蓝印时尚小镇。

在集聚过程中，柯桥不仅鼓励印染企业整合抱团，而且更注重技术的迭代。数据显示，截至2023年，柯桥有印染企业110家，印染业国际先进设备应用比重达到60%以上，重点印染企业CAD技术（即纺织品计算机辅助设计技术）普及率达100%，染色设备平均浴比由1∶10提高到1∶5（即原本染1米布需要10公斤水的话，现在只需要5公斤），45%的企业建有测配色系统，80%的企业配套有半自动、自动染料助剂称量输送系统，100%的企业建立并完善了用能、排污检测系统。在全国率先建成创新、集聚、绿色、高端的印染产业转型升级示范区。

聚集，让柯桥的印染产业实现了从量到质的变迁。蓝印时尚小镇成为全国最大的绿色印染基地，印染产能达到了浙江的60%、全国的40%。集聚，为数字化变革提供了可能。由柯桥建设的“织造印染产业大脑”中的“数字孪生工厂”模块能够对实际业务和生产场景进行模拟、分析、追踪、比对、测算，全程追溯产品质量、成本等信息，为企业管理者的决策提供数据支撑。织造印染产业大脑作为全省首批试点建设行业产业大脑之一，已与省产业大脑能力中心用户体系打通，接入企业3000多家，入驻产业工程师8万余名，集成应用100多个，包括10多个多跨应用场景、20多个产业链协同应用，聚合纺织生态企业信息10万余条，积累行业数据体量43T，推动行业生产效率提高8%以上，能耗降低10%以上，良品率提升15%以上。

第四个时间节点：2015年，柯桥纺织“三次创业”，突破实体空间打造线上轻纺市场，突破“一丝一布”打造完整产业链。

2015年8月21日，柯桥区委区政府召开轻纺城“三次创业”发展大会。要在轻纺城“二次创业”的基础上，同步推进“轻纺城+实体市场”“轻纺城+电子商务”“轻纺城+现代物流”“轻纺城+会展经济”等板块。这次的再出发目的很明确——在网络时代，突破轻纺城市场实体空间的“天花板”，在网上再“造”一个轻纺城，“线上+线下”融合发展。

发展线上，柯桥已探路在先。早在2011年，柯桥就成立了“网上轻纺城”，帮助供应商建立网上商铺，发布产品信息，并面向全球采购商采集订单需求，实现供需双方产品信息、企业信息、订单信息的精准对接。云发布、云展会、云直播销售……2023年，中国轻纺城市场群成交额2716.36亿元，同比增长8.22%；轻纺城网上市场实现交易额893.09亿元，同比增长

10.38%。轻纺城线上线下两个市场成交额超3600亿元。

发展线上，产品类别也同实体有区分。早在2012年，柯桥区纺织工业创意设计基地就入列省级特色工业设计示范基地试点名单；2021年，成功入选工信部第一批纺织服装创意设计示范园区（平台），成为全国9个、全省2个示范之一。柯桥区纺织工业创意设计基地已建设形成“一核两中心”功能布局，即以创意大厦、中国轻纺城创意园、中纺大厦、中纺国际时尚中心等为核心的纺织创意设计“时尚谷”，以蓝印时尚小镇为主体的染整艺术中心和以绍兴纺织装备特色产业基地为主体的纺织装备设计创新中心。统计显示，目前[①]，柯桥区纺织工业创意设计基地入驻企业404家，工业设计企业148家，纺织工业人才1195名，设计领军人物98名。全区纺织工业创意设计基地企业设计服务性营收从2011年的0.7亿元上升到了2023年的4.08亿元。

从面料到设计到成衣，这第三次创业给柯桥带来的绝不仅仅是一个新的市场，更重要的是现代产业链思维。如浙江丝棠科技集团有限公司于2018年在亚马逊平台投放自主品牌产品，2020年公司品牌还登上亚马逊窗帘类销售榜首。目前，公司正在打造柯桥区首个工贸一体化、单体销售2亿美元以上的跨境电商产业基地项目——丝棠时尚软装产业基地项目（丝棠时装园）。该项目总投资11.1亿元，是省“4+1”重点项目和市县长项目。项目一期建设时尚软装研发和展示中心、智能仓储中心、数字化智慧车间三大板块；二期为丝棠时装产业园项目，主要生产定制化时尚女装，依托跨境电商领域的品牌优势，建设时尚女装产业链基地和电商平台F2C“全球卖”销售基地。

未来产业的竞争是整个产业链的竞争。如今，“柯桥纺织”已拥有从化纤、织造、印染、服装、家纺到纺机装备的完整产业链。2023年4月“柯桥纺织”区域品牌价值发布，经中国纺织工业联合会价值评价，“柯桥纺织”区域品牌价值被评估为2912.36亿元，是中国纺织行业首个价值千亿级区域品牌。作为纺织服装区域品牌价值评价模型重要构成因素，品牌强度指标体

① 本书的“目前”除特别说明之外，均指本书成稿时间，即2023年下半年。

系着眼于区域经济能力、基础发展能力、质量管理能力、创新创意能力、品牌管理能力、服务产业能力、可持续发展能力七大维度进行系统化考量。评价结果显示，“柯桥纺织”区域品牌在区域经济能力、质量管理能力、创新创意能力、可持续发展能力等方面优势明显，区域品牌强度国内领先，品牌价值居于前列。

第五个时间节点：2022年，浙江省现代纺织技术创新中心暨鉴湖实验室在柯桥成立，加强关键核心技术攻关，向先进制造业、高附加值产业迈进。

丝除了做布，还能干什么？可上九天，可下五洋！工业丝，已应用在了国产大飞机上，可构成深海系泊缆绳，守护深海作业。

纺织产业从根本上摆脱“传统产业”“夕阳产业”的刻板印象，关键是“科技”的加持。2022年7月，浙江省现代纺织技术创新中心（鉴湖实验室）在柯桥成立。目前，该中心已聘请陈文兴等多名国内外院士担纲，集聚了4家科研院所、20个创新团队和百余名创新人才，对高性能纤维复合材料、耐热型高强PBO纤维、可植入医用纺织材料等20余项关键核心技术进行深度攻关。

在浙江省现代纺织技术创新中心（鉴湖实验室）与合作单位的联合攻关下，国产航空级玻璃纤维棉毡及其复合材料的品质得到大幅提升，逐步突破了国外在该领域的技术垄断。航空级玻璃纤维棉毡，又称“飞机棉”。它常常被应用在飞机的舱内装饰板和蒙皮之间，如同为飞机穿上了一件“棉衣”，可以很好地隔热、隔音、阻燃、防潮。同样，依托鉴湖实验室技术研发的深海系泊缆绳，既有堪比钢铁的强度，也有充分灵活的韧性，还能经受住海水长期腐蚀与风暴侵袭，“深海一号”作业平台海上油气作业的每一个日夜都有它在支撑。

5个时间节点，见证的是柯桥纺织业的每一步迭代，也是一张传统产业转型现代产业的完美答卷。

党的二十大报告提出，推动制造业高端化、智能化、绿色化发展。浙江是我国最早探索传统制造业改造提升的地区，2021年8月16日，工信部批准浙江为全国首个传统制造业改造提升示范区。柯桥纺织业转型升级为传统产业解题的思路，可以说是浙江推动传统制造业改造提升的典型，对全国各地都有借鉴意义。这个解题思路有3个核心关键词：市场、产业、科创。

党的二十大报告提出，要加快构建以国内大循环为主体、国内国际双循环相互促进的新发展格局。闯市场，柯桥纺织是“国内+国外”“线上+线下”融合并进，丝路柯桥，布满全球。仅2023年，柯桥就组织市场主体走进深圳南油、辽宁丹东、湖北武汉、江西于都、河南郑州、广东汕头、山东青岛和重庆，举办了8场国内纺织集聚区上下游对接会，还在韩国首尔、意大利和马来西亚举办了3场海外巡回展，共有1000余家市场经营户与3500余家采购商开展精准对接。在韩国首尔、越南胡志明、阿联酋迪拜、孟加拉国达卡和土耳其伊斯坦布尔设立轻纺城海外站，提供海外办事处、海外面料馆、海外对接会、时尚新品发布会等服务。高质量举办了2023国际纺织制造商联合会中国绍兴柯桥大会、第六届世界布商大会。

党的二十大报告提出，要加快建设现代化经济体系，着力提高全要素生产率，着力提升产业链供应链韧性和安全水平。柯桥实践充分证明，产业集聚才能凸显系统优势和集体效率，是推动产业提档升级的强大引擎，产业链供应链稳定，是从容应对风险挑战的关键。

党的二十大报告强调，坚持创新在我国现代化建设全局中的核心地位。对于纺织业而言，发展动能的新旧交替、发展空间的虚实交错、发展环境的利害交融，使创新成为引领行业发展的第一动力。柯桥实践充分证明，科技创新是产业发展从传统看向未来的密钥。

一方面，纺织业转型升级；一方面，新兴产业加快培育。2023年，柯桥区全面实施“4131[②]”先进制造业集群培育工程助力制造业强区建设，加

② 2023年3月，柯桥区发布《实施“4131”行动高质量发展建设先进制造业强区的意见》，计划到2026年，全面完成制造业发展“4131”关键目标，即打造现代纺织、新材料、生物医药和泛半导体光电信息4个先进制造业产业集群，每年实施100个亿元以上制造业领域重点项目，培育300家优质制造企业，工业增加值突破1000亿元，基本铸成“先进制造业强区”金名片，成为浙江省新一轮“腾笼换鸟、凤凰涅槃”的实践样板。

鉴湖实验室　姚加峰／摄

快构建涵盖现代纺织、新材料、生物医药和泛半导体光电信息的“1+3”现代产业体系，发展新质生产力，把推动共同富裕的“蛋糕”越做越大。

人民至上，分好“蛋糕”

在做大“蛋糕”后，把“蛋糕”分好也至关重要。

分好“蛋糕”是一道关乎效率与公平的命题，只有把“分蛋糕”的顶层设计、合理制度谋划好，才能让众人心悦诚服，才能让老百姓感受到权利的公平、机会的公平、规则的公平，在平等的起点上共享改革发展成果。完善收入分配制度是分好“蛋糕”的关键。

一般而言，现代社会的分配体系由“初次分配”“第二次分配”和“第三次分配”构成。

“初次分配”是收入分配的基础，初次分配中市场发挥主要作用，由市场按照效率优先原则进行分配，它的主要任务就是把“蛋糕”做大。一方面，通过进一步提升营商环境，来推动经济的高质量发展；另一方面，也要通过完善相关政策法规，继续做好勤劳致富，充分发挥个人的主观能动性。

政府的作用主要体现在“第二次分配”中，通过税收等调节手段对收入进行再分配。这个分配肯定不是平均切分，而是要科学合理地分配，重点在缩小区域和城乡差距、高收入群体和中低收入群体差距、城乡之间公共服务差距上发力。要统筹区域协调发展的问题，跑得快的地方，带一带跑得慢的地方。要统筹城乡融合发展的问题，破解城乡发展“一条腿长、一条腿短”的突出矛盾，尤其是推进基本公共服务均等化，在幼有所育、学有所教、劳有所得、病有所医、老有所养、住有所居、弱有所扶等方面持续用力。要“提低、扩中、调高”，加快形成橄榄型收入分配结构。

而“第三次分配”则主要由社会来主导，秉着自愿、公开的原则，通过慈善公益等方式，鼓励高收入人群和企业回报社会，实现收入转移分配。

初次分配在上一部分已经说过，在完善二次分配和三次分配上，柯桥“有为”了什么？

分好“蛋糕”，关键是要抓住人民最关心最直接最现实的利益问题。“分好蛋糕”的过程，实际上也是树立和践行正确政绩观的过程。政绩为谁而树？就是为了“人民的幸福生活”这个“国之大者”。正如《之江新语》中《做人民群众的贴心人》一文所说：党是最广大人民根本利益的忠实代表，党始终坚持立党为公、执政为民，全心全意为人民服务，与人民群众保持血肉联系。一个党员，如果与群众的距离远了，就与党拉开了距离；心中没有群众，就不配再做共产党员。“群众利益无小事”，柴米油盐等问题对群众来说就是大事。老百姓可能不关心GDP，但他们关心吃穿住行，关心就业怎么办、小孩上学怎么办、生病了怎么办、老了怎么办，等等。针对这些问题，我们必须切实把发展的理念转变到科学发展观上来，转变到以人为本上来。在这个过程中，共产党员一定要服务群众并教育群众，努力作为人民群众服务的带头人，做人民群众信赖、尊敬的贴心人。

推进共同富裕，增进民生福祉是重中之重，要用心用情用力解决群众急难愁盼。如何解决？要问题导向，要精准有效。

共同富裕格外关注“一老一小”，一个养老，一个教育，柯桥在这两方面的创新打法就充分体现了问题导向、精准有效。

教育、养老、医疗等都是老百姓最为关注的话题，柯桥都交出了高分答卷。教育，柯桥教育现代化发展水平居全省第一，成功入选全国义务教育优质均衡先行创建区、率先高水平创建成为全国学前教育普及普惠区；医疗，绍兴市中心医院、绍兴第二医院、绍兴市柯桥区中医医院3家三级甲等医院，让老百姓在家门口就能享受不亚于杭州、上海的医疗服务；健康，柯桥连续5年获得健康浙江考核优秀等次……党委政府的积极作为有效转化成了共同富裕的百姓真实有感。

柯桥区养老事业和机构建设工作起步较早、基础较好，到2022年底，柯桥区有60周岁及以上户籍老年人18.31万人，占户籍人口26.09%；全区有养老机构13家，其中公办2家、民办2家、公建民营9家。但是柯桥认为这个现状与人民群众日益增长的多层次、高品质健康养老需求仍有距离。

如何改革？柯桥的做法是“政府+国企+社会力量”推进公办养老机构国有化改革，重点鼓励引导公办养老机构向市场化转型，充分激发养老服务市场活力。

组织架构上，柯桥成立了金柯桥康养产业发展集团有限公司，分步骤全面承接区镇两级社会福利中心的资产，开展公司化运营，发挥养老集团在土地、劳动力、资本、技术、数据等要素市场化配置上的资源优势和管理经验。运营方式上，采用“政府＋国企”双投入方式，政府做好兜底、国企找好平衡，提升特困老人补贴标准，实现与社会老人同待遇。人才培养上，进一步深化与本地区中高级职业院校合作，设立养老、护理专业，探索“学历教育+职业培训+实习实训”三位一体的养老人才培育模式，提升在职养老护理员职业技能。优化服务上，将养老集团打造为区级“乐龄中心”，在柯桥区“党建+乐龄系列”工作中积极发挥引领龙头作用，打造成为全区养老服务人才培育基地、养老服务政策研发中心、养老服务项目输出平台。品牌打造上，确保养老集团公益性属性，同时发挥市场化运营的优势，通过市场化运作拓展服务范围，形成规模效应，实现品牌连锁运营，降低运营成本，促进产业良性循环发展。

中国式现代化归根到底是“人”的现代化，教育现代化就是用现代先进教育思想和科学技术武装人们。

柯桥对教育，向来高看一眼，而且从优质学位供给到专项资金扶持，从城区名师交流下乡到教学改革城乡同步，政策科学精准。在柯岩街道北部的一个工业园区附近，村子和厂房拆迁腾出了50多亩的土地，因为毗邻柯岩风景区，地面价值巨大，不少人猜测这里是否会开发成柯桥区的“楼王”。没想到政府投入2亿多，在这里建造了一所现代化的学校，为的是给园区企业员工子女提供更好的就学环境、更充分的学位供给。近3年，柯桥区加大城乡学校新建扩建、维修改造力度，“一校一策”补齐办学条件短板，已经累计投入35亿元新扩建学校25所，完成学校维修改造工程51个，累计增加学位19440个，在浙江率先实现省级标准化学校全覆盖。

优质均衡由政府主导，而要真正提升教育质量和水平，关键在教师。得益于城乡师资“区域统筹、双向流动”的管理机制，柯桥区每年城乡支教顶岗教师人数占教师总数达到21%左右。教体局每年还集中两周时间派出4个干部考察组到一线摸排选才，把事业型干部和教师选出来，不断选优配强乡村学校师资。立足课堂，个性探索，柯桥区已连续13年举办“鉴湖之春”课堂教学观摩活动，邀请区外名师与柯桥区教师交流互鉴。组建全区名师工作室50个、青年教师成长工作室79个，更好发挥名优教师示范作用。一套组合拳下来，柯桥实现全区基本没有薄弱校，努力缩小教育的城乡、区域、校际、群体差距，近3年新增的3名“80后”省特级教师、8名正高级教师、19名浙派名师名校长、34名市学科带头人，成为柯桥教育现代化的“自来水”“长流水”。

柯桥区每年投入2000万元用于课后服务，其中1000多万元培育支持300余个区级体育、艺术、科创、人文等重点社团，课后服务学生参与率、教师参与率、家长满意率3年来保持在97%以上。如柯桥区有9所学校被绍兴市教育局、绍兴市体育局认定为绍兴市“棒垒球运动进校园”试点学校，2所学校被中国棒垒球协会命名为全国软式棒垒球实验学校。2023年绍兴市青少年棒垒球锦标赛中，钱清中学获得U18垒球（快投组）冠军；2023年第三届“海峡杯”青少年棒垒球公开赛中，平水镇中心小学获得U10徒手组软式棒垒球冠军；2023浙江省青少年垒球锦标赛中，平水镇中学获得U15垒球（快投组）冠军。

柯桥中学的乒乓球，安昌中学的柔道，齐贤中学的摔跤、高尔夫，华舍中学的射击、攀岩、赛艇……柯桥区以体育人，以文化人，培养体育后备人才与文化学业并重发展的新型体校建设模式，打响了“体教融合”品牌。

2022年4月，教育部公布了义务教育优质均衡先行创建县（市、区、旗）名单，柯桥区榜上有名，成为浙江省4个地区之一、绍兴唯一。

柯桥义务教育得以均衡优质发展来说，和全民重教不无关系。2023年9月8日，在第39个教师节即将到来之际，由瑞丰银行捐赠的“慈善柯桥·爱心教育”基金之“桃李基金”举行首次发放仪式，现场向获得2023年柯桥区“桃李奖”的百名优秀教师发放奖金。

作为柯桥本土银行，瑞丰银行一直践行把银行自身发展好、区域经济服务好、社会责任履行好“三好理念”。在这个理念的引领下，瑞丰银行推进

“三助慈善”，连续11年开展助困、助村、助学，各项慈善捐资总额1.2亿元。其中，“瑞丰助学”以专项助学金、“微心愿”等形式帮扶贫困学子，受益学子超过4000人次。

2023年5月20日成立的“柯桥慈善·爱心教育”基金，是柯桥区慈善与教育两大领域深度融合的一大创新之举。该基金起始规模3650万元，下设“生命成长基金”“桃李基金”“互助基金”“星火基金”4个子基金，寓意着一年365天、天天充满关爱与呵护。天圣、元垄、索密克、澄湾水陆加油站、冠南、越剑和嘉华7家企业，合计捐赠520万元成立“生命成长基金”，用于资助柯桥区“生命成长”工程的推进实施；瑞丰银行捐赠520万元成立“桃李基金”，用于奖励在教书育人中成绩显著的优秀教师，奖励成绩特别优异且品行优良的在校学生；“互助基金”610万元，旨在资助遇到特别困难情况的柯桥区教体系统干部和教职员工，帮助家庭经济特别困难且品行端正的在校学生；“星火基金”2000万元，旨在资助星火基金所在学校的困难学生，奖励星火基金所在学校的优秀师生。

“三次分配”，有别于初次分配和二次分配，主要由高收入人群在自愿基础上，以募集、捐赠和资助等慈善公益方式对社会资源和社会财富进行分配，是对初次分配和再分配的有益补充。三次分配离不开两大体系。一是激励体系，包括社会道德舆论、税收体系，特别是财产税、遗产税和捐赠税收减免政策。二是保障体系，需要有效的信托法律制度，同时，还要有一些非营利性法人，特别是慈善团体承担慈善捐赠的收集、转移和分配等活动。

围绕“善款怎么来？主体怎么培育？项目怎么运营？监管怎么有效？激励怎么实施？”这5个问题，柯桥慈善构建了“五善机制”实现了“五可”的成效：建立“慈善基金引入机制”实现人人可捐，建立“慈善主体培育机制”实现人人可善，建立“慈善监督公开机制”实现人人可见，建立“慈善事业激励机制”实现人人可感。目前，全区大额慈善基金（信托）数量达84支，总规模达3.33亿元，累计支出1.78亿元，惠及80.84万人次，实现困难群体类别和救助帮扶类型全覆盖。

三大主攻方向：缩小地区差距、城乡差距、收入差距

差距，总会存在。

在人口地理学上，我国有一条著名的“胡焕庸线”，由黑龙江黑河至云南腾冲，一侧人烟稀少，一侧人口密集，两侧在经济、社会发展和生态环境等方面存在巨大差异。

哪怕在经济总量全国第四的浙江省，也有一条地区差距的分割线——“清大线”，以杭州临安清凉峰镇为起点，到温州苍南大渔镇为终点的直线。线的东北侧，水系纵横、土壤肥沃，经济社会发展总体较好；线的西南侧，群山连绵、耕地稀缺，经济发展水平相对落后。浙江省发展规划研究院课题组在研究城乡收入倍差时还发现，城与乡之间也存在着一条“地理分界线”，将杭州淳安、金华磐安、台州椒江三点串联成线，东北侧城乡收入倍差没有一个高于2；西南侧城乡收入倍差普遍较高。

投射到柯桥，也有这样明显的地区差距分界线。柯桥，北部濒海，西边和西北部与杭州市萧山区接壤，南部靠近会稽山。空间特征决定了柯桥天然的南北差距。

柯桥北部我们可以称为“工业柯桥”，包括马鞍街道全域以及齐贤街道、安昌街道的部分区域。这里工业发达，滨海工业区马鞍街道是全绍兴第一个工业产值破千亿元的乡镇街道。

柯桥街道、柯岩街道、华舍街道、湖塘街道这4个主城区街道以及齐贤、安昌南部我们可以称为“轻纺柯桥”。这里有轻纺城、有生活、教科文卫、商贸等各类配套，是柯桥区人口集聚区域。

柯桥西部是不折不扣的“融杭柯桥”。杭绍临空经济一体化发展示范区绍兴片区空间范围包括华舍街道、钱清街道和杨汛桥街道的全部区域，辐射带动夏履镇。有了临空示范区的加持，“杭绍星城”精准表达了西部区域的融杭目标。

西南和南部的柯桥，可以称为“山区柯桥”，包括西南部的福全街道、

兰亭街道、漓渚镇，南部的平水镇、王坛镇、稽东镇。这里，原本与其他三个区域的关联度并不那么密切。这很好理解，北部工业柯桥与轻纺柯桥产业共生，与西部的融杭柯桥又有物流、贸易上数不清的往来。产业基础导致柯桥自身南北区块差距越拉越大。2022年，在全区83个农村集体经营性收入120万元以下的经济相对薄弱村中，南部三镇占比高达71.08%。

怎么破解？柯桥在内部交通上发力。受制于柯岩鉴湖景区，柯桥城区产业往往止步于柯南大道。但伴随杭绍台高速开通，镜水路、柯岩大道南延，大大拉近了福全、兰亭、漓渚西南三镇与柯桥城区的时空距离，且鉴湖旅游度假区扩容后把福全纳入麾下，柯桥城区的经济腹地一下子大笔南进。交通的链接带来区域协同。北部打造柯北经济综合开发带，中部是柯桥城市经济发展核和鉴湖城郊文创休闲片区，西部打造临空经济现代产业片区，南部是生态康养共富带，特色鲜明、功能互补。

对于柯桥而言，缩小南北部地区差距的过程就是进一步缩小城乡差距、补齐城乡协调发展短板的过程。

乡村作为共同富裕的重要战场，既是短板领域，也是潜力所在。一直以来，柯桥就坚持把“三农”问题作为全区工作重中之重，持续推进“千万工程”“五星达标、3A争创”，乡村振兴工作走在全省、全国前列，成功入选国家级农村改革试验区，承接乡村治理体系和农村公共服务两项国家级改革试点。

到了新的历史时期，柯桥把乡村建设放到了共同富裕大场景和现代化跑道上来谋划推进，将“共富星村”建设作为探索发达地区可复制可推广的共同富裕乡村新形态的总载体、总抓手。

作为“一把手”工程的“共富星村”实际上是一项以农村集体经济为核心的强村富民乡村集成改革，目标是破解农民农村在实现共同富裕路上面临的农民持续增收、村集体经济发展壮大、农村公共服务均等化三大压力，为探索发达地区中国式现代化的乡村输出一条路径、一套标准、一项规范和一个机制。

“一条路径”指的是强村富民乡村集成改革推动农民农村共同富裕的实

现路径；“一套标准”指的是“共富星村”建设的十大标准，一套具有普遍意义和指导作用的指标体系；“一项规范”指的是一整套可复制可推广的共富指导员工作规范；“一个机制”指的是党建联建引领共同富裕的长效机制，形成“政府+企业+社会”多元力量在联盟链接组合。

这套打法的核心诀窍有三：第一，城乡要素流动是关键，所以要建联盟。第二，“人”是最关键的变量和增量，所以要选好共富指导员。第三，改革是永动机，所以要通过停不下来的改革强村富民。

链接资源的党建联建。20年前，“千万工程”在顶层设计上就是统筹城乡的龙头工程，推进城乡融合的重要载体。中国式现代化的乡村发展，一定不是只靠乡村的一己之力，党建联建就是这个用意。

以先带后、以大带小、以城带乡，村村抱团、村企合作、部门结对，柯桥的党建联建根据需求分成三种类型。

第一种是“片区党建联建”，柯桥按照相邻相近原则，将全区划分为会稽诗路、山阴兰桂、临杭印象、鉴湖渔歌、水乡记忆5条示范带、16个片区，每个片区确定2个核心村，以核心村带动片区内其他村共同发展，实现全区域覆盖。

第二种是针对年经营收入100万元以下的相对经济薄弱村，将他们与先行村组建成100个左右区域化、领域化、专业化的“共富·先行”党建联建。针对相对经济薄弱村，由“1村、1企、1部门、1驻村团队”组成联盟；针对先行村，由“1村、1部门、1驻村团队”组成联盟。

第三种是建立经济发达镇（街道）与南部山区的“帮促共富”党建联建、现代城乡社区“共建共治”党建联建、强村公司“强村共富”党建联建等各种形态特色党建联建，推动在产业融合、市场对接、集体经济增收等方面发挥更大作用。

2022年底，柯桥79个经济相对薄弱村联合出资2.528亿元成立柯桥区民富物业经营管理有限公司就是个典型案例。来自湖塘、兰亭、夏履、漓渚、平水、王坛、稽东等7个镇街的79个村子在2021年底经营性收入均低于100万元（经济相对薄弱村），急需寻找新的“造血”功能，增加村级收入。

和美乡村　陈群／摄

为此，79个经济相对薄弱村与柯桥区国投集团共同出资筹建绍兴市柯桥区抱团物业经营管理有限公司（下称“抱团物业”），通过投资飞地抱团项目等，实现共同富裕。

抱团物业由柯桥区国投集团出资2.6亿元，占比50.7%；79个村投资2.528亿元，占比49.3%，每个村各投资320万元。各村自有资金不足的，可通过银行获得信用贷款，并享有优惠利率。公司成立后，和轻纺城股份公司组建轻纺智谷数字工业园区公司（下称“轻纺智谷”），园区选址滨海工业区内，规划用地面积175亩，通过新建厂房、宿舍等约33.61万平方米，收取出租收入、物业管理收入和其他经营收入。

为保证经济相对薄弱村收益，从2022年开始，由抱团物业每年于12月底前以固定利率10%分红到村。轻纺智谷每年按当年利润总额的90%进行分配，分配收益不足以用于入股村分红的，由国投集团负责解决分红资金来源。

经济相对薄弱村入股股权以3年为一期，实行动态调整，调出经营性收入超过150万元（不包含飞地抱团项目投资收益）以上的村，调入其他经营性收入在150万元以下的经济相对薄弱村投资入股，从而带动更多村实现共同富裕。

机制跑通就可以复制，强村公司在柯桥实现区、镇、村三级全区域组建，梳理总结出投资收益型、资产盘活型、资源开发型、资金入股型、产业服务型、品牌经营型、区域联盟型、飞地抱团型、乡村运营型9种有效模式。

迭代升级的驻村指导员。中国式现代化的共富乡村怎么建？关键靠人！柯桥始终坚信，乡村发展，人是最关键的变量和增量。

柯桥拥有驻村指导员制度这一农村工作的金名片。驻村指导员制度是时任浙江省委书记习近平亲自擘画、部署和推动的一项重要农村工作制度，2003年底柯桥区在全省率先探索实施，一系列举措有效增强了农村工作队伍的战斗力，相关经验做法于2004年获得习近平同志的批示肯定。

一直以来，柯桥区将驻村指导员制度作为推动党委政府工作重心下移农村的牛鼻子，以驻村指导员补强服务基层力量，不断深化内涵、强化制度体系建设，先后出台综合性指导意见8次，推动驻村指导员工作标准化、培训系统化、派驻团队化，并探索形成县级统筹、因村派人、包乡驻村的工作模式，实现了全区驻村指导员全覆盖。这群接地气、有活力、懂民心的驻村指导员成为柯桥全面推进乡村振兴的重要力量。

推动"共富星村"，驻村指导员也进行了相应的迭代升级。柯桥从区级机关部门和乡镇（街道）挑选了103名懂经济、会发展的年轻干部担任共富指导员，开展"百名共富指导员进百村"行动，重点帮助村两委理清发展思路，制定发展规划，发展特色产业，引进项目，盘活闲置资源。

驻村工作实行"村里下单、区里派单"机制，按照每个行政村的个性化需求，由村里下单，乡镇（街道）接单，区委组织部和区深化服务指导中心汇总需求后，建立"需求清单"和"干部清单"，为每个村"量身"选派共富指导员。如山区村需要懂文旅招商、会直播销售农产品的干部，平原地区村需要懂低效土地盘活提升村级集体经济、懂拆迁城建、会调解矛盾信访的干部，通过数据比对、个性匹配、竞争择优，予以双向精准对接。

需求导向下派出的共富指导员也被赋予更高的期望值，重点就是从产业入手，要帮助所驻村构建现代乡村产业体系，尤其是在"一片叶子""三棵摇钱树""五朵金花"③和"五大特色农业产业集聚区"上动脑筋、下功夫，延伸拓展优势产业和新兴产业，确保每个"共富星村"拥有3个及以上产业增收渠道，至少培育1个主导产业，实现产业发展、农民增收。

停不下来的改革创新。要破解制约农村要素自由流动与外来资本入村障碍的瓶颈，关键还是要靠体制机制上的改革创新。

乡村改革，绕不开"钱、地、人"的问题，土地是大家最为关心的。以全国宅基地制度改革试点为契机，柯桥在2017年就开始推进闲置宅基地和闲置农房激活。从单一激活向整村激活、多村联动激活、整片整区域激活，

③ 一片叶子：柯桥日铸茶；三棵摇钱树：香榧、红豆杉、杨梅；五朵金花：兰花、桂花、梅花、荷花、菊花。

柯桥在宅基地“三权分置”的探索上卓有成效，涌现出“农房收储+周边资源流转”“村集体搭台+农户参与”“党支部引领+专业管理”等不同激活方式。截至2023年6月，柯桥已经激活了农房78.9万平方米，山林田地1.4万亩，引入社会资本23.83亿元，促进农民增收1.2亿元，集体经济增收0.9亿元。

闲置农房激活实际上是柯桥打通城乡要素循环梗阻的一个重要抓手，通过全面界定盘活范围，精准摸排全域资源底数，柯桥弄清楚了“哪些能盘活”；通过举办闲置农房推介会等活动，对闲置农房分门别类进行招商推介等方式吸引返乡人员、农创客、社会资本以合作、合资、合股等不同方式开发闲置农房，柯桥破解了“谁来盘活”；按照“规划设计—流转—准入—管理”程序，细化闲置农房盘活利用操作流程，柯桥已经总结出一套“如何盘活”的操作指南。

建设“共富星村”，柯桥的乡村改革打出四套组合拳：“市场化改革＋集体经济”“标（准）地改革＋农业‘4强’”“宅（基）地改革＋乡村建设”“数字化改革＋强村富民”。根据国土空间“三区三线”要求，按照“共富星村”建设进度，予以新增建设用地计划指标倾斜，存量土地盘活和批而未供土地优先落实农村发展用地，同时，每年用于“共富星村”建设项目的新增建设用地指标不少于用地指标的10%。强化农村集体“三资”管理。鼓励金融机构创新融资担保方式，探索多形式、多品类的支农信贷产品。加强“强村消薄”基金运营管理，成立南部山区产业发展扶持基金，奖励南部山区引进区域协作、美丽乡村、养老健康、研学游、外贸、仓储、民宿、总部经济、税源经济、电商、中药材等项目，促进南部山区开发。

无论实现共同富裕的路径是什么，共同富裕的一个重要标志就是收入差距的逐步缩小。习近平总书记分别对低、中、高三大收入群体的相关政策有过明确论述，“低收入群体是促进共同富裕的重点帮扶保障人群”。“着力扩大中等收入群体规模。要抓住重点、精准施策，推动更多低收入人群迈入中等收入行列”。“要加强对高收入的规范和调节，依法保护合法收入，合理调节过高收入”。“鼓励高收入人群和企业更多回报社会”。对于低收入群体重点是“帮扶保障”，对高收入群体是“规范调节”，而扩大中等收入群体是缩小收入差距的关键所在。

县域自身纵向比较来看，柯桥城乡居民收入呈现出高基数下高增长的趋势，尤其是农民收入的提升。从2006年到2022年，这16年间，柯桥区连续迈上5个“万元台阶”。数据显示：2006年，柯桥区农村居民人均可支配收入为10438元，首次迈上“万元台阶”；2012年，达到21813元，迈上第二个“万元台阶”；2016年，达到31490元，成功迈上第三个“万元台阶”；到了2019年和2022年，又分别以40655元和51605元连破“四万元”“五万元”大关。透过这条昂扬上升的曲线图中，可以看到，柯桥的农村居民人均可支配收入不仅年年涨，更难能可贵的是，每跨过一个“万元台阶”所用的时间也越来越短。

从2022年的情况来看，在“扩中”“提低”上，柯桥已经具有明显的先发优势，但是仍清醒认识到短板问题：一是整体创业就业形势严峻，企业用工需求疲软；二是技能人才呈现两极分化趋势，初级工占比56.3%，一级的高级工仅占11.4%，通过技能培训提升收入的空间还很大；三是南部山区家庭成员普遍只有城乡居民基本养老保险，收入较低，强村成果有待持续向富民转化。

如何进一步把长板拉长，短板补上？柯桥的做法是“精准画像+定制服务+系统施策”，以技术工人、市场主体、高校毕业生、高素质农民、新就业形态从业人员、低收入农户为重点群体，针对这六类人群“定制”就业、培训、帮扶、金融和保障等措施，探索新型中等收入家庭监测扶持系统。

就业促富。就业是民生之本、发展之基，解决就业问题是增加居民收入的重要举措。聚焦灵活就业人群与制造业优势互补，柯桥打造了中国轻纺城、马鞍旺角、杨汛桥蒲荡夏3个零工市场，建立了100多家企业用工需求和2万余名零工意向岗位实时信息库，基本能够实现供需“点对点”精准对接。聚焦低收入群体，柯桥依托“数字就业”进行常态化精准化摸排，实施公益性岗位提质扩容，实现零就业家庭动态清零。针对农民就业，柯桥扎实推进“共富工坊”建设，已建成157家共富工坊，吸纳农户就近就业8000余人次。

品牌带富。不仅要机械强农、科技强农，更要植入现代经营理念。农产品区域品牌建设是柯桥带动农民增富的有力抓手。一个区域品牌、多个经营主体、一支创建队伍、一批管理制度、一套标准体系、一组系列产品，统一生产技术、统一质量标准、统一商标使用、统一产品包装、统一指导价格、统一品牌宣传，在这样的发展思路和管理模式下，柯桥培育出“平水日铸”“稽东香榧”“同康竹笋”等农产品区域品牌，大幅提升了农产品附加值。

技能增富。柯桥上线了“浙江省职业能力一体化平台”，围绕纺织印染、高端装备和新材料等重点产业，开展职业技能培训。出台《关于打造新时代高技能人才高地助力先进制造业强区建设的实施意见（2023—2025年）的通知》，实施培育提质、培训提效、引育提速、评用提级、激励提档五大行动。2023年，柯桥已经组织职业技能培训4万人次，新增技能人才10740人，其中高技能人才6368人。加强实业人才培育，涉及工种为家庭教育指导、短视频制作、网店运营、养老护理等，以农创客、乡创客为培养重点实施“柯桥农匠”技能培训，在“家门口”开设稽东榧农、湖塘梅农、漓渚兰农和兰亭茶艺等农匠培训班等就业技能培训项目。

创业致富。青年、人才，决定地方发展未来。柯桥实施高校毕业人才引聚攻坚行动，开行“活力绍兴·智引全球”招才引智专列，召开在杭高校就业中心负责人座谈会，并在省内的浙江大学、浙江理工大学、绍兴文理学院、浙江工业大学之江学院、浙江树人学院等，以及省外的西安、洛阳、重庆等地高校开展专场招聘活动，更大范围引聚各类高校毕业生。建立高校青年博士智力和技术“储水池”，全力引进全职博士。真金白银的就业人才政策让柯桥在2023年新增首次就业5.7万人，引聚高校毕业生3.98万余名，其中青年大学生2.65万余名、全职青年博士194名，夯实了共同富裕先行地的人才基础。

保障稳富。织密社会保障网络，才能牢牢稳住共同富裕的成果。柯桥持续推进企业职工养老保险提标扩面工作，利用数字化手段排摸出全区新业态从业人员、未参保群体信息，推进参保扩面“开源”。在提高农民养老金上，柯桥走在了浙江省的前列。2007年柯桥推出了征地农民折算企业职工养老保险的政策，2013年进一步完善了被征地农民衔接基本养老保险的办法，把大量的征地农民纳入企业职工基本养老保险体系，养老金水平显著提高。开展低收入农户生活质量提升行动，建档立卡低收入农户健康保险参保率达100%。大力实施困难群体救助帮扶，将特困人员基本生活供养标准从1905元提高到2048元。

处理好四组关系：
政府与市场、扬长与补短、有为与有感、传统与现代

以推进共同富裕为抓手打造中国式现代化的县域样板，柯桥是在为发达地区县域探索发展之路。这条路对全国来说有怎样的普适意义？除了基于本地实际情况的个性做法，柯桥实践背后的方法论价值更值得关注。我们认为从全面建成小康社会到中国式现代化，柯桥之所以能够在高质量发展上成效明显，主要是因为处理好了政府与市场、扬长与补短、有为与有感、传统与现代这四组关系。

第一，政府与市场的关系

市场和政府都是配置经济资源、推动高质量发展的基本力量。市场通过“看不见的手”的自发机制来决定资源配置，而政府则通过“看得见的手”的有为来实现某些目标。

如何正确处理政府与市场关系，是经济学上的世界性难题。“在市场作用和政府作用的问题上，要讲辩证法、两点论，‘看不见的手’和‘看得见的手’都要用好，努力形成市场作用和政府作用有机统一、相互补充、相互协调、相互促进的格局，推动经济社会持续健康发展。”习近平总书记准确阐明了二者的辩证关系。

习近平新时代经济思想聚焦于“效”，既强调市场在资源配置中的“决定性作用”，同时要求“更好发挥政府作用”，推动有为政府和有效市场更好结合，让市场经济在宏观调控中焕发旺盛生机，实现经济治理效率最大化。

党的十八大以来，我们经历了建党百年，中国特色社会主义进入新时代，完成脱贫攻坚、全面建成小康社会历史任务3件大事。这样“靓丽的成绩单”，绝对不仅仅是靠市场机制“自发而为”的附带品，而是党和政府“积极有为”的结果。柯桥的成功同样如此。

前文我们介绍的中国轻纺城的发展就是个典型案例。轻纺城市场的形成，自发需求是动因，顺应时代发展，政府每一步的科学决策、因势利导是关键。从自发市场到规范市场，从卖国内到卖全球，从线下到线上，从传统“低小散”到先进“高精尖”……每一步都是当地政府和企业尊重产业发展规律，准确把握时代发展大势、洞察行业演进轨迹，下好“先手棋”、打好“主动仗”。

近年来，这种政府与市场形成的合力非常明显地体现在营商环境优化方面——千方百计把市场主体保护好，激发市场主体活力，弘扬企业家精神，推动企业发挥更大作用实现更大发展，为经济发展积蓄基本力量。

同样以纺织产业为例，企业想要更加便捷规范的服务，在中国轻纺城综合服务中心，不管是税务办理，还是营业房转让，又或者是与中国轻纺城相关的行政审批以及公共服务事项，95%以上的事项都可以线上办理。企业反映纺织品花样的版权保护是痛点，柯桥花大力气建立了国家级知识产权快速维权中心，场景应用涵盖网上花样登记、区块链备案和存证、AI自助查重、金融服务、司法审判、维权调解等功能，实现花样版权登记、管理、维权全链条线上服务，纺织类外观设计专利审查和授权的时间从6个月压缩到了7天。

柯桥深知，未来的城市竞争比拼的是对可移动要素的吸引力。哪些是可移动要素？资本、技术、人才、数据……凭什么它们向这座城市流动，而不向那座城市流动？拼的就是营商环境。

5年51场！柯桥每月确定不同行业主题，由区四套班子主要领导召集相关分管区领导和部门主要负责人，邀请相关企业家代表进行面对面沟通——“政企面对面”持续为企业解难。截至2024年1月，柯桥区“政企面对面”累计对话企业家719人次，收集各类问题建议773件，办结率超95%，推动出台22个专项政策，惠及企业1.5万余家。如何全方位收集企业经营状况和发展困难信息？柯桥区是驻企服务员工作机制做得最早最实的地区之一。2023年初，柯桥区集中选派1165名驻企服务员下沉企业，无事不扰，有事必到，要事难事主动上门服务。

事实上，柯桥优化营商环境的种种做法都是在传递一种信心：不论时代如何风起云涌，不论行业在发展过程中遇到何种困难，柯桥区始终都会用更加直接、更为高效的方式，为企业解决实际问题和现实困难。

第二，扬长与补短的关系

本书的主体内容成稿于2023年，恰好是“八八战略”提出实施20周年。20年前，时任浙江省委书记习近平同志在经过深入调查研究和系统思考谋划后，为浙江量身制定了“八八战略”这一省域发展全面规划和顶层设计，成为指引浙江率先开启省域现代化先行探索的总纲领、总方略。“八八战略”的内容就是发挥“八个优势”、提出“八项举措”，其核心和精髓就在于充分认识和把握浙江的优势，并结合实际把长板做得更长，努力把原有的劣势转化为新的优势。

方法太重要了，科学的思维方法、工作方法能让一个地方在发展中拨开迷雾、摸清门路。解码柯桥，沿着“八八战略”的指引，用好“八八战略”背后的优势论，扬长补短，这是柯桥交出高质量发展高分答卷的根本途径和方法。

“优势论”就像一个放大镜，让柯桥知道了优势在哪、优势从何而来，就能更明确做长“长板”的方向。从“水上市场”到3600亿元的成交额，柯桥纺织产业的发展就是不断“做长长板”的过程，也夯实了推动共同富裕的物质基础。杭绍星城、临空区域，交通给了柯桥天然的区位优势。

可贵的是，柯桥并不会在优势面前自我陶醉，纺织业强，不代表新质生产力的培育可以放缓，反而更加要保持对现状和趋势的清醒认知。柯桥区《2024年政府工作报告》提出，在育链培优新兴产业上，柯桥区将引聚做强海峡两岸（绍兴）数字产业临空经济园，依托光电谷、智创城，前瞻布局氢能和储能、光芯片、第三代半导体、人工智能等“未来产业”，加快打造数字经济核心产业体系，力求将增加值占比提高到4%以上。

区位好，但是还可以更好。步入“后亚运时代”的起步之年，柯桥在区域一体化上走得更深，正在谋划地铁连通杭州萧山国际机场、钱滨线连接杭州彩虹快速路，推进柯桥北环快速通道建设，全线贯通杭州中环高架、杭绍台西线柯桥段，实现所有镇街10分钟上高速，打造“一线直达”融杭圈；协同推进杭州机场高铁建设，开工建设曹娥江码头，形成“海陆空铁”航运圈。

“优势论”也像一个显微镜，让柯桥看到“先天的不足”和存在的问题。南部山区和北部平原的发展差距、城与乡的差距、人群收入的差距，产业转型升级上的不足、公共服务配套上的不足、社会治理能力现代化上的不足……柯桥是哪儿有短板就往哪儿补，不留一片洼地。“共富星村”的集成改革就是扬长补短的典型做法，发挥制造业的产业优势，从“共富指导员”的人到“共富工坊”的产业再到“强村公司”的机制，推动城乡要素充分流动，系统补短。

第三，有为与有感的关系

国家大计，连着的是百姓生计。打造共同富裕和中国式现代化的县域样板，柯桥并不急于“一口吃个胖子”，一直强调量力而行、尽力而为，在哪些地方“作为”，就是以百姓之心为心，瞄准老百姓最关注的民生问题，让共同富裕“看得见、摸得着”。

老百姓可能没那么关心GDP，他们有感的就是腰包鼓不鼓、看病难不难、教育好不好……2023年，柯桥一般公共预算民生支出占比79.5%，实打实投入的真金白银都是为解决这些问题。

老百姓想腰包更鼓，于是“共富飞地”挂牌运营了，170家“共富工坊”建起来了，示范型零工市场建了3家，4万人次接受了职业技能培训，柯桥农村居民人均可支配收入跑到了全省前列。老百姓想教育更好，2023年又有6家新校新园投用，新增学位5130个，新创省现代化学校12所，新增托育机构10家普惠托位630个。老百姓想医疗水平更高，柯桥未来医学中心（浙大二院柯桥院区）正在加快建设，老百姓想养老更省心，于是柯桥率先探索公办养老机构国有化改革，开创了养老服务新局面。

本书将“中国现代发展指数”落地柯桥，调研并形成了《中国现代发展指数——柯桥调研报告》。这是该指数第一次落地县域调研并形成的完整报告，从饮食、居住、生命、教育、生态、平安、消费、信用、休闲、公共服务、幸福这11个关键词对百姓的获得感进行测评。从测评结果看，柯桥每一项指标均较大程度高于全国平均水平，体现出政府有为在百姓日常生活中的较高感知度。

第四，传统与现代的关系

1983年，当柯桥第一条布街逐渐成熟，当个体户们沉浸在变成“万元户”的喜悦之中时，谁也不会想到这里能成为全国甚至亚洲最大的轻纺市场，更不可能有国际纺都的奢望。但是40年后，梦想照进了现实。曾经石桥纵横、穿行阡陌的江南水乡，变成了高楼林立、车水马龙的现代都市。曾经鲁迅笔下的闰土、阿Q式的乡土社会，变成了全球商人生活的国际社区……

改革开放以来，浙江人民在这块仅占全国1.1%的土地上，创造了占全国6.2%的经济总量。柯桥就是浙江现象的缩影。柯桥的发展，就是一个传统与现代碰撞后的资源集聚、整合的过程，是一个在改革开放和全球化背景下的“中国奇迹”。

之所以能实现这个奇迹，背后是流淌在柯桥人、流淌在浙江人血液中的文化基因，这个基因就是——浙江精神。再往前追溯，是强调义利并举的陈亮、陈傅良、叶适为代表的事功学说，强调实干笃行的王阳明为代表的知行合一学说，强调以民为本的宋濂、刘基为代表的济世安民学说等共同构成的民本、求实、批判、兼容、创新的“浙学精神”，影响了一代又一代的浙江人，其中蕴含的“以民为本”的政治观、“工商皆本”的经济观、“天人合一”的生态观、“义利并举”的价值观，成为浙江勇立潮头的深厚力量。

正是有了浙江精神，柯桥才“走尽千山万水、说尽千言万语、想尽千方百计、吃尽千辛万苦”，较早走上了市场化取向的改革之路；正是有了浙江

穎安橋

安昌古镇　沈慧洁／摄

精神，柯桥才拥有“靠作风吃饭、凭实绩说话”的优良传统，“干”字在先，实干才能将各项工作落实到位；正是有了浙江精神，柯桥才能在更大范围、更广领域、更高层次上开放图强，不断开拓新的发展空间。

正是因为浙江精神，让我们看到了“五有”柯桥——一个政府有为、市场有效、改革有力、百姓有劲、成果有感的共同富裕和中国式现代化县域样板。

新发展理念造就“五有柯桥”：政府有为、市场有效、改革有力、百姓有劲、成果有感

如果说浙江精神是柯桥发展流淌在血液里的基因，那么创新、协调、绿色、开放、共享的新发展理念就是指引柯桥回答“实现什么样的发展、怎样实现发展”的重大理论和实践问题的指挥棒。

理念是实践的先导。坚持新发展理念，把其贯穿于全过程和各领域本身就是一场发展全局的深刻变革，才得以带来柯桥的系统蝶变。

创新发展注重的是解决发展动力问题

创新是新时代发展的基调，是高质量发展的特质。柯桥是靠吃改革饭、走创新路成长起来的，柯桥改革开放40多年的辉煌历程表明，什么时候解放思想、敢闯敢试、大胆创新，发展就又好又快；什么时候思想保守、畏首畏尾、墨守成规，发展就迟滞缓慢。40多年来，靠改革创新，柯桥才能从昔日的“河边布街”蝶变成“国际纺都”，才能拥有全国最先进的纺织产业集群，综合实力才能长期位居全国十强。

面向未来，柯桥更加明白，要想实现高质量发展，就必然绕不开高难度改革；要想在区域竞争中实现突围、走在前列，就必须坚持不懈走创新之路。所以，柯桥将2024年定为改革创新深化年。尤其是在扬优势中创新补短，一方面引导支撑柯桥经济基本盘的大纺织现代产业体系进一步朝着科创和国际化方向发展，同时借高能级平台和投资新风口之势，千方百计引聚链

主型、头部型等“特精尖”企业，引进前瞻性、带动性强的“大好高”项目，培育壮大光电谷、健康岛、新材料园三大集群，形成“大纺织生态+新质生产力产业集群”的更具韧性的发展动能，破解要素制约瓶颈、市场空间边界、内在动力约束，从而创造新模式、打造新方案、形成新经验。

协调发展注重的是解决发展不平衡问题

“千钧将一羽，轻重在平衡。”协调发展是推进全体人民共同富裕的中国式现代化的重要目标，也是增强发展整体性协调性的关键所在。协调发展是发展平衡和不平衡的统一，发展短板和潜力的统一。在经济发展水平落后的情况下，一个地区一段时间的主要任务是追求发展的速度，尽量做大经济总量。但达到一定水平后，就要注重发展的整体效能，否则“木桶效应”就会愈加显现，一系列社会矛盾会不断加深。

从2013年的1100亿元，到2019年站上1500亿元大关，再到2023年跃上2000亿元“新台阶”，10年间，柯桥经济体量接近翻了一番，特别是人均GDP达18.2万元、全省第八，达到了中等发达国家水平。自2013年撤县设区以来，柯桥区农民年人均可支配收入连续10年位居全省前三，2022年更是跃升为浙江省“农民收入第一区”，城乡居民收入比值为1.599，是浙江发展最协调均衡的县（市、区）之一。缩小城乡差距、缩小收入差距、缩小地区差距……柯桥蹚出了共富工坊、“共富星村”等多种促进均衡协调发展的路子，教育、医疗、养老等优质公共服务现代化水平走在了全省乃至全国前列。

绿色发展注重的是解决人与自然和谐问题

生态文明建设是关系中华民族永续发展的根本大计，是关系党的使命宗旨的重大政治问题，是关系民生福祉的重大社会问题，素有“中国最大染缸”之称的柯桥对此感触很深。曾几何时，柯桥印染厂遍地开花，染料为坯布上了色，也污染了江河农田。如今，走在印染产业集聚的柯桥蓝印时尚小镇，天蓝水清的环境，让人无法相信，这里集聚着全国近40%的印染产能。绿水青山就是金山银山理念不仅引领着柯桥产业更绿，更推动着“千万工程”走深走实，不断将优质的生态资源转化为富民产业。

2023年，柯桥全区16个镇街、29个重点村社与8家来自多个行业的重点骨干企业共同创建，打造了8条稽山鉴水“千万工程”美丽乡村示范带——鉴湖渔歌带、兰渚遗风带、蓝印小镇带、临杭印象带、水乡记忆带、古越宋韵带、稽山舜源带、湖光山色带。各示范带由两名区领导挂联，相当于有一个指挥小组，承担线路点位优化、沿线环境整治、规划方案提升、项目谋划落地等工作；8个部门“一对一”，除了日常工作对接，也可协调其他单位实现要素保障。

相比传统农业农村项目往往限于一种产业、一个村，现代农业农村产业走的是规模化、现代化发展路径，乡村比拼的是运营能力、创新能力、品牌影响力。柯桥这8条示范带有个共同的特点——不分城乡。比如临杭印象带中，有位于柯桥“CBD地段”的华墟社区，有近似于“城郊接合部”的江墅村，也有依山傍水的蒲荡夏村。“乡镇（街道）+优质村+骨干企业+部门”的顶层设计下，柯桥探索的是城乡融合的乡村运营新模式，为全面推进乡村振兴提供了有益借鉴。

践行绿色发展理念，让城市更加优美宜居宜业，柯桥持续提升城市能级，加快实现生产生活生态“三生”融合发展，全力打造绿色发展的现代化城市样板。

开放发展注重的是解决发展内外联动问题

历史经验和改革开放实践告诉我们，开放带来进步，封闭必然落后。柯桥是开放先行地和外商集聚地。开放，深植于柯桥山水人文之中。近20年来，柯桥的外贸发展一直在高歌猛进，出口总额上，从2003年的23.67亿美元上升到了2022年的200.61亿美元；出口国家和地区数量上，从2003年的164个上升到了2022年的206个；出口实绩企业数，也从2003年的531家上升到了2022年的5268家。在2023年5月举办的浙江“地瓜经济”提能升级“一号开放工程”大会上，柯桥喜获“浙江省十佳外贸强县（市、区）”称号。

当前，整个世界经济处于深度调整期，全球动荡源和风险点增多，给以纺织产品出口为主的柯桥区开放型经济发展也带来了更多的挑战和压力。当前的柯桥正牢牢抓住“双循环”新格局、“一带一路”倡议机遇和RCEP带来的新机遇，通过推进“丝路柯桥·布满全球”行动计划，深化市场采购贸易方式和跨境电商综试区两大国字号试点，进一步提升柯桥的行业话语权和国际影响力。建设轻纺数字物流港，重点推进迪拜公共海外仓布局、建设保税物流中心（B型）……我们更看到了柯桥在推动产业“走出去”上实打实的主动作为。

共享发展注重的是解决社会公平正义问题

从党的二十大报告表述上看，“公平”“公正”“正义”和“公平正义”等词语出现20次之多，其中，仅“公平正义”一词就被强调了7次之多，超过历次党代会报告中强调“公平正义”的次数。推进中国式现代化是一项系统工程和探索性事业，既要创造比资本主义更高的效率，又要更有效地维护社会公平正义，更好实现效率与公平相兼顾、相促进、相统一。

维护社会公平正义、共享改革发展成果就必须坚持人民至上，以“人本逻辑”超越“资本逻辑”。幼有善育、学有优教、劳有所得、病有良医、老有康养、住有宜居、弱有众扶，柯桥的共享发展不是喊口号，而是落在一件件民生小事上。结合百姓需求，绍兴二院兰亭院区（康复医院）、柯桥未来医学中心、浙江农业商贸职业学院（会稽山校区）新建工程、华舍小学（小赭小学）新建工程、区机关幼儿园迁建工程、区老年活动中心（老年大学），这些项目均在柯桥稳步推进中，人民对美好生活的向往正一步步成为现实。

人民城市为人民，人民城市人民建。中国式现代化归根到底是人的现代化。在柯桥百姓共享改革发展成果的同时，全体人民的积极性、主动性、创造性就能更充分调动起来，政府有形之手、市场无形之手、百姓勤劳之手所形成的合力将成为推动柯桥中国式现代化县域先行最为持久的实干动能。

为者常成，行者常至，历史不会辜负实干者。期待实干柯桥可以在中国式现代化的新征程上一马当先、腾飞跃升，为全面建设社会主义现代化国家贡献地方智慧。

鉴湖旅游度假区　姚加峰／摄

中国现代发展指数——柯桥调研报告

党的二十大报告指出，在新中国成立特别是改革开放以来长期探索和实践基础上，经过十八大以来在理论和实践上的创新突破，我们党成功推进和拓展了中国式现代化，并论述了中国式现代化是人口规模巨大的现代化，是全体人民共同富裕的现代化，是物质文明和精神文明相协调的现代化，是人与自然和谐共生的现代化，是走和平发展道路的现代化的五大基本特征。

县域是推动中国式现代化的重要空间载体。作为首批国家乡村振兴示范县创建单位、浙江高质量发展建设共同富裕示范区试点地区，浙江省绍兴市柯桥区锚定建设现代化“国际纺都、杭绍星城”战略定位，全面推动“全省竞跑、示范先行”，新时期的柯桥正在加快建设共同富裕示范先行区，打造共同富裕和中国式现代化县域样板。

柯桥的中国式现代化建设何以成为县域观察样本？在以共同富裕为主抓手推动现代化建设的过程中，柯桥有哪些实践？这些实践又取得了怎样的成果？又是如何转化成110多万柯桥人可感可知的生活日常？通过在柯桥落地“中国现代发展指数”，我们对当地中国式现代化建设程度进行系统测评，以此科学评估柯桥共同富裕的基础条件，并对未来建设提供观察样本和导向指引。

区别于一般意义上的经济社会发展评价体系，“中国现代发展指数”更强调综合性和人本特色，通过饮食、居住、生态、生命、消费、信用、教育、公共服务、平安、休闲、幸福11个关键词，把百姓对于现代化建设的“获得感”这样一个抽象概念变成了有限的目标，把人与自然、经济与社会、物质与精神等方面的因素结合在一起进行评价，形成了一个比较有特色的评价体系。

《中国现代发展指数——柯桥调研报告》是“中国现代发展指数”测评落地县域的创新尝试，《报告》显示，以共同富裕推动现代化建设，柯桥通过一系列政府有为的举措，实现了百姓有感的建设成果，不断增强人民群众获得感、幸福感、安全感，促进人的全面发展和社会全面进步，柯桥居住、饮食、教育、平安、生命、生态、消费、公共服务、信用、休闲、幸福11个维度的现代发展指数均高于全国水平。

其中，柯桥现代居住发展指数77.8分，高出2023中国现代居住发展指数6分；柯桥现代饮食发展指数78.9分，高出2023中国现代饮食发展指数7.7分；柯桥现代教育发展指数81.3分，高出2023中国现代教育发展指数9.5分；柯桥现代平安发展指数87.4分，高出2023中国现代平安发展指数9.8分；柯桥现代生命发展指数81.7分，高出2023中国现代生命发展指数7.7分；柯桥现代生态发展指数80.2分，高出2023中国现代生态发展指数8.1分；柯桥现代消费发展指数72.3分，高出2023中国现代消费发展指数9.4分；柯桥现代公共服务发展指数76.3分，高出2023中国现代公共服务发展指数10.1分；柯桥现代信用发展指数77.1分，高出2023中国现代信用发展指数7.6分；柯桥现代休闲发展指数77.5分，高出2022[①]中国现代休闲发展指数14.2分；柯桥现代幸福发展指数82.8分，高出2022中国现代幸福发展指数10.8分。从柯桥百姓的眼中，我们可以看出柯桥现代化建设水平究竟“高”在了哪里，在推动共同富裕的过程中哪些方面实现得比较好，哪些环

① 在本书成稿期，2023中国现代休闲发展指数、2023中国现代幸福发展指数尚未出炉。

节还需要进一步加强。

本次调查采用网络问卷调查方式，共发放问卷1000份，回收有效问卷994份。综合以上数据来源，本次调查覆盖柯桥城乡居民，包括企业员工、政府机关和事业单位工作人员、个体经营户、农村居民、学生等，具有代表性。

◆ 柯桥现代居住发展指数77.8

安居乐业是绝大多数人最朴素的愿望，而住房，无疑是承载这个愿望的重要载体。

哪些因素影响着柯桥居民的居住感受？调查结果显示，“房屋的工程质量”“面积大小”“户型与布局设计”“物业服务”“小区环境，如绿化、路灯等”“社区邻里关系”“附近交通便利程度”“周边生活配套，如超市、菜市场、餐馆等”“周边环境，如空气、噪音等”“周边教育资源，如幼儿园、中小学等”“周边医疗资源，如医院等”，等等多个要素，都直接影响着居民的居住体验。

目前，柯桥区人均住房建筑面积超过了60平方米。与此同时，不断优化的周遭环境和持续完善的配套设施，为柯桥人带来了越来越美好的人居体验。

未来社区是共同富裕现代化基本单元，也是回应老百姓居住期待的“一揽子”解决方案。

未来社区建设，柯桥领先一步。除了突出人本化、生态化和数字化，加强5分钟、15分钟公共服务圈建设，推动公共服务均等化、普惠化、便捷化等“规定动作”以外，坚持以需求为导向，全力打造育儿友好型社区和老年友好型社区。柯桥在浙江率先启动全域未来社区建设和公共服务集成落地改革试点，以“水韵纺都”“舜源古忆”“鉴湖渔歌”“金柯桥CBD”“书香兰渚”五大省级城乡风貌区为纽带，聚焦“一老一小”，积极打造丰富应用场景，不断提升社区公共服务品质。

2023年柯桥区已申报创建三级未来社区项目34个，大渡社区等19个社区、47个“一老一小”服务场景已通过省、市级验收挂牌，未来社区创成数量位居全市第一。

城中村，是城市化发展过程中兼具农村和城市双重特征的历史产物，存在基础设施差、公共服务弱、基层治理难等问题。如2023年柯桥启动的柯岩梅墅居城市更新项目，总建筑面积18万平方米，涉及住户818户，是当年绍兴市首个整村征收项目，规模大、力度强，不仅回应了居民们改善住房的期待，也进一步挖掘了城市空间潜能。

在柯桥，农村居民也住得好。在“千万工程”引领下，柯桥以“共富星村”省级试点建设工作为总抓手，深入推进宜居宜业和美乡村建设，打好土地综合整治、村庄有机更新、城乡风貌治理组合拳，引导农户退出布局不合理、居住不适宜、环境不美观的老旧房屋，优化农村生产、生活、生态空间，农村人居环境普遍提升。2023年，齐贤街道齐贤村、平水镇王化村、柯岩街道叶家堰村、兰亭街道谢家坞村、杨汛桥街道蒲荡夏村、安昌街道安华村、马鞍街道国庆村、王坛镇东村村共8个村入选浙江省第三批未来乡村创建名单。

组合拳下，一个个特色村落也不断涌现，如入选2022年度浙江公布的10个城乡风貌整治提升优秀案例的王坛镇东村村，是绍兴市唯一一个浙派民居典型案例。

柯桥还关注到了特殊人群的居住需求。根据困难残疾人家庭的需求，柯桥持续开展家庭无障碍改造，按照“一户一设计、一户一方案”的原则，实施个性化服务。改造重点包括卫生间改造、地面平整及坡化、辅助器具适配、净居亮居改造等项目，确保困难残疾人家庭住上“住得安、行得通、出得去、能如厕”的“梦想家”。截至2023年10月，已累计完成1000余户家庭改造，实现居住无“障碍”。

本次调查中，87.8%的受访者对居住状况感到“非常满意”或“比较满意”，60.31%的受访者认为居住环境与2022年相比“越来越好了”。

柯桥现代居住发展指数77.8分，高出2023中国现代居住发展指数6分。

◆ 柯桥现代饮食发展指数78.9

民以食为天。当下，“吃货”已经成为一个不分男女老少的大众称谓。随着物质文化生活的不断改善，柯桥百姓对“食”的需求，从吃饱即可延伸到吃得健康、吃得美味，用于吃的花费占总支出的比例却越来越低。

恩格尔系数是指购买食物的支出在消费总支出的比例，数值越小说明生活越富裕。根据联合国粮农组织的标准划分，恩格尔系数在30%~39%之间为富裕，30%以下为最富裕。2021年柯桥区恩格尔系数为26.4%，可见，柯桥的饮食现代化指数有着坚实基础。

柯桥老百姓偏爱吃什么？从指数问卷中可以看出，84.9%的受访者选择了浙菜，也就是选择了家乡本味。

稽山鉴水、会稽山阴，“老绍兴·金柯桥”不仅有着2500多年的建城史，历史悠久，而且南临会稽山、北为平原水乡，气候温和湿润，动植物资源丰富，是典型的江南“鱼米之乡”。绍三鲜、冻扎肉、日铸茶越鸡、安昌腊味合蒸……柯桥的道地美食源于鉴湖里的鱼虾河鲜，既有悠长历史的醇厚、亦有烟火生活的温情。

饮食现代化指数，吃得好是“锦上添花”，吃得安全则是底线。如何守护好老百姓的菜篮子？柯桥从农贸市场入手。

作为全市首个在食用农产品集中交易市场应用快速检测手段护航食用农产品质量安全的区县，2023年，柯桥区继续将“菜篮子”快检放心工程项目列为区政府十项民生实事工程之一，并成功入选“浙里食安”快检一件事集成改革第一批试点示范市县，系全市唯一。

目前，柯桥区食用农产品快检已覆盖全区94家农贸市场及农产品集散中心，12家大型商超、1家粮油市场和1家校园配送单位，覆盖的检测对象从单一农副产品市场实现了多样化拓展。

食品安全有保障，百姓心里稳稳的。本次调查显示，80.99%的受访者认为柯桥的饮食供应情况“非常满意”或“比较满意”，76.6%的受访者对目前政府对于食品的监管体系及力度表示满意。

柯桥现代饮食发展指数78.9分，高出2023中国现代饮食发展指数7.7分。

◆ 柯桥现代教育发展指数81.3

绍兴，是古时“盛产”师爷的地方。崇文尚学的气质，是刻在柯桥人“骨子里”的基因。

一直以来，柯桥坚持把教育质量作为教育发展的“生命线”，近年来更是持续推动教育由“学有所教”的规模增长转向“学有优教”的高质量发展，持续擦亮全市领先、全省一流“学在柯桥”教体金名片。柯桥取得的成果也有目共睹：2022年，柯桥区教体局第七年蝉联浙江省教育工作业绩考核优胜奖，成功上榜全国义务教育优质均衡先行创建区；2023年，柯桥在浙江省第三季度“学有优教”水平评价结果中，以满分成绩位列全省第一。

在回答“您对目前所在城市教育的总体满意度如何”时，88.15%的受访者选择“非常满意”或“比较满意”。87.46%的受访者对柯桥教育投入及政策表示“非常理想”或“比较理想”。

老百姓的点赞，源于柯桥回应了家长们最关心的教育问题。本次问卷调查显示，家长们普遍担心的教育问题主要集中在“入园难、入园贵”“学生负担重”“应试教育”“教育资源分配不均”“教师素质”等方面。

针对“入园难、入园贵”，柯桥打造“全域优育、幸福童年”学前教育金名片，学前3年毛入园率达到129.03%，普惠性幼儿园在园幼儿覆盖面达95%，并以浙江最高分的成绩通过全国学前教育普及普惠区省级评估。

针对“学生负担重”“应试教育”，柯桥打造“体艺柯桥”教育品牌，推进“一校一品、一校多品”建设：2023年获得市中小学生艺术节一等奖16个，占绍兴全市的64%；投入3亿元建成绍兴首家新型体校，中小学体质测试优良率、合格率、平均分3项重要指标连续两年位居绍兴市第一；5名学生入选国家攀岩队、国家射击队、羽毛球国少队和校园足球国家队；职校学生摘得全国职业院校技能大赛5金3银，金牌数全省第一。

针对“教育资源分配不均”，柯桥努力办好家门口的每所学校，2022年新建、改扩建鲁迅外国语学校新校区、六一幼儿园柯西园区等18所学校，新增学位5340个，完成13个校舍维修改造工程和中学校园安全防护提升工程。同时，补齐柯北地区缺少普通高中短板，2023年谋划了总投资7.75亿元的柯北科创教育中心（柯北高中），教育现代化水平不断提升。

针对“教师素质”，柯桥组织贯穿全年的卓越校长、中青年校长和源头干部专题培训，深化职校“双师型”教师培养，建立幼儿园合同制教师“四统一”招聘管理制度，启动三轮名师工作室、青年教师成长工作室建设，3名“80后”教师获评省特级教师，1人入选教育部新时代名校长培养对象，获得全国职业院校技能大赛教学能力比赛、班主任能力大赛金牌3枚，金牌数全国第一……

柯桥还“多想一步”，针对青少年心理健康问题，启动青少年“生命成长”工程，涵盖心理健康教育、家庭教育、生涯教育3个维度，成立区慈善总会“生命成长”工程专项基金，聘请专业高级顾问，成立志愿服务队，培育高效服务青少年健康成长社会机构，为全区12.9万名青少年身心健康发展打造一张坚实的呵护网。

一项项办在家长们心坎上的教育实事，让87.11%的受访者对柯桥教育现状表示“非常满意”和“比较满意”，超八成受访者认为柯桥教育公平现状“非常公平”或“比较公平”。

柯桥现代教育发展指数81.3分，高出2023中国现代教育发展指数9.5分。

◆ 柯桥现代平安发展指数87.4

城市平安，是发展之基；平安城市，是百姓之福。

柯桥老百姓的“安全感”强不强？本次调查中，在问到“您认为您所生活的城市安全吗？”这个问题时，55.61%的受访者认为“非常安全”，38.38%认为比较安全。

平安建设，柯桥可谓扛“鼎”有成。“平安鼎”贵在“长久立”，2023年，柯桥成功实现浙江省级平安区创建“十八连冠”，顺利夺取浙江首批“二星平安金鼎”。“二星平安金鼎”是目前平安浙江建设领域的最高奖项，也是对全省最平安地区给予的最大殊荣，足见“平安柯桥”建设成果很“硬”。

平安柯桥，关键是要柯桥老百姓可感可知。63.19%的受访者对柯桥的社会治安状况感到“非常满意”，33.94%认为“比较满意”，仅有2.87%认为“一般”，没有人选择不满意。

为了守住这份安全感，柯桥着眼夯实基层治理“底座”，以浙江全省唯一“大综合一体化”改革综合试点为契机，系统性重塑组织、队伍、管理、运行、保障治理五大体系，构建“一张清单”定职责、“一支队伍”管执法、“一个平台”统指挥的行政执法新局面，打造指挥高效协同、信息共建共享、问题精准处置的治理共同体，

数字化是“大综合一体化”改革的重要路径。在柯桥区社会治理中心，智慧大屏实时更新着各类监管数据。前端数据的“尽收眼底”，得益于平台间的互相贯通。柯桥以“一个平台智办案”为准则，迭代升级区镇两级行政执法指挥中心，双向贯通省执法监管平台与基层智治系统，实现全域基层事件数据一屏集成、执法资源信息一屏通览。有了这个“最强大脑”，不仅时时能为柯桥全区做“平安体检”，而且能对案件发生频繁的地区进行预警，在科学决策、精准指挥方面发挥积极作用。

为了让“大脑”更“智慧”、更“实用”，柯桥找准小切口，聚焦“监管一件事”深度融合，不断细化检查事项、处罚事项，以自选组合形成亚运场馆、鉴湖渔歌、未来社区和安昌古镇等多个应用场景，让更多的改革成果精准应用于城市管理和基层治理。如“亚运场馆一件事”应用场景，以羊山攀岩馆为中心，将辖区内4条主要道路包围的2.5平方公里范围内的沿街店铺、学校、药店等点位设置为409个监管对象，并赋予专属二维码，网格员一旦发现安全问题，就可以第一时间扫码上报，执法更加智慧高效。

本次调查中，柯桥受访者非常关注“网络安全”问题。随着互联网的全面普及，防范电信网络诈骗是保护居民生命健康和财产安全的重要内容。反诈第一步，在于预警劝阻。柯桥按照“统一汇聚、分级推送、分类劝阻、属地处置、跨区联动”的原则，结合电信网络新型违法犯罪三级治理架构，建立“警格+网格”预警劝阻机制，最大限度前移关口，实现防在先、拦在前，止得住、返得快。统计显示，2023年柯桥已为3.3万名潜在受害人进行了预警劝阻，劝阻成功率99.2%。

安全生产是民生大事，是一切工作的前提。本次调查中，50.39%的受访者对柯桥的安全生产状况感到“非常满意”，38.9%的受访者感到“比较满意”。

安全生产，柯桥“刀刃向内”。2023年6月，柯桥启动安全发展大起底大整治大重塑集中攻坚行动。4个月的时间，全员发动、全线下沉，盯紧“厂中厂”“园中园”等重点区域，对重大隐患挂牌督办，集中力量在最短时间内整改到位，对其余各类隐患也拿出举措、落实责任、限期销号，通过“红黄绿”三色安全管理评价体系织密风险防控和隐患排查的火力网，“露头就打”、顶格处理，大起底零盲区、零遗漏、零容忍。

柯桥现代平安发展指数87.4分，高出2023中国现代平安发展指数9.8分。

◆ 柯桥现代生命发展指数81.7

现代化最重要的指标还是人民健康，这是人民幸福生活的基础。

柯桥老百姓幸福生活的基础牢不牢？生命现代化指数主要通过对居民健康满意度、居民健康水平、居民健康保障和措施3个方面的测评，来衡量柯桥生命现代化实现程度。

调查显示，48.22%的受访者对自己和家人目前的身体情况表示“比较满意”，26.86%的受访者则认为“非常满意”，仅有3.56%表示不太满意；超八成的受访者对柯桥居民健康保障和措施感到“比较满意”和“非常满意”。

医疗水平是保障生命健康的最关键要素。

绍兴市中心医院、绍兴第二医院、绍兴市柯桥区中医医院是柯桥的3家龙头医院，每家医院分工不同：绍兴市中心医院计划打造集医疗、教育、科研和突发事件应急救治为一体的三级甲等综合医院；绍兴第二医院“一院两区”，形成兰亭院区侧重康复、老园区综合发展的模式，打造市内领先的现代化三级甲等综合医院；绍兴市柯桥区中医医院则计划打造成一家中医特色突出、临床疗效显著、示范带动作用明显的三级甲等中医医院，学科建设各有特色、互为补充。从而构建起与柯桥区域经济和社会发展水平相适应，与居民健康新需求相匹配，上下联动、区域协同、医防融合、中西医并重、优质高效的公立医院体系。

与此同时，柯桥还不断引入优质医疗资源。早在2021年，柯桥就与浙江大学医学院附属第二医院达成合作，共建浙大二院柯桥院区（柯桥未来医学中心），项目按照三级甲等大型综合医院标准设计，总投资65亿元，共计规划床位1500张，建成后将包括临床医疗、医学研究、临床教学、世界医学博物馆四大功能区块，将大幅提升柯桥医疗卫生综合实力。

2023年2月，王建安教授名医工作室落户绍兴市中心医院。浙江大学医学院附属第二医院心血管内科是国家临床重点专科，学科带头人王建安教授是医学博士、博士生导师，浙江省特级专家，在动脉粥样硬化、冠心病、心肌梗死、心力衰竭、瓣膜病的介入治疗等领域的研究及临床新技术推动方面颇有建树。工作室成立后，王建安教授及其团队定期到柯桥坐诊、查房、指导手术，为绍兴市中心医院的学科建设和综合能力提升给予更加精准的指导。

除了不断做强学科优势，优质医疗资源也要下沉到基层。近年来，柯桥区就村卫生室村建村办、村医自聘的格局，按照城市地区1.2公里服务半径，以及农村地区千人以上行政村进行了重新布点，规划设置了村级医疗机构，并基本实现了乡村“15分钟医疗服务圈”的全覆盖。卫生服务中心里，门诊、药房、输液厅、换药室、健康小屋等一应俱全；电子健康档案、慢性病随访、家庭医生签约、上级医院转诊预约等都可实现一键通办，小病、慢病在村里就能解决。

村医团队，是乡村基层医疗的“顶梁柱”。早在2014年，柯桥就通过委托浙江省内的医学院校定向培养本地户籍的临床医学大专生，让青年医疗人才充实到乡村医生队伍中。柯桥区财政提供培养经费每人3.6万元，这些学生毕业后在镇卫生院（街道社区卫生服务中心）轮转1年，在取得执业（助理）医师资格后，到村级医疗机构工作。截至2023年，柯桥一共定向培养乡村医生285名，其中的99名已毕业进入后续规培轮转，116名新村医已顺利到岗工作。新村医队伍中，50周岁以下人群占比从2017年的8.56%提高到现在的38.27%，大专以上学历人群占比从2017年的4%提高到目前的39.54%。

因此，当被问到“如果不舒服，您通常如何使用非处方药物治疗？”这个问题时，超半数的受访者选择“先去医院确诊，再按医嘱买药”，这也进一步证实，受访者对在当地就近就医的认可。

实际上，柯桥近年来全力打造以医共体建设为代表的“医在柯桥”服务品牌，2017年就被列入浙江省首批11个医共体建设试点单位，整个区域由绍兴市中心医院、绍兴第二医院、绍兴市柯桥区中医医院3家区级医院，分别与各镇卫生院（街道社区卫生服务中心）组建医共体。举个例子，患者在钱清街道社区卫生服务中心拍的片，资料可以在所有医共体单位之间实现实时共享，龙头医院绍兴市中心医院还能直接在线上为患者看片诊断，省时、省心又省钱。

生命现代化指数，绕不开健康的生活方式。调查结果显示，“体育运动”是柯桥绝大部分受访者排解压力的主要途径。

作为浙江省首批体育现代化县（市、区），近年来，柯桥区将体育健身设施建设工程列为“政府十大民生实事”，以杭州亚运会为契机，科学制订体育设施布点规划，全力打造城市社区“10分钟健身圈”，开展了一系列基层体育场地设施建设。如湖塘街道建成了总占地面积8500余平方米的全民体育公园，公园以运动健身为中心元素，打造集改善生态、美化环境、运动休闲、娱乐休憩等功能于一体的绿色公共空间；柯岩街道建成开放的河塔村“百姓健身房”，跑步机、椭圆机、动感单车一应俱全，为热爱运动的村民带来许多惊喜；兰亭街道山下村利用闲置民房改造成“百姓健身房”，两层楼的民房变身拥有瑜伽室、乒乓球室以及各种运动器材的健身房，成为村内的热门场所。此外，相关镇街还有村级足球场、村级全民健身广场、社区多功能运动场、健身步道等运动场建成或正在建设中，进一步巩固完善“10分钟健身圈”，扩大柯桥人的“幸福半径”。

同时，柯桥区提档升级小康体育村68个、百姓健身房50个、社区多功能运动场24个，投资4600万元建设二代智能健身路径、空中运动场等区级

“体育+公园”民生实事30项，改造学校体育馆22个，亮化露天球场174个，铺设露天硅PU面球场78个，人均体育场地面积达3.56平方米，位列全市第一、全省前列，已基本实现城乡社区体育场地全覆盖、均等化。

柯桥现代生命发展指数81.7分，高出2023中国现代生命发展指数7.7分。

◆ 柯桥现代生态发展指数80.2

良好的生态环境，是最普惠的民生福祉。

这项民生工程柯桥做得如何？数据说话：2023年1—12月，全区PM2.5浓度32微克/立方米，空气质量优良率87.4%，改善3.8个百分点，改善率排名全市第2。有蓝天也有碧水，全年国考断面（曹娥江大闸闸前）水质为Ⅱ类水，达到水环境功能Ⅲ类水要求；28个市对区考核断面全部达到Ⅲ类以上水质目标，达标率100%；28个市对区水质考核断面、10个跨行政区域河流交接断面、4个农村集中式饮用水源地水质考核结果均为优秀。

作为一个以纺织印染产业“起家”的县域，为摆脱发展阵痛，柯桥在生态文明建设道路上执着探索和不懈努力，取得了难能可贵的成绩：获评省级生态文明建设示范县（市、区）、全域“无废城市”建设捧得“清源杯”“五水共治”捧回“大禹鼎”银鼎……

政府有为带来了百姓有感，除了硬核的成绩单，柯桥的生态环境建设也得到了老百姓的认可。84.19%的受访者认为柯桥的环境状况“非常好”或“比较好”；90.51%的受访者认为柯桥的生态环境较上一年“有很大改善”或“有所改善”，这种改善主要体现在更新鲜的空气、洁净的饮用水、整洁的街区、充足的绿地和公园等方面。

本次调查中，73.56%的受访者认为柯桥的空气质量“非常好”或“比较好”。守住“柯桥蓝”，柯桥全力以赴。柯桥区蓝天办为辖区内16个镇街“量身定制”空气质量分析报告，发现问题，精准治理、逐一整改；定期公开全区空气质量“红黑榜”，再配合常态化巡查、不定期联合检查、难点巡查，杜绝“躺平”。2023年，柯桥共巡查发现各类涉气问题10万余个，整改闭环率98.5%，立案处罚683起，发布高值预警预测及管控建议342条、应急调度指令301条。

80.46%的受访者认为日常生活用水质量“非常好”或“比较好”，71.27%的受访者对当地自然水环境感到“很满意”。水环境是老百姓评价当地生态环境的重要因素。“污水零直排区”是柯桥治水过程中的重点抓手，2020年底，柯桥区已实现16个镇街“污水零直排区”创建全覆盖，2024年根据建设规划，对规划内的生活小区实施“污水零直排”提升改造，其建设周期和老旧小区改造、未来社区建设有效统筹，同步推进。到2025年底，力争完成所有生活小区“污水零直排”建设，做到雨污全分流、污水全纳管、运行全在线、运维全智慧。

生产领域，早在2012年柯桥就建成了“刷卡排水”系统，印染企业把每个月核定的排水量存进“账户”，相关部门通过在企业放置的监测装置，就能实时掌握企业的排水情况。随着对生产领域水环境治理的不断“加码”，2023年还首次聘请第三方专业团队，联动各镇街、相关部门，对水质超标断面沿线工业园区、重点企业开展不间断巡查，对“跑冒滴漏”行为“零容忍”。

街区要整洁，关键要解决垃圾处理问题。调查显示，74.42%的受访者认为柯桥生活垃圾管理做得“非常好”或“比较好”。除了持续开展生活垃圾分类，创建“无废工厂”“无废乡村”“无废学校”“无废医院”“无废工地”“无废景区”“无废家庭”“无废商场”等18个类别的“无废细胞”100余个，针对建筑垃圾处理难的问题，柯桥投资近2.5亿元建设资源再生利用绿色综合体。建成后每年预计可处置约36万吨建筑垃圾，其中装修垃圾30万吨、大件垃圾3万吨、园林垃圾3万吨。

数字护绿，是柯桥践行生态文明理念的新方式。2023年，柯桥依托“数智蓝网”平台打造“数智无废”平台，根据柯桥产业结构特色，打通无废全程追踪各环节，开发建设驾驶舱、工业垃圾、工业危废、小微废、污泥等五大功能模块。以污泥模块为例，柯桥已实现污泥处置收运的数字化监管：污泥转运车辆GPS数据全部接入平台，全天候实时监管；污泥库存量大于仓库容量80%时，平台第一时间发出告警，并适当提升该企业收运排序优先级。

一项项扎实的举措得到了老百姓的认可。本次调查中，85.95%的受访者对柯桥环境保护的政府投入、执行和效率感到满意，84.48%的受访者认为柯桥的生态环境将会越来越好。

柯桥现代生态发展指数80.2分，高出2023中国现代生态发展指数8.1分。

◆ 柯桥现代消费发展指数72.3

消费，是扩大内需的引擎，是拉动经济增长的基础性力量。测评消费现代化指数，不仅能够直观反映老百姓的生活水平，也能从侧面反映经济社会的现代化水平。

那么，哪些因素影响着居民的消费结构和消费水平？本次调查中，71.33%的受访者认为是“收入”。

提高人民收入水平，调整收入分配结构，逐步实现全体人民共同富裕，是“十四五”时期经济社会发展的重要目标。

2022年，柯桥区城镇常住居民人均可支配收入82528元，同比增长4.2%；农村常住居民人均可支配收入51605元，同比增长7.4%，高基数下的高增长让柯桥跃升为浙江省“农民收入第一区”。

收入高、增幅快的背后，柯桥的秘诀是什么？

就业是最大的民生，是“精准扩中”的关键一环。柯桥的目标是推动更广领域、更大群体实现“一人实现充分就业，家庭迈入中等收入群体”。对标这个目标，2023年以来，柯桥区以打造橄榄型社会结构为导向，以扩大中等收入群体、提高低收入群体收入为目标，专门出台“留工稳岗十条”，向771家企业发放稳岗留工补贴768余万元，建成零工市场3家，构建起600多家企业用工和3万余名零工意向实时信息库，着力推进稳就业、提技能、重引育、强帮扶、营氛围等工作。截至2023年底，柯桥城镇登记失业率降至2.49%，新增首次在柯就业6.67万人。

在此基础上，柯桥区紧紧围绕共同富裕示范先行区建设目标，着眼缩小城乡、区域、收入“三大差距”最大难点，聚焦收入结构优化、整体增长、双创促富、托底稳富等方面持续发力。2023年，柯桥全体居民人均可支配收入79500元，增长6.3%，总量与增速分别位居全市第一、第二，实现了高收入基础上的稳增长。其中，城镇常住居民人均可支配收入为87467元，增长6.0%；农村常住居民人均可支配收入为55299元，增长7.2%，城乡收入比进一步缩小到1.582，农村居民收入增速已连续19年快于城镇，农村人均收入位居全省前列并全面消除集体经营性收入低于120万元以下的经济薄弱村。

稳定的就业和收入让柯桥老百姓的生活更有底气。在问及“2024年准备将更多的钱用于哪方面消费”时，除了“日常生活开销”外，40.61%的受访者愿意用在“文化教育消费”，31.06%的受访者愿意为“旅游、娱乐等享受型消费”买单。

除了收入水平，物价也是影响柯桥居民消费的一大因素。77.48%的受访者认为物价上涨对消费计划“影响很大”或“影响比较大”。

因此，为了促进消费，在2023年柯桥发布的“1+1+9”政策中，促消费方面重点在首店经济、夜间经济、重点消费平台、消费扶贫、品牌质量等领域加大扶持力度。其中，购置新车享总额达3500万元的资金补贴、发放500万元“年味消费券”，真金白银发红包、给补贴，举办“我在柯桥过大年”，承办2023浙江“暑期来消费”暨“金柯桥·最生活”乐享夏夜、全国绿色时尚纺织服装消费季启动仪式等活动，激发消费活力。

构建受老百姓欢迎的消费场景也很重要，柯桥瞄准夜经济。柯桥整合本地蓝天、万达、宝龙广场3个商圈的优质商贸资源，联动柯桥古镇、柯岩鲁镇、安昌古镇“一城三古镇”，在2023年5月启动直至当年年底的“一城三古镇”夜生活潮玩节，夜购、夜食、夜游、夜娱的消费场景充满了烟火气、市井气、文化气。2023年以来，“一城三古镇”夜生活潮玩节累计开展活动近百场次，吸引人流量超841万人次，全区主要夜间文旅消费集聚区营收超1.9亿元。其中，“夜鲁镇”景区入选第三批国家级夜间文化和旅游消费集聚区，柯桥古镇则入选省级旅游休闲街区培育名单、第三批省级夜间文化和旅游消费集聚区。

实际上，柯桥居民消费结构在不断优化。从居民生活消费支出构成看，2023年柯桥全体居民的食品烟酒、衣着、居住、生活用品及服务、交通通信、教育文化娱乐、医疗保健、其他用品和服务这八大类消费支出中，教育文化娱乐、交通通信、其他用品和服务、医疗保健四大类增速居前，分别为9.6%、9.3%、9.2%、8.8%。其中，生存型消费支出增速较为平稳；而发展型、享受型消费潜力不断释放，已成为柯桥城乡居民消费的重要增长点。

柯桥现代消费发展指数72.3分，高出2023中国现代消费发展指数9.4分。

◆ 柯桥现代公共服务发展指数76.3

公共服务是个多维的概念。孩子入学难不难、路上交通堵不堵、就医看病贵不贵、养老设施够不够、出门办事方便不方便等“日常小事”，都直接反映着一个县域公共服务的供给能力及水平。“现代公共服务发展指数”主要从科技、公共安全、文化娱乐、行政管理、市政建设及环保、社会保障、就业服务、教育、医疗卫生9个方面进行全面测评。

柯桥百姓满意当地的公共服务吗？本次调查中，53.47%的受访者对柯桥的公共服务感到“非常满意”，36.34%感到“比较满意”，九成的受访者认为柯桥的公共服务较上一年有所提高，其中“医疗卫生”“社会保障”“义务教育”“公共交通”“公共安全”“城市环境”，是最令柯桥老百姓有感的领域。

2023年4月，柯桥聚焦全人群、全生命周期公共服务，高标准印发《柯桥区公共服务“七优享”工程实施方案（2023—2027年）》。对照“蓝图”，扎实推进幼有善育、学有优教、劳有所得、病有良医、老有康养、住有宜居、弱有众扶，建设成果也通过老百姓的评价直观展现：经过本次调查显示，柯桥现代生命发展指数81.7，现代教育发展指数81.3，现代平安发展指数87.4，现代休闲发展指数77.1，均高于全国平均水平，可见在相关领域，柯桥正高标准迈入现代化建设。

柯桥的交通服务好不好？早在2017年，柯桥就实现了“村村通公交”，并在当年获评全国首批“四好农村路”示范县（区、市），进城下乡没堵点；2021年绍兴地铁1号线柯桥段正式开通，柯桥人坐着地铁就能到杭州；从柯桥出发，20分钟高速直达萧山机场，18分钟高铁到达杭州东站，75分钟高铁直达上海虹桥……

有着“融杭接沪联甬”大目标的柯桥，重大交通项目建设力度也不断加强，2023年，在省级“十项重大工程”年度星级评定中，柯桥区在世界一流强港和交通强省建设工程年度考核中以全省第2的成绩获评“五星级”单位；全区综合交通投资、交通有效投资的投资额均居全市县（市、区）第一。从具体总项目来看，2023年，杭金衢高速联络线工程建设进入高峰期，杭州中环柯桥段地面道路、群贤路西延萧山南秀路等工程不断刷新“进度条”，柯桥北环快速通道于当年7月初开工建设，金柯桥大道快速化改造工程完成初步设计评审……内接外联的现代交通体系跃然纸上。

对于困在早晚高峰期的打工人来说，有时候“慢”也是一种“快”。2023年，柯桥成为浙江省首批、绍兴市唯一的城市交通慢行系统建设试点单位。城市交通慢行系统就是通过慢行交通，引导居民采用步行、自行车、跑步等慢速出行方式，从而缓解交通拥堵、提高出行效率。骑行在鉴湖慢行系统，稽山鉴水相映，步道、栈桥、绿化、景观小品等将水域与陆地景观串联，不仅不堵心，还很顺心。

在问及“您最关注的社会问题是什么”时，“养老”“托幼”的“一老一小”备受柯桥老百姓关注。打造具备“一老一小”惠民综合体职能的邻里中心，是柯桥2023年十大民生实事项目之一。这样的“邻里中心”怎么建？“一小”方面，邻里中心包含对3岁左右孩子的托育功能，内容包括亲子课堂、学前教育等；“一老”方面，包含慢病管理、居家养老、老年食堂、老年大学、康复健身等综合功能。最牵挂的事，在家门口解决。

社会保障方面，柯桥把“底”兜得稳稳的。近年来柯桥开展低收入农户生活质量提升行动，建档立卡低收入农户健康保险参保率达100%。

本次调查中，超过八成的受访者认为，“公共服务的信息化建设真的能达到少跑腿、效率高的效果”。早在2020年，柯桥就在浙江率先实现了群众

“办事不出村”“最多跑一次”事项、“一证通办”民生事项等3个100%全覆盖；率先实现了社保业务全天候受理、平均6分钟办结。而且社保业务办理还打破了地域限制，实现全区通办、就近快办，做到就近就便“只跑一次”。

柯桥与杭州市萧山区地缘相近，不少柯桥人生活在当地、工作在萧山，也有不少萧山人在柯桥工作、买房、定居。2019年，杭州市和绍兴市签订《共建都市区推进政务服务“一网通办”合作协议》，柯桥积极与萧山区对接，探索建立“萧山—柯桥政务服务一体化”模式，两地交换投放自助服务机，居民可在这些自助机上自由办理社保、公积金、公安等300余个事项，原本需要跨城办理的事项，实现了在一地就可以“无感换乘”。

柯桥现代公共服务发展指数76.3分，高出2023中国现代公共服务发展指数10.1分。

◆ 柯桥现代信用发展指数77.1

信用有价值，守信有力量。守信与否，直接影响到一个城市的品牌和观感。

本次调查中，52.16%的受访者对柯桥信用体系建设表示“非常满意”，33.73%的受访者表示“比较满意”；53.33%的受访者认为柯桥的政府公信力“非常好”，34.51%认为“比较好”；83.92%的受访者认为柯桥人际信用状况“非常好”或“比较好”，83.14%的受访者认为柯桥企业信用状况“非常好”或“比较好”，超八成受访者认为柯桥整体信用环境在不断提升。可见，在柯桥老百姓看来，柯桥人、柯桥企业、柯桥政府，都很“靠谱”！

与时俱进、奋发有为的名士文化，是柯桥区域形象的重要“标签”。其中，“绍兴师爷”作为名士文化中代表性、地域性都很强的历史群体，代表主持正义的精神、善用法典的智谋，也潜移默化地影响着一代代新老柯桥人。

本次调查中，柯桥老百姓认为，随着经济社会的不断发展，要进一步提高企业诚信水平，不仅要依靠企业自身的守信意识，还需要“加快信用立法进程”“加大监管力度”“建立企业信用档案，定期向社会公开企业信用记录”“对企业不诚信问题‘零容忍’，加大处罚力度”。

这些举措的背后，都需要政府有为来推动。柯桥在全国首创的“纺织品花样数治”应用，是给企业诚信经营的“定心丸”和“预防针”。

柯桥每年约有纺织品花型知识产权10万件以上，但曾经，这些花型登记确权率却不足6%，探索纺织行业知识产权保护新机制迫在眉睫，也至关重要。

“纺织品花样数治”应用好在哪儿？这个应用以纺织全产业链发展为抓手，打通知识产权创造、运用、保护、管理、服务全链条，突破制约知识产权授权慢、变现难、维权不易等瓶颈，涵盖了全流程版权登记、预登记、区块链备案和存证、AI自助查重、维权调解、质押融资等应用功能。简单来说，登记后的纺织品花样，有身份、有保障、能变现。

截至2023年底，该场景应用数据库已收录浙江省近13年登记的花样版权图片13.05万件。平均每月有1万多家经营主体使用AI比对系统，登记确权周期由1个月缩短至5个工作日内，纠纷调处时间由6个月缩短至3个工作日内，版权纠纷司法维权时间从平均4个月压缩至1个月内。全区花样版权登记确权率从2021年改革前的6%提升到2023年的82.4%，花样版权登记发证1.5万余件。吸引创意设计人才集聚2216人，创意企业509家，带动创意产业销售收入500亿元以上。实现版权资产化变现，推动花样版权融资8亿多元。

营商环境离不开好的信用体系建设，也是一个地方政府信用高低的侧面反映。

在本次调查中，八成受访者认为柯桥营商环境“很好”或“较好”，认为近3年来柯桥营商环境不断改善。当被问及“希望有一个怎样的营商环境”时，“行政审批少，办事流程简化、透明化”“政府服务热情、专业水平高”最受柯桥老百姓关注，这些恰好也是柯桥进一步优化营商环境的“着力点”。

推进营商环境优化提升“一号改革工程”，柯桥不断创新。

招投标环节，柯桥不断升级“立体化”监管体系，建立标前严格规范、标中严密监察、标后严督履约的全周期监管体系，形成“智慧+协同+信用”立体化闭环管理，不断提升招标投标的规范性和公平性，实现招标投标实时监察100%全覆盖，有效助力打造公平、开放、包容的营商环境；针对企业普遍反映招投标领域存在制度性交易成本过高过繁、市场壁垒与地方排挤制约企业竞争、串标围标等违法违规乱象尚未根治等突出问题，柯桥在2023年5月出台了《关于优化招投标领域营商环境若干举措的通知》，通过取消小额工程项目投标保证金，下调政府采购履约保证金比例，推行以保函形式替代现金的担保制度，规范政府采购项目合同签订与备案时间等举措，进一步优化招投标领域营商环境。

涉企服务如何增值化？柯桥以承接浙江政务服务增值化改革试点为契机，打造柯桥区涉企政务服务数字化平台，借助算法与大语言模型，聚合全区“1+9”惠企政策，整合国家、省、市、区各级惠企政策条款，建立“政策找企业”专题数据库，持续升级“政策推送平台”算法服务，搭建“政策找企业”服务平台，拆解出可具体兑现的1050个政策条文，并对照政策标签分类标准，实施企业属性标签化管理，精准构建企业画像。截至2023年底，柯桥已完成3579家企业的标签分解工作，主要涵盖个体工商户、小微企业、专精特新、领军企业等1000多条企业特色标签，真金白银兑现“1+9”惠企政策资金8.02亿元。

柯桥现代信用发展指数77.1分，高出2023中国现代信用发展指数7.6分。

◆ 柯桥现代休闲发展指数77.5

休闲，是日常生活中的“诗与远方”。

本次调查中，36.63%的受访者对自己的休闲生活感到“非常满意”，33.33%的受访者感到“比较满意”；48.72%的受访者把休闲时间安排在工作日晚上，31.5%的受访者则会利用周末时间休闲放松；在问及“您认为在哪类休闲方式上的消费最有价值”时，选择“消遣旅游”的人数最多，比例达到40.66%，随后则是“休闲餐饮”“体育休闲”；旅游方式上，有46.89%的受访者选择自由行，30.4%的受访者选择自驾游。

休闲旅游，柯桥人不必走远，“自家”的旅游实力就很强：在“2023年全国市辖区旅游综合实力百强区”名单中，柯桥区再次挺进旅游综合实力百强区前十，位列第九；2022年浙江文化和旅游总评榜中，柯桥成功上榜四项，入选2022浙江文旅融合十佳县（市、区）；柯桥十二风雅集入选2022浙江文化和旅游十大烟火市集，福全农耕文化馆入选2022浙江最值得去的十佳乡村博物馆，鲁镇社戏入选2022浙江十佳旅游演艺……

除了有硬核的成绩单，柯桥也有很多“玩法”。

想要感受千年传统文化？柯桥底蕴浓厚，全区有各级文物保护单位（点）170处，其中世界文化遗产和文化遗产点各1处，全国重点文物保护单位9处，省级文物保护单位10处，区级文物保护单位63处、区级文保点88处。在印山越国王陵、兰若寺南宋荣王陵、王阳明墓等高等级墓葬，可以领略到悠久的古越文化；柯岩造像及摩崖题刻、羊山造像及摩崖石刻等，凝练了绍兴古代采石文化与佛教文化；太平桥、融光桥、得胜桥等古桥，展示了绍兴桥文化……

在柯桥，传统文化也很“好玩”。2022年3月开始，柯桥古镇的“柯桥十二月市”就吸引了很多年轻人“打卡”。“柯桥十二月市”以宋代十二月市为母本，结合染缸文化、日铸茶文化、文玩花草、周末音乐等柯桥特色城市历史及古镇文化元素，每月一主题、每周有市集。2023年，“柯桥十二月市”升级成柯桥十二风雅集，将江南十二雅事作为体验主线、十二国色作为视觉主线、十二花朝作为打卡主线，吸引网友们自发在社交媒体上分享推荐，国潮柯桥很“出圈”！

酷爱户外运动休闲？借力亚运，柯桥有好赛。相继承办国际花样游泳大奖赛、法拉利亚太挑战赛等各类国际国内大型赛事的柯桥，还吸引了浙江稠州金租男篮主场的“落户”，让柯桥篮球迷一饱眼福；户外运动，柯桥花样多。在绍兴乔波冰雪世界四季都能享受冰雪运动，在浙江国际赛车场上可以体验“速度与激情”，在依山傍湖的鉴湖高尔夫球场可以畅快挥杆，在夏履镇沃泰马术基地可以放缰驰骋，在羊山攀岩中心、刻石山飞拉达可以体会飞檐走壁……

想要逃离城市“撒野”乡间？随着全域旅游创建、景区村创建、“微改造、精提升”工程的实施，柯桥的景区村覆盖率已达到88.78%，还涌现如兰亭街道谢家坞村的生然谷·贝来极光营地、王坛镇丹家村乡野拾光露营基地、漓渚镇棠棣村花满棠棣缤纷乐园、鉴里荟乡村文旅综合体等标志性项目，南部山区还“更新”了平水采茶、摘樱桃桑葚、野餐戏水等主题活动，进一步为柯桥乡村旅游“加分”。

既有时尚范、又有乡土味的民宿也一房难求，如漓渚镇棠一村的棠棣驿站是国内首家文学IP主题民宿，这里不定期举办文化沙龙等活动，很文艺、有“腔调”；再如一湖酒场·朴筑黄酒文化主题民宿，曾被评选为“浙江十佳文化遗产民宿”，集文化交流、酿酒体验、非遗传承于一体，酒香“醉人”。

在被问及“您对柯桥A级景区总体印象如何”时，77.29%的受访者认为“很好”或“不错”。

鉴湖旅游度假区，是柯桥最具代表性的景区之一。度假区以休闲度假、体育运动为特色，融入古越文化，先后引进并建成总投资超300亿元的东方山水乐园、浙江国际赛车场、乔波冰雪世界等核心主力景区，引进绍兴柯桥文化创意产业园、中体空间集团体育运动小镇、GDS玩乐空间等文化产业项目。除了龙头项目带动，一系列聚焦年轻人需求的业态也在不断形成：鉴湖江畔文创社区综合体“鉴里荟”，由原阮社酒厂旧厂房改造而成，如今这里咖啡店、中餐厅、西餐厅一应俱全，年轻人爱来。还有“鉴空间·乡村艺术馆”、先锋书店等新业态、新品牌，不断丰富度假区的文旅场景。就在2023年1月10日，文化和旅游部发布公告，正式确定鉴湖旅游度假区为国家级旅游度假区。

柯桥现代休闲发展指数77.5分，高出2022中国现代休闲发展指数14.2分。

◆ 柯桥现代幸福发展指数82.8

人民群众的获得感、幸福感和安全感，是推动共同富裕、推进中国式现代化建设的根本目的。

幸福，是一种心理感受，既是对生活的客观条件和所处状态的一种事实判断，又是对生活的主观意义和满足程度的一种价值判断。现代幸福发展指数实际上是通过现代生态、现代饮食、现代居住、现代教育、现代消费、现代生命、现代公共服务、现代信用、现代平安和现代休闲这10个细分发展指数的具体测评后，把“幸福感”这个抽象的概念数据化。

本次调查中，79.52%的受访者感觉现在的生活“非常幸福”或“比较幸福”，71.33%的受访者相信未来的生活会比现在更幸福。哪些因素对幸福感的提升帮助最大？排在前五位的分别是“提高医保水平”“改善医疗卫生服务”“提高养老保障水平”“提高工资水平”和“降低房价”。

实际上，在柯桥，每月准时到账的养老金，让老年人感到幸福。

2023年，柯桥通过精准定位人员底数、靶向施策分类推进、优化保障等创新举措，持续扩大养老保险参保覆盖面。2023年全区企业职工养老保险扩面人数7072人，全市第一；截至2023年12月底，社会保险参保人数达59.87万人，其中企业职工养老保险参保38.13万人，灵活就业养老保险参保21.74万人。对低保、低保边缘户、特困人员和残疾人等群体，柯桥应保尽保，按政府年代缴100元，缴费至60周岁并缴费满15年的可按月领取城乡居民养老保险金。

不仅享受养老保险的人变多了，养老保险的标准也提高了。早在2007年，柯桥就推出征地农民折算企业职工养老保险的政策，2013年进一步完善被征地农民衔接基本养老保险办法，把被征地农民纳入企业职工基本养老保险体系，显著提高了养老金水平。

特殊人群也不能掉队。在柯桥，残疾人也能感到幸福，没有“障碍”焦虑。柯桥自入选浙江首批促进残疾人共同富裕先行先试项目以来，不仅实施家庭无障碍改造，还紧抓社区无障碍设施、重要公共服务场所无障碍改造、无障碍交通建设等重点工作。以无障碍交通建设为例，柯桥持续开展无障碍地铁、公交、城市道路建设，共计修复改造盲道200余处，新建无障碍卫生间50座，新增816、833、869、565无障碍公交路线4条，投运无障碍公交车32辆。其中，公交无障碍改造包括增加了轮椅上下站台和指引盲道，城区多处主要人行道设置了“信号灯语音提示系统”，方便盲人及时了解道路情况，过马路更省心。

在此次调查中，“工资”“收入”是大部分受访者幸福感的“关键词”。在柯桥，打工人也感到幸福，没有欠薪焦虑。2023年以来，柯桥区人力社保局在柯岩街道以及南部三镇，率先开展基层劳动就业社会保障服务试点工作，实现了欠薪隐患早发现、劳资纠纷快处置和多点发力促和谐的嬗变。2023年上半年，两个试点镇街劳动纠纷案发率分别下降29.14%、4.76%，化解率分别提升58.37%、8.26%，共为478名员工讨回欠薪549万元。

在柯桥，“零工人”也能感到幸福，没有“保险”焦虑。2023年，柯桥建成零工市场3个。以马鞍零工市场为例，不仅做成了淡旺季季节性用工的“调节器”，当好劳资纠纷化解的“老娘舅”，还为零工用工风险绑好了“安全带”。为解决企业零工调剂时发生工伤赔偿主体难以分清的问题，零工市场积极与中国人寿保险机构联系，共同推出零工市场会员制商业工伤保险，做到零工介绍配套服务，365日天天可以换人，通过商业保险的科学配套，有效地解决了企业的用工风险，保障了求职者的合法权益，截至2023年10月底，共为300余家企业的4000多人次的求职者参保。

柯桥现代幸福发展指数82.8分，高出2022中国现代幸福发展指数10.8分。

蓝印

蓝印时尚小镇　高佳琪／摄

【导读】

《2023浙江省上规模民营企业发展报告》显示：2023年全省共有1860家企业进入上规模民营企业行列（数量居全国第一），从县域分布来看，柯桥区以81家的总量位居全省各县（市、区）第一。

发达的民营经济、走在全国第一方阵的产业实力，是柯桥高质量发展的硬核“标签”，也是柯桥努力打造共同富裕和中国式现代化县域样板的基底。

高质量发展就是创新驱动的发展。近年来，柯桥实施人才强区、创新强区首位战略，持之以恒抓好创新布局优化、创新主体培育、创新资源集聚以及创新氛围营造，扛起“领跑全市、竞跑全省”的使命担当。从纺织印染起家，到通过传统产业转型升级而不断夯实产业“底座”，再到如今形成“1+3”现代产业体系协同发力的发展格局，回看柯桥的产业发展历程，是绍兴块状经济转型发展的一个缩影，是浙江特色现代化产业体系建设的一个缩影，也是中国特色社会主义市场经济发展的一个缩影。

在这个过程中，政府如何有为？如何做到“看不见的手”和“看得见的手”都要用好？作为柯桥经济基本盘的传统产业，如何跨越发展？又如何补齐短板、锻造长板？本章将系统解码。

第一章

创新引领高质量发展

党的二十大报告提出,高质量发展是全面建设社会主义现代化国家的首要任务。制造业高质量发展是我国经济高质量发展的重中之重,需要顺应发展阶段、发展条件和发展格局变化,以高端化、智能化、绿色化为方向,加快结构体系升级、技术路径创新、发展模式优化,补齐短板、锻造长板,促进制造业实现质的有效提升和量的合理增长。二十届中央财经委员会第一次会议则强调,“坚持推动传统产业转型升级,不能当成‘低端产业’简单退出”。

制造业是柯桥的立区之本、强区之基,是稳经济的“压舱石”,主导的是纺织产业。回看柯桥的发展历程,十多年来,柯桥以“八八战略”为指引,以高端化、智能化、绿色化为方向,加快结构体系升级、技术路径创新、发展模式优化,走出了一条堪称辉煌的传统产业转型升级“柯桥路径”。

第一节　以实体经济为支撑,推进现代化产业体系建设

习近平总书记强调,现代化产业体系是现代化国家的物质技术基础,必须把发展经济的着力点放在实体经济上,为实现第二个百年奋斗目标提供坚

强物质支撑。

对于柯桥而言，以实体经济为支撑，推进现代化产业体系建设，其实就是回答好在不同发展时期如何迭代升级保持核心优势这个问题。柯桥充分认识到市场经济发展的规律，一是产业布局由“散”向“聚”，解决的是优势块状经济转型的问题；二是实现生产方式从“制”到“智”，解决的是产业链与价值链融通的问题；三是实现产业智链通“产”达“销”，解决的是需求侧与供给侧协同发力、相互促进的问题；四是实现产业科创既“融”又“升”，对应的则是产业结构多元现代化发展的问题。

一、产业布局由“散”向“聚”

“八八战略”提出“进一步发挥浙江的块状特色产业优势，加快先进制造业基地建设，走新型工业化道路”。2003年7月10日，在浙江省委十一届四次全会上，习近平同志全面阐述了建设先进制造业基地的工作思路，其中“必须保持特色，进一步把我省块状特色产业做大做强，充分发挥产业集聚所产生的竞争优势”是“五个必须”的第一条。

绍兴传统产业的块状经济优势明显，柯桥就拥有自己非常有特色的传统优势产业——纺织产业。2023年，柯桥规上工业年产化纤288.92万吨、印染布211.92亿米；柯桥规上大纺织实现产值1270.78亿元，占区规上工业总产值的55.4%；全区纺织品出口1093.97亿元，占全区出口总额74.1%。常住人口112.45万的柯桥，有市场主体超18万家，其中绝大多数与纺织业有关联。将其称为“托在一块布上的城市”，毫不为过；将纺织产业视为柯桥产业现代化体系的基底，则是必然。

“八八战略”为绍兴工业经济发展打破“天花板”指明了方向，柯桥纺织产业，则是观察绍兴乃至浙江产业发展演进的重要窗口。

曾经，柯桥的纺织印染产业也面临着块状经济发展中的共性问题：中小企业是主力，它们体量小但总数多，管理方式粗放。这让柯桥的纺织企业遇到了“成长的烦恼”：发展后劲不足、产业结构不优、环境状况不良，面对经济危机往往只能单打独斗，难以形成合力，抗风险能力弱。

“十多年前，柯桥有212家印染企业，分布在14个镇街，区域分散，管理粗放，配套落后，设备低档，产业发展面临前所未有的困难与压力。”谈起进行集聚之前柯桥印染企业的状况，柯桥区经济和信息化局负责人说道，那时，柯桥被称为“中国最大染缸”。2009年，当时的绍兴县曾做过统计，当年全县染布156亿米，利润只有13亿元，平均每米仅挣8分钱、耗水却达12.7公斤。这是个什么概念？依此推算，1年就得抽干20个西湖，而每吨污水又要污染20吨水体。

改变，迫在眉睫。

2010年6月，柯桥区开始推进实施印染产业集聚升级工程，按照“控量提质、集聚升级、节能减排”的基本要求推进工程建设，力争到2015年全区80%的印染企业集聚提升到滨海工业区，2020年柯桥除滨海工业区外不再保留印染企业。

集聚不是简单的平面位移，而是传统制造业通过“腾笼换鸟”走向“凤凰涅槃”。柯桥区的目标是将滨海印染产业集聚区打造成全国印染产业绿色生态示范园区，即全区50%以上纺织印染装备达到国际先进水准；主要产品质量标准达到国际先进水平，每米印染布附加值年均提高10%以上；单位增加值能耗年均下降5%，单位增加值用水量、COD排放量等指标明显下降等等。

基于这样的目标，2015年，柯桥提出了蓝印时尚小镇概念。作为浙江省特色小镇，小镇以“绿色高端、世界领先”为发展目标，打造以绿色印染为支柱、以时尚文旅为导向、以产城融合为引领的全省时尚产业类特色小镇示范样板。规划总用地面积约3.4平方公里，实际按滨海印染产业集聚区12.3平方公里全区域开发建设。

然而，从企业的层面来看，当时的蓝印时尚小镇尚在起步建设中，各方面配套并不理想。同时，资金紧张、各种成本上涨以及环保压力等等，都影响着搬迁的进度和信心。有些企业选择观望，搬迁并不顺利。

历时8年，至2018年，柯桥城区印染企业整合集聚成108家全部落户蓝印时尚小镇，并于当年全部投产。企业集聚后，设备升级、工艺更新，产品附加值也提高了。2018年，柯桥区印染产业的亩均税收从集聚前的13.47万元提升到20.04万元；单位能耗的增加值则由原来的411.52元/吨标准煤提高到813.59元/吨标准煤。可以说，产业集聚提升所释放出的红利，已经远远超过了企业搬迁成本。

与市场自发形成的集聚不同，这是由政府主导的产业升级，为何能成功？究其原因，是当地政府做到了“想企业之所想”，解决关键问题。当时，柯桥在绍兴市委市政府的统筹下成立了联合驻企专班，“一企一策”调研、化解企业的难点、痛点。

搬迁是个“伤筋动骨”的大事，原有的印染企业到了新地方，基础设施的配套需要及时跟上，电厂、污水和污泥处理厂等配套设施如果做不到及时供应，原本订单稳定的企业，生产就难以及时继续，造成损失。

既是难题，也是破局关键。

柯桥创新“并联审批+桩基先行”的模式，有效保障了项目从方案审核、指标核定、企业注册、土地摘牌，到项目审批、现场建设、试生产验收等全流程高效运转。

所谓“桩基先行”指的是在工程建设中，将桩基工程的审批和施工许可提前进行，以实现项目的早开工和快开工。环境基础设施配套水平决定了传统产业集聚区的发展基础和潜力。在集聚过程中，柯桥将环境基础设施保障作为重点先行考虑：2017年1月，滨海第二水厂一期工程建成；4月，当时浙江省内最大的热电联产项目——绍兴滨海热电厂二期扩建工程的首台机组并网发电；7月，110千伏环塘变电站投运，成为滨海工业区第12座110千伏以上变电站……企业搬迁到滨海工业区，生产有保障。

所谓“并联审批”指的是印染企业在集聚搬迁中遇到土地指标等问题时，相关部门提前介入、容缺受理，使得环评、能评、水保、规划设计、土地手续办理、施工图审查等重要审批事项和环节能同步展开、并联进行。落实“并联审批”后，对于印染企业来说，原本需要花六七个月时间完成的环评、能评、水保等审批环节，审批进度“开倍速”。

同时，为了鼓励集聚企业加大设备更新改造，柯桥出台了一系列高标准的配套政策。比如，在技改投入上给予一次性补贴15%，是普通技改项目的3倍。

有了区域内集聚的经验，在开展跨区域集聚时，柯桥做得便更加完善。2018年底，柯桥区承接实施市区印染产业跨域集聚提升工程，越城区32家印染企业整合成5大组团，准备集聚落户蓝印时尚小镇。

企业希望搬迁但不停产，柯桥就在不突破排污、能耗、产能总量的前提下，允许过渡期内新旧厂区同时生产，最大限度地保障集聚企业的经营生产。

“每个组团，我们安排了一对一专人服务。全力推进供水、供电、供热、供气、排污等配套工作，对项目规划、竣工、消防验收等工作进行全程服务指导。”绍兴柯桥经济技术开发区（柯桥经开区）经发处负责人回忆道。也正是在这样的推进下，五大印染组团的配套工程实现了“周周有进展，月月有推动”：新建一川纺织电力配套35千伏开关站项目完工投运，浙能滨海热电三期扩建工程投产，绍兴天然气新建北十路调压站及连接线工程完成全线管道氮气置换并投运，供水源水管改造工程完工投运，小舜江二期加压泵站工程开始投运……

当时，按照集聚提升要求，新组团共享排污指标，搬迁后需要按照排污指标配置土地。以七色彩虹组团为例，该组团由浙江七色彩虹科技有限公司与另外两家公司合并而成，此前，七色彩虹公司一层的厂房占地就有210亩，组团后的七色彩虹只拿到了79亩。

企业规模变大了，但拿到的土地却没有以前那么多。如何用有限的空间，产生更大的效益，不仅是各个组团需要面对的问题，也是柯桥推动产业转型升级，实现高质量发展的关键。

首先是纵向开拓发展空间。地面没有空间，但机器可以“上楼”。搬迁后的5家印染组团企业厂房高达5层，容积率达3.0，这样大幅度提升了土地的节约集约利用水平。

其次是淘汰落后设备提升产能。2019年8月，柯桥就“进一步提高印染企业的设备工艺要求，严格设备准入，加快先进设备、技术和工艺的推广应用”规定：到2020年底前，凡列入《柯桥区印染行业落后产能淘汰标准》

的设备全部实施淘汰；未达到国家、省规定能效限定值及能效等级的高耗能落后机电设备（产品）全部实施淘汰。在让机器“上楼”的同时，也着手降低设备在用水用电用气方面的能耗。

2020年，以蓝印时尚小镇印染集聚企业为实施核心的滨海工业园区国家级循环化改造试点建设全面完成并顺利通过国家验收，跨区域印染集聚组团全部开建。2022年7月，作为印染集聚提升工程最后投产的印染组团——鸿大印染组团投产。

五大印染组团全面投产后，生产效率平均提高了25%，成本、能耗却降低了20%。资源消耗普遍小于28公斤标煤/百米、1.6吨水/百米，远低于国家35公斤标煤/百米、2吨水/百米。在节能降耗、绿色发展上实现质的提升。

如今的蓝印时尚小镇厂房错落有序、鳞次栉比，汇集了传统印染+数码印花、蜡染、真丝印花等一系列行业领先技术，并已成为全国生产规模最大、市场销量最大、设备最先进的国家绿色印染生产研发基地。

柯桥产业布局由“散”向“聚”，放眼全国都极为罕见。柯桥用实践证明了这种方法是可以复制的。

二、生产方式从“制”到“智”

争创发展新优势，数字经济是重要引擎。实施数字经济“一号工程”是浙江省委省政府作出的重大决策部署。近年来，浙江在深入实施数字经济“一号工程”的基础上，不断提出新目标。

生产方式从“制”到“智”，柯桥的工具就是“数字化”，产业数字化是其亮点。

作为全国最先进的纺织产业集群地，柯桥在推动传统产业数字化转型的过程中，深度分析了痛点难点问题。一是企业数字化转型基础薄弱。纺织行业数字化转型起步迟，行业大数据体系化建设滞后，对数据的管理、分析与利用不足。二是上下游协同能力不足。纺织产业链条长、企业多，但受制于企业间缺乏信息共享与技术合作的渠道，产业链协同水平难以有效提升。三是产业精准化规划服务难。政企之间存在数据壁垒、数据孤岛，影响产业规划、惠企政策制定的科学性、前瞻性。

针对上述问题，柯桥系统化解决方案的第一步，是在集聚的同时建好“基本单元”，即建好每一个市场主体——企业。

正如上文所说，集聚不是简单的平面位移，而是传统制造业通过“腾笼换鸟”走向“凤凰涅槃”。在推进区内印染产业集聚的过程中，柯桥实施对于印染设备智能化的改造，通过激励和倒逼双重机制，共淘汰落后印染设备2023台（套）以上。

这场“焕新”还不断加码。在推进跨区域集聚的同时，2019年，绍兴启动了《绍兴市传统产业智能化改造三年行动方案》，提出在全市13个传统产业领域实现企业的智能化改造，其中柯桥的印染行业赫然在列。由此，柯桥开始搭建适合印染产业的数字化智能化服务平台，为印染企业开展产品质量诊断、生产过程管控、工艺流程优化等服务。同时，不只是纺织印染业，柯桥区第二大产业——装备制造业也同步向智能化、高端化方向发展。

“在过程中，我们会针对不同规模、不同基础的企业，采取不同的改造方法。”柯桥区经信局负责人说道，在实际操作中，柯桥引导龙头企业实施全厂智能化改造，打造高标准智能工厂；引导骨干企业实施成套设备数字化改造，打造数字化车间；引导传统生产企业开展单条生产线技术改造，打造智能化生产线。这种分层次进行数字化、智能化改造的方式效果明显。

产业数字化转型，建好“基本单元”是第一步，还要补上行业大数据平台缺失的短板，装上一个“智慧大脑”。

2021年，绍兴又启动了《绍兴市智能制造五年提升行动方案（2021—2025年）》，提出打造以“未来工厂”为引领、智能工厂和数字化车间为主体的新智造企业群体、产业集群，柯桥纺织印染产业数字化改革深入推进。就在这一年的5月，由浙江省经信厅牵头，柯桥区揭榜建设面向纺织全产业链的数字化产业生态平台——织造印染产业大脑，这也是全省最早启动谋划的4个产业大脑之一。

“织造印染产业大脑”采取“政府主导、市场运作、价值导向、社会共建”的建设模式，聚焦产业生态、新智造应用、共性技术、服务企业等需

二 三"注重"
注重实操
01
02
注重评用结合
注重继续教育
03
04
注重专业人士意见
注重行业贡献度
05
06
注重用人单位意见
智能化系统价值
数字化改造试点企业名单
2022年度

织造印染产业大脑　韩立志／摄

求，重点推进产业数据仓、数字供应链、设备云联等创新应用场景落地，全力打通订单链、设备链、数据链、人才链，使得织造印染产业向更合理、高效、可持续的发展模式转变，助力实现纺织印染行业的高质量发展。

“大脑”有哪些用法？

一是供应链协同。在“需求大厅”模块，供应商、采购商在线发布产品信息、需求信息，经应用智能匹配，采购商可快速筛选符合自己需求的供应商，在线了解供应商的基本信息、资质和评价；“供应链分析”模块，根据归集的产业数据，直观呈现查询产业链上下游供应商、生产商、分销商分布情况，对订单、交期、客户满意度等指标进行分析，为企业计划、采购、生产、分销、服务等活动提供决策参考。

二是设备云联。“设备监控”模块，接入企业内部的能源监测网关、设备物联网采集网关等监测物联设备，归集水电气表、定型机等工程设备参数，实时监控企业设备运转情况，远程控制现场设备，实现设备固件远程升级、程序更新、远程调试等功能；“外协订单”模块，设备生产商、设备维修商和设备备件商可在平台建立企业展示主页。织造印染企业可在平台发布自己的设备采购、维修等需求。应用根据智能推荐算法进行订单推荐，帮助织造印染企业高效找到合适的设备生产商、维修商；平台还能帮助设备生产商、维修商、备件商引流，拓展营销渠道。

三是智能排产。“工厂建模”模块，采用数字孪生技术，把定型机、数码印花机等印染行业设备时序数据进行特征提取、模型训练，构建行业通用算法模型。监测到设备运行出现异常时，智能分析判断设备的健康状态、可能发生故障的设备模块，线上发送预警信息给企业管理者，减少因停机而导致的产线停产；“排产看板”模块，实时展示排产情况、各生产流程进度信息和质量分析信息等，智能化分析设备的生产节拍和产线拥塞站点，对拥塞站点设备的运作周期、排产情况等参数进行智能调整，提升产线和设备的生产效率。“精准管理”模块，通过人工智能技术，对实际业务和生产场景进行模拟、分析、追踪、比对、测算，实现产品质量、成本等信息全程追溯，为企业科学制定排产计划提供依据。

【案例】迎丰科技：从智慧工厂到未来工厂

2019年至2023年，迎丰科技已连续5年入选“中国印染行业30强企业”。

走进绍兴市第一家在主板上市的印染企业迎丰科技，“织造印染产业大脑”中的“数字孪生工厂”模块在这里运行。而在“排产看板”模块里，生产流程的实时进度、产线拥塞站点实现了一屏展示，系统还会自动对拥塞站点设备的运作周期、排产情况等参数进行智能调整。

2022年5月，浙江省经济和信息化厅公布浙江省未来工厂试点企业名单，柯桥区浙江迎丰科技股份有限公司名列其中，成为全区唯一一家省级未来工厂试点企业。

未来工厂，在产业链中往往占据举足轻重的地位，也带动着整条产业链和产业集群的同步提升。多年来，迎丰科技一直在谋划未来。

100多只标明了色号的染料箱整齐地排列在架子上，工作人员在电脑上输入相关的工作指令，系统就会自动调取相应染料，称料后通过五颜六色的管道自动输送至对应染缸……整个过程只需要1名工人，并且配色区域干净卫生，绝不会出现染料溢出、污水横流的情况。

这是2021年迎丰科技印染车间的场景。这一年，迎丰科技斥资10亿元打造的“智慧工厂”，基本实现了印染生产的全流程自动化。改造完成后，生产效率提升30%以上、节水近60%。由于面料色差返工率几乎为零，仅此一项每年就可为企业节省约3000万元的损耗费。

四是工程师汇聚。平台的“浙里解答”模块，对接江南大学、浙江理工大学等高校院所和中国印染协会、省纺织印染助剂行业协会等平台协会，集聚印染行业工程师资源，为企业提供技术难题在线问诊服务。企业可通过应用在线咨询，获取工程师专家线上答疑、一对一问诊等知识技术服务；“业绩中心”模块，根据工程师参与问题解答、远程问诊以及云课堂学习等情况，量化后生成“浙里工程师”业绩分，业绩分作为工程师职称评定的重要依据；“浙里服务”“浙里成长”模块，集成和工程师相关的政策服务，链接“越快兑”“人才码”等平台，给工程师提供政策兑现服务。同时提供政策意见征集通道，方便工程师向政府提出关于产业政策制定的建议。

【案例】浙里工程师：实现企业和专家的在线对接

“以前找不到专家，现在专家找上门。”浙江维艺实业股份有限公司总经理赵海峰提到的专家，便是“织造印染产业大脑”中的子应用“浙里工程师”。

2021年8月5日，浙江首批数字经济系统多跨应用场景12个揭榜项目之一的“浙里工程师”上线。上线十来天，便已归集入驻包括69名教授级以上头部专家在内的工程师4538名。

赵海峰的单位想开发一款增深增色的染色助剂项目，但迟迟没有进展。“我们原先用深色面料，但这种面料不仅色牢度无法固定，而且不耐久。”一直找不到办法的赵海峰试着在“浙里工程师”上发布了合作需求，不久后川浙印染产业技术研究中心工程师廖正科就找上了门，针对深色面料色牢度无法固定不耐久的难题，双方互相交换了意见，事情很快有了眉目。

“在匹配到的工程师的建议下，我们通过采用共性技术，让新的面料增深增色率提高50%，而染料成本则减少了10%，色牢度的问题也破解了。”产业大脑真正解决了赵海峰的烦恼。

如今，“织造印染产业大脑”已集成百余个应用，包括10多个多跨应用场景，20多个产业链协同应用，近百个工业APP，平台月均活跃用户近5万人次，推动面料线上交易近6000万米。平台已入驻织造厂、印染厂、贸易商、设备商、服务商等近3000家，产业工程师8万余名。在实际使用中，“大脑”推动行业生产效率提高8%以上，能耗降低10%以上，良品率提升15%以上，并为政府精准服务与治理提供了有力支撑。

凭借优异的表现，柯桥区“织造印染产业大脑”获评2022年浙江省年度产业大脑优秀案例，并入选第一批行业产业大脑全省应用推广名单，应用理论成果也在数字化改革《工作动态》上刊发。绍兴（柯桥）印染产业工程师协同创新中心的线上应用“浙里工程师”，在全国“专精特新”中小企业高峰论坛上作典型交流。

当然，“织造印染产业大脑”的应用，还需要政策保障。柯桥组建专项资金，重点用于对区内参与织造印染产业大脑建设运营的企业、应用并接入大脑的织造印染企业等的奖补，以及对企业通过产业大脑开展数字化改造投入的补助。推进印染企业全域提升高质量发展行动，对接入产业大脑的企业按不超过55%的实际完成投资额给予奖励（每家企业每年最高不超过200万元），为产业的数字化转型提供了资金保障和支持。

三、产业智链通“产”达“销”

“产业+市场”，是柯桥纺织印染产业转型升级的独特优势和亮点。如今，以数字化改革为引领，“市场+产业+科创”的新格局则在进一步夯实。

中国轻纺城占地180万平方米，经营面积395万平方米，这里拥有2万余名民营用户，3万余名经营商户，50万余种面料种类，坐拥“东西南北中”五大格局，是目前国内规模最大、设备最齐全、经营品种最多的纺织品集散中心，也是目前亚洲最大的轻纺专业市场，日均人流量超过10万人，与全国近一半的纺织企业建立了产销关系，全球每年有1/4的面料在此成交。2023年，中国轻纺城市场群成交额2716.36亿元，同比增长8.22%，轻纺城网上市场实现交易额893.09亿元，同比增长10.38%，轻纺城线上线下两个市场成交额超3600亿元。

中国轻纺城有一部恢弘的成长史，它不仅仅是一个名称，更是柯桥打造“国际纺都”的具象载体。中国轻纺城其前身是1985年建造的“柯桥轻纺产品市场”，当时市场设有门市部77个，摊位89个。1992年1月，建筑面积33500平方米、交易门市部1020个的东交易区建成开业，成为全国规模最大的纺织品批发市场；1993年5月，全国第一家以大型专业批发市场为基础的股份制企业——浙江中国轻纺城集团股份有限公司正式组建；1994年4月28日，建筑面积144500平方米，总投资1.8亿元的中国轻纺城北交易区建成；1997年2月，轻纺城股票在上海证券交易所上市流通。

此后，中国轻纺城牵引着柯桥的纺织印染产业迈上国际舞台。2006年4月8日，出台《关于进一步做大做强中国轻纺城的若干意见》，确立“国际纺织之都、现代商贸之城”战略目标，组建中国轻纺城建设管理委员会；2007年10月21日，商务部授权中国轻纺城在柯桥发布了我国首个纺织品指数——“中国·柯桥纺织指数”，抢占了世界市场的话语权；2009年，设立2000万元创意产业发展专项激励资金打造国际性纺织创意中心……一个纺织产业的国际化产地型市场，正式诞生。

中国轻纺城作为全国纺织品专业市场中的龙头，在数字化改革方面走在前列。

2011年3月，柯桥（时为绍兴县）宣布将投资20亿元建设“网上轻纺城”。当年6月，“网上轻纺城”正式上线，日访问量最高达200万次；2015年，柯桥提出了再“造”一个轻纺城的目标，即用6年时间（2015—2020）轻纺城市场交易额实现翻一番；2020年底，在实现再“造”一个轻纺城目标后，柯桥又启动了“数字轻纺城”项目。

就在2023年浙江省发展和改革委员会公布的服务业高质量发展典型案例中，“筑数字轻纺城产业平台 推动传统市场焕发新机——柯桥中国轻纺城数字打造新型产业市场新实践”成功入选“数字赋能”模块典型案例，为绍兴市唯一。

数字轻纺城，好在哪？

在线上平台建设方面，“全球纺织网”“网上轻纺城”两大网站持续进行技术革新与运营提升，多场面料、成品类月月新品活动轮番上演。如“网上轻纺城”陆续推出了一系列“云直播”产品，包括云发布、云对接、探店直播、云讲堂等，帮助经营户进一步拓宽销售渠道；推出“国风汉服面料”“春夏新品窗帘”等孔雀云展20余场，聚集供应商千余家，吸引采购商线上访问达数百万人次；浙江出口网上交易会相继举行了越南站、韩国站、意大利站、纽约站以及2020中国绍兴柯桥坯布纺织新材料展线上展等云展，扩展线上销售渠道，完善中国轻纺城的“网上市场”，市场资源要素不断汇集。

为进一步通畅纺织产业上下游供需信息，2021年9月，作为“数字轻纺城”二期建设重要成果之一的“金蚕宝宝”门店管理系统正式上线。系统以微信小程序为载体，分为供应商版和采购商版，其中供应商版包含样品管理、产品发布、花样保护、产品销售、库存管理等功能；采购商版包含浏览、收藏和咨询产品等功能。

【案例】金蚕宝宝，帮你省心管门店

受新冠病毒感染疫情影响，不少轻纺城东升路市场的企业，纷纷寻求线上渠道，宣传自己的产品，金昊纺织便是其中一个。

“前段时间，店里关注到市场内宣传的一款门店管理系统十分吸引人，学习之后我立刻注册并上传了产品。”店长杜依玲说的吸引人的系统，便是数字轻纺城建设的应用工具之一——金蚕宝宝门店管理系统。

金蚕宝宝门店管理系统分为供应商版和采购商版。其中供应商版包含了样品管理、产品发布、花样保护、产品销售、库存管理等功能；而采购商版包含浏览、收藏和咨询产品等功能，双方通过微信聊天工具可即时进行沟通，从而在线下单。

隔着手机屏幕，杭州皓辰服饰有限公司资深设计师余旭华也是第一次用这款小程序进行采购，在挑选面料时，他很快便发现了杜依玲上传的图片。“通过图片我基本可以判断面料是否是我需要的，这套系统，节省了我们设计师跑市场、找面料的时间，方便又实用。”余旭华表示。

很快余旭华就收到了杜依玲寄来的样品，按照两人的约定，之后他会继续与金昊纺织保持联系，把样布设计成样衣供客户选择。“有些面料比较特别，门店管理系统内的私密样品功能很大程度上保护了我们与VIP客户的权益。”杜依玲十分认可这款小程序带来的便利。

2023年7月，为进一步加强金蚕宝宝门店管理小程序的实用性，又推出了金蚕宝宝V2.0.0中小企业商家实用版。

新版本根据数字门店运营的实际需求，通过新增整合，形成三大类别26个工具模块，在个人中心集中呈现、便于用户按需调用，例如仓库管理、面料试衣等实用工具，运营管理、订单管理等店铺管理工具，找布订单、采购信息等营销拓客工具。其中重点新增了仓库管理工具，实现仓库模块化管理，批量统一管理所有样品出入库，可直接从仓库发起出入库，增加仓库相关数据报表，提高管理效率。此外，新版本还重点升级优化了面料试衣工具，升级后，2D试衣功能界面更直观美观，试衣效果更生动真实，进一步优化了用户体验。

如今，通过金蚕宝宝门店管理系统，轻纺城为经营户提供了样品管理、产品发布、花样保护、产品销售等功能，采购商则可以实现浏览、收藏和咨询产品等。目前已有15000余家经营户启用。

金蚕宝宝门店管理系统、小哥找布APP、“好面料”频道、孔雀云展、利可达物流平台……轻纺城集团正通过数字化改革，使数字化建设与市场、物流、上下游产业同频共振，以数字引领产业发展。

为加快现代物流业发展，2022年，柯桥启动了总投资约48亿元的“轻纺数字物流港”项目，项目总规划用地面积465亩，建筑面积近100万平方米，将打造成集联托运、智能仓储、冷链物流等于一体的现代化国际物流仓储基地。

2023年底，“轻纺数字物流港项目”中的公共智能立体仓可实现正常运转，智港数据运营公司也已成立。该立体仓高35.75米，建筑面积18958.48平方米，是全国最高、单体体量最大的立体仓，其中自动化货架高31米，包含11000多只托盘和货架，配套一系列数字化输送系统和设备。同时，物流仓储区项目施工进度已近完工，该设施高24.75米，建筑面积435059.84平方米，共分为15个单体仓库。为推动园区绿色集约发展，公司还将在物流仓储区屋顶安装110000平方米左右的分布式光伏发电设施。此外，商务配套区和保税物流区也在快速推进中。

在高效推进数字物流港项目的同时，纺城还同时推进两大物流项目。一是推动中欧班列“柯桥号”高效运行，2023年共开行50列；二是争取设立B型保税物流中心，打造公路、水运、铁路、航空四港联动的物流基地，持续压缩通关时间。

四、产业科创既“融”又“升”

建设全球先进制造业基地，必须依靠产业链与创新链深度融合，走创新发展之路。

2022年，是绍兴统筹推进创新链产业链深度融合之年，柯桥区从机制体制改革入手，探索“金柯桥科技城+柯桥经济技术开发区”的“融合提升”。

【案例】产业+科创：金柯桥科技城、柯桥经开区两大平台“1+1>2”

放在柯桥经济版图上考量，金柯桥科技城、柯桥经开区两大平台，举足轻重。前者是引领创新创业的主阵地，后者是引领产业升级的主战场。也就是说，一个是科创，一个是产业。

2016年8月18日，绍兴金柯桥科技城（绍兴市千人计划产业园）建设管理委员会揭牌成立。2017年5月升格为省级人才创业园——浙江绍兴人才创业园。2022年11月初发布的《绍兴科创走廊发展规划》明确提出构建一带六城多点，联动三地全域创新科创空间格局的新任务，金柯桥科技城为6个功能互补、差异发展的高能级创新平台之一，塑造绍兴的科创新标杆。

成立于1993年的柯桥经开区是国家级开发区，2022年，柯桥经开区圆满完成印染产业跨区域集聚提升工程，位于经开区滨海工业区东北部的蓝印时尚小镇已集聚了110家印染企业，其中87家国家高新技术企业，创造了全省60%、全国40%的印染产能，亩均税收达23.5万元，成为先进制造业新载体。

得益于柯桥区政务服务增值化改革，在“企业全生命周期”这一服务体系的助力下，融合之路越走越深的柯桥经开区（金柯桥科技城）“产业+科创”坚定传统产业转型升级与新兴动能培育两手抓，两大平台打开了整体跃升、系统变革新局面，发挥出“1+1>2”的强大合力——“政府主导园区+校地共建平台+民营园区”协同发展的高能级创新平台矩阵，持续激发创新活力、释放创新动能。

作为柯桥经济发展的主引擎、主战场，柯桥经开区（金柯桥科技城）在新赛道上奋力激发高质量发展新动能，以“三个一号工程”为牵引，紧紧锚定“千亿级规模、百亿级税收”目标，围绕柯桥区“1+3”支柱产业，打造“国际纺都智造中心、融杭湾区科创新城”。

“1+3”支柱产业是哪些？

“1”就是现代纺织产业，重在打造世界级现代纺织产业集群，从传统纺织迈向现代纺织。2023年，蓝印时尚小镇通过省级特色小镇命名验收，成功命名为省级特色小镇。

“3”是指新材料、生物医药、泛半导体。目前，生物医药“健康岛”、杭州湾“数智港”、新材料产业园三大新兴产业平台加速建设，推动产业集群提质提速提效。柯桥新材料产业园正在全力争创省级“万亩千亿”新产业平台，已引进宇越光学膜材料、日月光伏等全省特别重大、重大产业项目5个，以及恒鸣化纤、梅盛新材料等40余家行业领先企业，项目全部达产后可实现年产值超700亿元。

值得一提的是，柯桥经开区（金柯桥科技城）以工业全域治理为抓手，包括8家印染企业闲置厂房在内的2000亩土地获得“重生”——“腾笼换鸟”转型为以发展高新技术研发孵化、高端制造和创新创业服务为主的科创片区。

2023年，柯桥经开区实现规上工业总产值1837.91亿元，规上工业增加值462.26亿元，同比增长10.63%；引进落户百亿级项目日月光伏、中国农业百强佳沃集团总部、院士项目鑫康合等重大项目26个，总投资达415.25亿元。

2023年，“三十而立”的柯桥经开区拥有规模以上工业企业780家，其中上市企业14家、国家高新技术企业384家，并成功入选浙江省第二批高能级战略平台培育名单。12月28日，商务部公布2023年国家级经济技术开发区综合发展水平考核评价结果。柯桥经开区在全国230家国家级经开区中位列第24位，成功跻身“第一方阵”，在全省居第4位，也是绍兴市首个进入全国30强的经开区。

两大平台，功能定位不同，运行模式不同，放眼全市乃至全省，如此之“融”并无先例，具有启示意义。

第二节　以营商环境新提升，赋能创新强区再进位

营商环境是有为政府促有效市场的重要载体，是国家或区域经济社会发展的核心竞争力。

对于民营经济活跃的柯桥而言，营商环境没有最好，只有更好，没有完成时，只有进行时。柯桥始终坚持把优化营商环境作为“一号改革工程”，牢牢把握高质量发展这个首要任务，以政府有为推动市场有效，持续创优营商环境，以营商环境新提升，赋能创新强区再进位。

首先，柯桥突出发力点，探索政务服务“增值”最优解；同时，深入实施人才强区、创新强区首位战略，向创新要动力。然后，做好“后半篇文章”，不仅要让创新成果从实验室走向生产线，也要回答好“如何保护”的问题。打造一流创新生态，既是激发市场主体干事创业激情的需要，也是让各项创新要素充分涌动、推动实现依靠创新驱动的内涵型增长的应有之义。

一、柯好办：突出发力点，探索政务服务“增值”最优解

2023年6月，柯桥被列入浙江省政务服务“增值化”改革试点区（县、市），系全省唯二、全市唯一。

柯桥主政者多次强调，要努力打造全省政务服务“增值化”改革绍兴品牌、柯桥样板，全面擦亮“企业家幸福感最强区”金名片。柯桥坚持问题导

向，聚焦便捷服务、信息共享、服务理念等方面，全力破解“增值服务”堵点难点；坚持需求导向，围绕内容增值、流程增值、时间增值、政策增值、信息增值，全力探索“增值服务”路径方法；坚持目标导向，围绕省定“五个一”总体框架，高标准推进企业综合服务中心建设，加快建立线下线上协同机制、跨部门机制，推动政务服务从“一件事”到“一类事”、从“一个点”到“整个面”、从“一个环节”到“全链条”的“增值化”提升，因地制宜开展柯桥特色实践，全力打造“柯好办”政务服务增值化品牌。

架构体系上，打造“1+16+N”的增值化政务服务架构体系，促业务“一站办理”。“1”是柯桥区企业综合服务中心，整合政策、数据、金融、投资、开放、科创、法律、人才等8类涉企办事场景，落实18个部门56名人员集中入驻，可办理1221项政务服务事项和154项增值服务事项。“16”是将政务服务增值化工作下沉至16个镇（街道）便民服务中心，形成区、镇（街道）两级协同模式。再结合“N”个产业生态增值化服务中心，将增值化服务延伸至五大开发区产业平台。

落地载体上，柯桥大力推进增值化服务“一平台”建设，积极打造柯桥区涉企政务服务数字化平台，持续升级“政策推送平台”算法服务，搭建“政策找企业”服务平台，着力提升政策的精准度和穿透力，解决政策制定依据不充分、评估难量化、实效难掌握等问题，预计可惠及全区企业约7000家，提升政策直接兑付比例50%以上。

具体方法上，平台建设惠企政策库，汇集要素资源；建设企业数据库，实现“一企一档”；加快融合集成，实现一窗办理。

建设惠企政策库，汇集要素资源。按照“谁主管、谁梳理、谁解读、谁更新”的原则，平台对“民营经济32条”145项细化举措中涉及的新增惠企政策进行全面梳理，拆解形成最小颗粒度的政策标签，聚合全区“1+9”惠企政策，整合国家、省、市、区各级惠企政策条款，进行精细化的分析和建模，建立“政策找企业”专题数据库，并对纳入政策事项进行全方位、全周期管理，定期汇总、动态更新。2023年，平台精细拆解出可具体兑现的1050个政策条文，并对照政策标签分类标准。

建设企业数据库，实现“一企一档”。平台以柯桥区企业数据库信息为基础，全面梳理、细化企业的数据信息，实现企业属性“标签化”，完善企业画像。目前，已完成3579家企业的标签分解工作，主要涵盖了个体工商户、小微企业、专精特新、领军企业等1000多条企业特色标签。不仅如此，该系统还向企业开放自选标签服务，企业可通过PC端或者“浙里办”登录平台完善自选标签，平台将自动更新相关政策推送，提高政策匹配的精准性，实现快捷申报。

企业数据库建成后，平台还按照企业地域、行业类型，建设完善高频涉企办事服务、企业服务日历、涉企“一类事”等板块，平台还设置“评论互动”模块，企业通过留言形式反馈意见建议，搜集群众关于平台使用、政策优化等方面的反馈意见；基于企业类型、规模及办事人员岗位角色，打造企业专属个性化服务空间，提升涉企服务精准性、个性化；围绕高频涉企服务事项、特色涉企应用、政策精准推送等内容进行集成整合，建设柯桥企业综合服务事项“驾驶舱”，集中展示“民营经济32条”和政务服务增值化改革一体融合推进成果，涉企服务更便捷。

加快融合集成，实现一窗办理。柯桥区大数据中心联合发改局、财政局、经信局、商务局等部门，打通“越快兑”“浙里办”“浙政钉”等多个平台，探索打造更多数字化应用场景；“浙里办”柯桥站点设置企业综合服务专区，统筹整合本地及热门涉企应用，建立统一入口，按照线上线下一体化原则，对线下“民营经济32条”增设的服务模块进行线上同步优化，升级特色涉企应用服务内容，加快融合集成，上架至柯桥企业综合服务专区，提供更广范围、层次更深的一体融合服务，实现政策从出台到推广、兑付等多链条闭环管理，为企业提供一体化政策服务。2023年，柯桥已兑现“1+9”惠企政策资金8.02亿元。

【案例】政务服务“增值”：让企业有感、助发展更有劲

2023年的6月，为进一步提升企业的国际市场竞争力，位于马鞍街道的绍兴盛鑫印染有限公司，计划引进60台最新的测试型数码印花机。

但问题也随之而来。原来在此之前，企业刚花了近4个月时间，花费17万余元，聘请第三方机构对前一批设备进行环评、能评、安评等专业评估。“好不容易走完流程拿到技改审批许可，现在因为设备更换需要重新来一次，费时费钱。”该公司董事长傅见林表示。

为此，企业提出：如果能耗、排污指标都不增加，更换新一批设备，是否可以开个绿色通道？

得益于柯桥区在全域范围内开展的政务服务增值化改革，一家企业的个性化需求，变成了惠及柯桥所有市场主体的快捷服务——柯桥行政审批局创新“就简备案三不增”快捷服务，不到半个月，盛鑫印染就收到了新设备的使用许可。

什么是“就简备案三不增”快捷服务？这项服务为解决纺织印染相关企业项目技改审批流程较长、费用较高等问题，印染企业在“产能、能耗、排污”3项指标均不增加的基础上，更换同类型生产设备只需自行邀请技术人员对产能、能耗、排污进行测算、核定，报经信、环保等部门审核，不再需要进行项目技改审批，且同样可得到政府补贴。这项服务的推出，将为企业节省90%以上的技改项目报批时间。

2023年底，一台最新引进的测试型数码印花机已在盛鑫印染的生产车间内打印新花型。此时，柯桥已有30家企业上报“就简备案三不增”服务需求，可省去500余万元的第三方评估费用，同时也为企业节省了人力和时间成本。

“绍兴环思智慧科技股份有限公司：你公司为‘2023年度浙江省专精特新中小企业’，符合我区2023年‘1+9’政策中‘当年认定为省级专精特新中小企业，给予一次性奖励10万元’的条款。可在‘越快兑’平台或区经信局相关科室了解详情。”一条“多金”且暖心的短信提醒，让环思科技项目申报负责人唐利萍连连称赞，“实在太方便了！”

原来，以前企业想要了解惠企政策，要自己搜信息、跑部门。而通过政务服务增值化改革后，政策自己“送上门”，还能在线上直接兑现，为企业节省不少时间和精力。

企业提需求，政府来满足。在柯桥，这样被服务“倒追”的案例还有很多。至2024年1月上旬，这类暖心提醒短信，柯桥区政策推送平台已推送87次，涉及企业77家。

二、向创新要动力：深入实施人才强区、创新强区首位战略

创新是引领发展的第一动力，打造高水平创新型人才和企业家队伍是激发这一动力的重要源泉。高素质干部队伍、高水平创新型人才和企业家队伍、高素质劳动者队伍这“三支队伍”建设，被浙江明确为深入实施“八八战略”、构筑人才竞争新优势的固本之举。

近年来，柯桥以人才强区、创新强区为首位战略，制定出台了《“人才+”专项支持计划实施意见》，在人才引育工作上实行专项服务。

人才强区，光是喊喊口号是不够的，关键要回答好3个问题：人才凭什么来柯桥？能在柯桥实现自我成长和自我价值吗？他们又能通过什么方式来柯桥？

人才凭什么愿意来？来柯桥，有钱！

目前，柯桥的“人才政策”已经升级到5.0版本，含金量更高、覆盖面更广、兑现更便捷。如不带任何项目的博士，房票、安家补贴合计就有62万，如果再叠加博士后进站政策的奖补，这个数字可达到120万；如果有项目入选的，额外还有最高薪酬补助700万元和最高400万个人奖励。

柯桥实施的人才政策中，创意设计人才“经纬计划”和“政策工具箱”，十分具有代表性。

2020年，柯桥为了招引更多时尚从业者来到柯桥开展设计开发工作，创意设计人才“经纬计划”，以每年不超过2批次的频率，按照人才层次分A、B两类启动创意设计人才“经纬计划”，吸引更多高端创意设计人才落户柯桥，引领时尚产业高质量发展。按照规定，A类和B类需要满足相关条件方可进行申报，申报评审程序分为公告发布、申报受理、资格审查、答辩评审、公示受理等相关过程。“入选人才在柯桥区创业创新的，我们会按照创业A类、创业B类、创新A类、创新B类分别给予最高100万元、60万元、

60万元、30万元资助，资助期为3年。"轻纺城创意产业服务中心的一位主要管理者补充道，对于入选者，柯桥还会给予他们政策咨询、融资对接等"管家式"服务。

自计划实施以来，柯桥已完成6批次创意设计人才"经纬计划"的评审工作，共有97人入选这项计划，其中69人为自主申报，28人为通过大赛入选，累计补助（奖励）金额达到552.8万元。

"经纬计划"通过"人才项目+项目资助"吸引高层次人才，"政策工具箱"则打造的是"人才计划+人才基金"双核驱动的政策资助体系。

2022年9月，柯桥出台了《关于优化人才项目"政策工具箱"助推经济稳进提质的实施意见》，从内容上看，"政策工具箱"涉及场地、人员、投入、融资、土地等要素，单个项目资助额度提高至2500万元，在资助方式更加灵活的同时，也能满足人才企业个性化的政策需求，有助于破解人才企业发展中遇到的难题。

"政策工具箱"对契合产业需求的顶尖人才重大项目，"一事一策"量身定制最高给予2亿元项目资助。设立总规模88亿元的人才基金，打造"人才计划+人才基金"双核驱动的政策资助体系，并招募中科创星、光大金控等国内头部基金管理人，为人才项目提供金融活水和产业赋能。截至2023年，柯桥区人才基金投资人才项目超6.8亿元。

【案例】人才"政策工具箱"　助你"提速快快跑"

"930万元的资助额已经通过审批，这对于我们初创企业来说是一个有力的支持，对这个项目尽快投产我们充满信心！"中科致良新能源材料浙江有限公司创始人、董事长陈立桅谈及在科技城实现产业化项目注册及立项事宜，很是兴奋。

2022年，陈立桅带着他的锂电池正极安全添加剂项目落户柯桥。项目最初获得的资助总额700万元，落户后已兑现快速启动金70万元。得益于柯桥给力的人才政策，陈立桅入选绍兴"名士之乡"英才计划创业团队A类，项目资助总额提升至1000万元。

由于该项目行业领先，具有良好的发展潜力和广阔的市场前景，获得多家资本的青睐，近一年内总到账股权融资款5000万元。依据人才“政策工具箱”，“项目落户一年内股权融资达到项目资助总额的2倍，可申请一次性拨付全额项目资助。”企业能一次性拿到剩余的930万元。

人才凭什么愿意来？来柯桥，有未来！

综合实力位居浙江第一方阵、全国“十强区”第九位，柯桥产业的高质量发展，为人才提供了充分的就业机会。

不仅是就业，柯桥也有着优质的创新创业环境。如在产业空间配套上，柯桥形成了以绍兴人才创业园为核心，辐射柯北科技园、人才创新港和柯西园的“一核多园”的由政府主导的人才创业园区。

同时，柯桥也鼓励民营人才创业园的建设，盘活闲置低效的工业用地，在原有土地上打造专业化的新兴产业加速器集群，配套出台《柯桥区民营人才创业园认定管理办法》，在原有政府人才创业园的基础上引导民营园区聚焦1至2个新兴产业。2023年，柯桥区已有135万平方米老旧厂区分批转型成如东盛慧谷、恒汇数智园等的10个民营人才创业园，推动区域人才承载空间扩容2.5倍以上。园区引进的项目中，生物医药、智能制造、新材料等新兴产业占比达79%以上。

人才项目来柯桥，不用为空间发愁。

柯桥通过什么方式引才？以赛为媒引人才。

以赛为媒，是柯桥一直坚持的高层次人才招引途径，通过开放理念和独特优势，柯桥吸引了大批优质项目在这里成长壮大，实现了地方与人才的双向奔赴。

2023年9月4日，绍兴第八届海内外高层次人才创新创业大赛总决赛落下帷幕，18个优质项目依次通过PPT展示、现场答辩等方式进行路演，大赛评委从项目基本情况、团队情况以及落户可能等方面综合考量进行评分，最终决出一、二、三等奖。

实际上，针对级半决赛的项目，柯桥便会开展重点跟踪，对未获奖的项目积极引导参加人才申报等形式，对获奖项目具体探讨柯桥落地规划的模式，并介绍与项目相关的贷款贴息、场地补助、购房补助等一系列配套政策，并优先对接政府参股基金。

大赛举办至今，引才足迹遍布美国、德国、日本、英国等20多个科创实力雄厚的国家和地区，累计吸引1956个项目参赛，共112个优质项目斩获奖项，73个获奖人才项目落户柯桥发展，项目涵盖人工智能、新材料、生命健康、电子信息等领域，累计奖金和项目资助超3亿元。

【案例】“新柯桥人”李军配和他的“大分子着色剂”

李军配是绍兴第四届海内外高层次人才创新创业大赛一等奖获得者，其公司“材华科技”位于绍兴金柯桥科技城，是一家从事共聚功能高分子材料应用研发的创新型科技公司。

2019年10月，山东小伙李军配带着他的创业项目“安全健康的大分子着色剂”参加了绍兴第四届海内外高层次人才创新创业大赛。经过层层比拼，这款着色剂从315个参赛项目中脱颖而出，一举获得大赛一等奖。

作为一等奖项目，柯桥为他的入驻提供了2000万启动资金的扶持。除了丰厚的扶持政策，绍兴金柯桥科技城还组建了一支专门的团队为人才提供高效对接、精准服务。从项目落地到实验室投用，“材华科技”的大分子着色剂项目总共只用了不到100天时间。

仅仅两年，李军配的“大分子着色剂”就实现了量产。2023年已是李军配入驻绍兴金柯桥科技城的第四年，而他的企业已经在业界小有名声，企业估值在5亿元左右。现如今，李军配正谋划着年销售量突破3000万元，并成为大分子着色剂的全球领跑者。

柯桥通过什么方式引才？校地、校企合作引人才。

一方面，柯桥认真抓实人才特派员选聘工作，截至2023年已累计聘用人才特派员15人，超前完成年度指标，居全市第一。依托人才特派员的专业优势、资源优势，柯桥进一步深化了与高校院所的科技、产业、人才交流合作。

【案例】东盛慧谷："民营科创园"与"人才特派员"的双向奔赴

"这里不仅有食堂、公寓、培训室等基本配套设施，还提供技术转移、政策咨询、创业指导、人才招聘等多项服务，非常适合初创型企业。"不少入驻东盛慧谷的企业对这里的服务赞不绝口。

东盛慧谷产业创新服务综合体是传统印染企业腾笼换鸟的成功样板，通过"二次开发"打造成为科创园区。浙江东盛印染有限公司董事长、东盛慧谷负责人徐卫东几乎每天都"泡"在这里，筛选进驻人才项目、企业。

2023年5月的一天，在位于金柯桥科技城的东盛慧谷内，柯桥区人才办、人力社保局的相关领导以及几位青年博士围坐在一起，有说有笑。"柯桥目前有不错的产业基础和完善的人才配套设施，欢迎大家加盟柯桥，在这里继续进行科研创新。"人才特派员代表张清文适时向青年博士们发出了来柯桥的邀请。

这样的场景，是徐卫东"泡"在这里的动力，而张清文的真实身份则是哈尔滨工业大学土木工程学院院长助理、博导。由于专业上的关系，张清文所在的学院和柯桥的精工钢构等建筑企业一直有比较深度的科研与人才合作。在成为柯桥的人才特派员以后，双方之间的联系更加紧密，现在精工钢构的哈工大土木学院校友有十多位，校友代表每年都会去学校宣讲招聘。近期，张清文还准备让自己的学生——一对博士夫妻来绍兴文理学院和精工钢构集团应聘，"土木专业出身的他们，显然是学校和大型建筑产业现在所缺少的人才"，张清文说道。

截至2023年7月，像张清文这样的人才特派员，柯桥已累计聘用了15人，数量位居全市第一。

"人才特派员的作用，是发挥自身的专业优势、资源优势，服务派驻单位。"张清文自己这么理解人才特派员的作用。这些来自知名高校、科研院所的人才特派员以专兼职方式到柯桥区企事业单位开展人才交流、技术攻关、科技服务、资源对接等工作，真正立足了企业技术方面的需求，深化柯桥与高校院所的科技、产业、人才交流合作。

目前，东盛慧谷共有40余家企业签约入驻，有11位高层次人才落户，产业涵盖新材料、医疗器械、生物制药和医疗服务等领域。

另一方面，柯桥不断推进校企合作。为了让人才引进更加精准化，柯桥安排专人进行了对区内的各类人才企业展开摸排梳理，在了解到企业需求和高端人才的就业动向后，兵分三路分别奔赴市内、省内、省外，开展进行招才引智工作。如组织精工钢构、宝万碳纤维、东盛慧谷等14家重点企业前往绍兴文理学院元培学院，就经济金融、电子信息、智能制造、传媒直播等多个行业领域招才引智；浙江工业大学之江学院、宝业集团、瑞丰银行、精功科技等24家企事业单位赴浙江大学、浙江理工大学参加高层次人才专项招聘会，向两所高校的硕博人才抛出了计算机、高分子材料、电气自动化等方向的硕博人才橄榄枝，吸引高层次人才纷纷驻足询问；组织精功科技、点金照明等20家重点骨干企业组成的柯桥引才团在洛阳理工大学设摊招贤，推出结构工程、化学工程、机械机电、材料工程、环境工程等专业的521个优质岗位。

如何做好人才培育？产教融合育人才。

除了外“引”，更得内“育”。柯桥的职业教育与产业息息相关。

柯桥区职教中心，是柯桥培育实用型技能人才的主要阵地。近年来，职教中心以专业为纽带，联合同类企业，组建“专业教育集团”，以此为平台开展现代学徒制人才培养。

专业选择上，根据企业的用工需求，柯桥将区职教中心和绍兴财经旅游学校的35个专业整合成“创意与时尚”“贸易与服务”“智造与住建”“文化与旅游”“园林与艺术”五大专业链，针对性为产业升级输送技能人才。

培养模式上，集团框架下设立“顾问委员会”负责学徒计划的制定和企业课程的建设，“教学指导委员会”负责学生学徒教学实施。“专业教育集团”在校企共同招生、课程开发、双元育人作用的发挥、先进技术的共享和产教融合等方面达成校企战略联盟与人才培养共同体。

同时，柯桥每年投入校企合作专项经费800万元，实现“校内实训工厂化、校外工厂课堂化、工学结合常态化”。目前，柯桥共建成了8个省级实训基地，与425家企业签订了人才培养协议，助推学校与企业“无缝对接”，专业与产业“同频共振”。近3年来，全区一共有9384名职校生、623名专任教师与企业签订了三方人才培养协议，一共设立了52个企业冠名班、订单班，就黄酒酿造、染色打样等23个专业需求开展岗位培训。

“在产教融合之外，我们还通过名师带徒、以赛促训的方式，培养与发掘新的技能人才。”柯桥区教体局职成教科科长王决芳介绍道。“名师带徒”指的是鼓励优秀的职业技能带头人和高技能人才建立技能大师工作室，培养新的技术人才。截至2023年，全区共有国家级大师工作室1个、省级7个、市区级43个。此外，柯桥还组建成立了“区职业技能提升培训联盟”，整合之江学院和区内的3所职技院校、17家公办社区成人教育学校、37家民办职业技能培训机构、23家技能大师工作室，打造公共实训基地，为2.4万余人提供实训支持，培养技术人才。

三、向转化要未来——搭建平台，政产学研合力赋能

科技成果不是商品，从“实验室”走向“应用场”，怎么推动是个至关重要的问题。一头连接“创新”、一头连接“产业”，各类创新服务机构和平台，是推动科技成果加速转化的中间桥梁。

这样的桥梁，需要围绕产业链布局创新链，要突出产业化是科技创新的落脚点，当好一个既懂技术、又懂市场的“推动者”。但高校的科研能力虽强，对市场需求不敏感；企业虽能及时感知市场需求，但研发能力相对弱。

解决这个问题，需要靠有为政府在其中起牵线搭桥的作用。柯桥以政府平台为牵引、以企业等市场化平台为主体、以院校合作平台为补充，不断完善政产学研转化体系，成为柯桥众多研究机构、企业间新的合作渠道。

通过整合纺织领域科研院所和优势企业资源，柯桥已集聚纺织创新服务机构21家，包括浙江省现代纺织技术创新中心（鉴湖实验室）、现代纺织产业创新服务综合体等聚力破解纺织产业发展“卡脖子”难题的高能级平台，

打造国内一流的现代纺织技术研发创新策源地。如柯桥的浙江省现代纺织产业创新服务综合体，2022年5月获评省级优秀产业创新服务综合体，引入了东华大学绍兴创新研究院等四大研发平台、纺织印染全产业链检测中心等5家服务中心和一个科技大市场，并已建立平台型创新服务机构24家，集聚各类创新服务机构400多家，累计转化科技成果70余项，构建起了纺织领域创新联合体。

同时，柯桥也积极与浙江省检科院、高校等机构合作，打造了纺织印染全产业链检测中心、国家技术转移东部中心绍兴分中心、浙江理工大学绍兴柯桥研究院、浙江工业大学之江学院时尚设计产业学院等服务中心和机构，为企业提供纺织检验检测、产品设计、人员培训、技术转移、成果转化等全链条“一站式”服务平台。

【案例】鉴湖实验室：“研究院”到“创新中心”的跨越

当被问及丝除了织成布还能做什么，浙江省现代纺织技术创新中心（鉴湖实验室）相关负责人用“可上九天，可下五洋”这个回答形象地说明了纺织业的重要性。

“可上九天”，指的是柯桥的工业丝已经应用到了国产大飞机上；“可下九洋”，指的是“深海一号”上的一条条深海系泊缆绳同样产自柯桥，“近些年来，纺织行业越发看重技术含量，如何做好科技研发是我们在探索的问题。”该负责人说道。

2022年7月，全省首批6家技术创新中心之一的浙江省现代纺织技术创新中心暨鉴湖实验室在柯桥成立。中心以市政府主导，柯桥区政府和浙江理工大学双牵头。计划通过5年到10年时间，建设重点面向医卫、交通、国防军工、海洋工程等产业用纺织品的公益性高能级技术创新平台，成为现代纺织领域国内一流、国际领先，具有重大影响力的科技创新策源地和成果转化公共服务平台。

中心干什么？“要明确中心是干什么的，首先要解决的是与其他实验室（研究院）的差异化发展问题。”中心管理部负责人认为，中心不仅要注重专业研究和产品研发，更要求技术转化，为企业提供服务。即从“政产学研”扩展为“政产学研用金”，形成具有浙江特色的“政产学研用金”协同创新生态。

怎么干？中心从源头纤维端开始，成立高端纤维材料与低碳制备等团队，研究纤维材料先进制备技术；在中间印染环节成立团队，专攻生态染整技术；在智能制造领域，成立团队研究纺织智能制造与先进复合材料；在未来纺织领域，成立数字时尚团队，研究未来纺织技术和发展方向……从技术创新、成果转化、人才培养等方面全链条、全方位赋能企业发展。

模式上，从“研究院”到“创新中心”，中心跳出了实验室纯科学研究的模式，也不局限于单一的技术与领域。不仅与迎丰、凌迪、桐昆等省内外具有创新意识的细分领域龙头企业合作，也与东华大学、江南大学等核心共建单位开展人才与科研等密切合作，与浙江大学等省内外著名高校院所人才团队融合纺织、材料、化学、机械、电子信息等领域协同创新，解决产业链上的卡脖子关键核心技术问题。

四、助力营商环境持续优化——首创纺织行业知识产权保护与发展新机制

2022年8月，柯桥区成功入选全国首批国家知识产权强县建设示范县。就在这之前，6月24日，国家知识产权局办公室《关于确定第一批知识产权纠纷快速处理试点地区的通知》确定了9省、16市、3县作为第一批试点地区，开展知识产权纠纷快速处理试点工作，其中，绍兴市柯桥成为第一批试点地区中的3个市（县、区）之一。

加强知识产权保护，是优化创新环境和营商环境的重要内容。花样图案是提升纺织品价值的重要因素，对促进纺织产业尤其是市场繁荣发展意义重大。柯桥区以全国第一批知识产权纠纷快速处理试点创建为契机，聚焦纺织产业知识产权主体纠纷化解需求，以花样版权保护为切入点，积极探索纺织行业知识产权保护新机制，持续优化市场创新环境和营商环境，有力推动轻纺产业转型发展。“首创纺织行业知识产权保护与发展新机制 助力营商环境

持续优化”入选浙江省营商环境优化提升第一批“最佳实践案例”。

这项新机制也得到了企业的欢迎、企业家的认可。在浙江省工商联发布的2023年度浙江省“万家民营企业评营商环境调查结果”中，该案例被民营企业家们评为最受欢迎的20个营商环境案例之一。

纺织行业知识产权保护难在哪儿？维权周期长、涉及部门多是痛点。不少企业花费精力设计出来的新花型，往往过不了3个月就被各种“山寨”仿冒，花纹设计具有时效性，有时候等维权处理完，时间都快过去半年，最开始的花样已经失去了市场竞争力，维权成为长期以来困扰着柯桥纺织印染企业的一大烦恼。

柯桥首创的纺织行业知识产权保护与发展新机制，新在哪儿？

1. 创新了集成管理机制

柯桥率先成立全国首个花样版权保护办公室、纺织类知识产权快速维权中心，建立知识产权保护联席会议制度，公检法司每周定期入驻集中办公、协同作战，实现商标、专利、版权三者集成管理。同时，建立快速维权机制，设立花样版权纠纷案件巡回审判法庭，开设“市场纠纷直通车”，推行“简易维权”绿色通道，实现“投诉即时移交、法庭快速立案、法官现场取证”，纠纷调处时间由6个月缩至3个工作日内。

【案例】从申请到拿到专利只要7天，真是太快了！

“从申请到拿到专利只要7天，真是太快了！”2021年12月，浙江红绿蓝纺织印染有限公司负责人黄新明收到了来自柯桥（纺织）知识产权快速维权中心发出的面料外观设计专利权授权通知书后，不由得发出惊叹。

黄新明口中的知识产权快速维权中心，是柯桥在2021年9月建立全国首家纺织产业链知识产权快速维权中心——中国绍兴柯桥（纺织）知识产权快速维权中心。中心旨在为经营户提供花型图案、外观设计专利等知识产权的确权、授权、维权“全生命周期”一站式服务。“我们把原本分散在市监、科技、文广、质监等多个部门的知识产权管理归于一起，提高了办事效率。”

柯桥区知识产权保护中心负责人介绍道。

在1700平方米的“快维中心”里，柯桥设立了公共服务、综合办公、会议培训、合议审理四大功能区域，提供了集专利、商标、版权、商业秘密于一体的知识产权全门类保护。同时，同时“快维中心”还引入多家知识产权公共服务机构、市场化服务机构，为企业提供知识产权质押融资、知识产权托管等服务，实现多功能跨层级、跨部门、跨门类“一站式”办理。

黄新明收到的，便是快维中心发出的首封专利授权通知书，而在“快维中心”投入使用的当年，柯桥便掀起了外观设计专利申请的热潮。

2023年，全年新增专利授权4802件，其中发明专利632件，实用新型专利2967件，外观设计专利1203件，新增商标申请5416件，新增商标注册3469件，居全市第一，有效注册商标达41104件，列全市第一；登记花样版权6049件，位列全省县（市、区）登记量第一。

2. 深化“纺织品花样数治”应用

据统计，柯桥每年会出现10万件以上的纺织品花型知识产权，面对海量纺织品花样图案，如何快速甄别其中潜在的侵权行为成了工作的当务之急。因此，柯桥研发了全国首个“中国纺织面料花样数据中心及AI比对系统”，对花型进行数字化解析，建立“一图一ID”数字“身份证”，并对其进行“户籍式管理”，通过“秒级”查询反馈，以信息技术精确甄别替代人工感官识别，成功破解重复登记、盗仿登记难题。同时，柯桥也通过新登记花样版权图片不断扩容着数据库，为“一图一ID”的“户籍式管理”打下坚实基础。

目前，“中国纺织面料花样数据中心及AI比对系统”应用数据库共收录浙江省近14年登记的花样版权图片13.24万件，入库比对花型132444张，AI比对44.43亿次，提供查重服务总数13.2万次，成功鉴定重复和抄版登记花样3988余个，占比11.89%。截至2023年末，实现纺织创意创新企业服务性营收4.08亿元，同比增长7.62%。

【案例】“纺织品花样数治”应用，全国首创！

打开“纺织品花样数治”应用界面，填写好公司新设计的一款面料花型的基本信息，上传样图。不到5分钟时间，绍兴纤逸纺织科技有限公司总经理俞振威便完成了对于公司新设计图案的申报工作。

“纺织面料是一个流行趋势，新花型的生命周期并不长，往年6个月的审核流程下来，花型就过季了，对面料企业来说，版权申请的意义就不大了。”作为专攻外观花样的企业，纤逸纺织时常也会面临侵权的问题，俞振威对此多少有些无奈。

与此同时，在柯桥区知识产权保护中心内，工作人员正通过“纺织品花样数治”应用进行比对，对提交登记、申请版权的花样进行初步审核。不出意外，“纤逸纺织”的申报会在7天内完成，并将结果及时反馈给俞振威。

“如果发现与图库中的花样在细节元素、排列组合等方面有明显雷同的新申请花样，企业提交的申请会被我们直接驳回。”柯桥区知识产权保护中心副主任汪国林解释道。“纺织品花样数治”应用对花样抄袭程度认定设置了量化标准，可精确计算两张比对图片相似度，破解人工审核比对难以界定是否构成抄袭的难题。

同时，这款应用嵌入了区块链存证技术，将花样上传、发布、传输等各项操作的时间戳进行不可修改的固定，为原创维权者起诉恶意抢注版权、恶意注册公版花型等侵权行为提供最早创作、使用的时间戳证明。

自“纺织品花样数治”应用上线后，俞振威就养成了上传新花样的习惯。“公司每年要开发大量的新花型，这进一步激发了我们开发新花样的主动性。”

“纺织品花样数治”应用还在不断升级，应用涵盖了网上花样登记、区块链备案和存证、AI自助查重、维权调解等功能，实现花样版权登记、管理、维权全链条线上服务。与此同时，柯桥还主动接入浙江省版权服务中心数据库，构建登记、查重、调处、运用等闭环处置机制，有效重塑花样版权保护新生态。

一是通过构建登记申请模块、预登记模块、区块链存证模块，与部门多跨协同，实现全流程网上登记办理。

二是通过建设AI自助查重，打通“版权AI智审”，建立花样抄袭程度认定量化标准，实现与全省法院系统协同办案。

【案例】“版权AI智审”系统，全国首个！

2022年1月14日，浙江省高级人民法院知识产权审判庭发布了“2021年浙江法院知识产权司法保护工作十件大事”，柯桥法院“版权AI智审”入选。

什么是“版权AI智审”？先说一个小故事。几个月前，柯桥区人民法院公开开庭审理了一起网红图案侵权案。某文创公司诉柯桥某纺织公司销售的产品印有的网红图侵权，要求该纺织公司停止侵权并赔偿损失。庭审当天，合议庭运用“版权AI智审”系统溯源争议作品，在智能化、可视化的溯源结果面前，该纺织公司当场履行赔偿款，并承诺下架相关商品。

图案设计作为提升纺织品价值的重要元素之一，在大量运用的同时也引发了许多图案版权矛盾纠纷。同时，知识产权审判实践中，图案原创情况难查、创新程度难定、事实认定难断，是司法痛点。2021年4月22日，作为浙江省全域数字法院改革重点应用项目，由柯桥区人民法院主导研发的全国首个“版权AI智审”系统正式面世。

“利用AI进行图片查重，速度快、准确性高。”柯桥法院轻纺城人民法庭相关负责人介绍说，“版权AI智审”借助“以图搜图”技术和海量数据底池，实现“图片查重”“创新参考”“侵权比对”三大功能。单图溯源，可查出图案的最初来源，找到原创人，解决花样版权原创情况难查问题；创新比对，可评判图案创新程度，解决图案是否构成新作品的问题；相似比对，解答权利图和被诉侵权图是否相似的问题。

“版权AI智审”针对不同主体，开辟了多条应用通道。2022年8月，

“版权AI智审”应用模块接入浙江省法院办案办公内网平台，法官可以在办案、办公、庭审中直接调用智审模块。面向全省行政机关和省外司法、行政机关，开启司法行政协同通道，有知识产权案件执法权和登记权的部门通过扫描申请二维码即可提交查重。同年11月，为了回馈市场需要，“版权AI智审”发布了具有“查、比、争、看”四项功能的微信小程序，帮助市场经营户快速维护自身版权、提前规避侵权风险，激发市场创新热情，护航市场营商环境。

浙江法院十大微创新项目、全省县乡法治政府建设“最佳实践”项目、“浙江全域数字法院”改革“好应用”、全国新时代“枫桥经验”优秀案例……一项项荣誉的取得实至名归。“版权AI智审”推广以来，已避免错案1000余件，挽回人民群众损失2800余万元，在50余件案件中对权属不实的原告进行了民事制裁。同时“版权AI智审”应用领域也从纺织品上图案作品创新保护拓展至美术作品版权、外观设计专利、图形类商标的全知识产权类型保护，构建起知识产权全链条大保护工作格局。

三是通过构建线上调处流程，与文广、法院等部门多跨协同，实现行政保护与司法保护的紧密衔接。

四是通过构建“花样资产化”模块，与市场监管、财政、金融等部门多跨协同，实现信用融资、质押贷款等业务“一网通办”。如柯桥成功发放全国首笔纺织品花样版权质押融资，在全省率先出台《文化金融改革知识产权融资示范点创建方案》《著作权出质贷款财政贴息实施细则》，联合瑞丰银行推出“知识产权贷”，加大金融对工业设计著作权的支持力度，进一步激发了创新活力。

3. 探索跨省保护机制

柯桥联合山东潍坊、江苏南通、广东佛山等国内纺织重地，推动签订《四省纺织品花样版权保护联盟协作机制》，开创了全国花样版权保护跨省共享共保先河，构建了纺织品知识产权大保护格局。

2023年，柯桥新增国家高新技术企业91家、省科技型中小企业318家、科技小巨人企业2家。引聚院士项目2个、省级以上领军人才32名，入选国家海外引才计划人才31人。新授权发明专利588件，精工钢构突破全区首个省政府质量奖。实现关键技术“揭榜挂帅”27项，新增技术合同登记额突破200亿元。全社会研发投入强度预计达到3.1%。

新的一年，在浙江省深入实施“八八战略”强力推进创新深化改革攻坚开放提升工作的背景下，柯桥把“改革创新深化年”确定为2024年的总抓手，并梳理出《2024柯桥区“改革创新深化年”重点工作清单》（创新深化工作任务、改革攻坚工作任务、开放提升工作任务、拟打造标志性成果“四张清单”），续写“创新破难、改革破题、开放破局”新篇章。

ITMF
世界布商大会·中国绍兴柯桥

2023第六届世界布商大会　高峰／摄

【导读】

推进中国式现代化建设，需要统筹实现高质量发展和高水平开放，推动形成全面开放新格局。其中，外贸是重要路径。

柯桥外贸发展可圈可点。在2023年5月举办的浙江“地瓜经济”提能升级“一号开放工程”大会上，柯桥喜获“浙江省十佳外贸强县（市、区）”称号。

不仅是荣誉，从时间跨度上看，近20年来，柯桥的外贸发展一直在高歌猛进，出口总额上，从2003年的23.67亿美元上升到了2022年的200.61亿美元；出口国家地区和地区数量上，从2003年的164个上升到了2022年的206个；出口实绩企业数，也从2003年的531家上升到了2022年的5268家。

再从数据上看，即使近年来受到国际市场的影响，其外贸发展仍然持续走在全省、全市前列。2022年，柯桥区实现外贸进出口1361.19亿元，同比增长22.4%，跻身全省千亿级地市区，排名第四。其中，出口同比增长23.0%，增速分别高于全国、全省12.5、9.0个百分点，总量全市第一，占全国份额5.59‰。2023年柯桥区外贸出口1476.07亿元，占全国份额提高0.54个千分点、达到6.2‰。

这样的成果，柯桥是如何“炼成”的？面对复杂多变的国际局势，如何更好地融入共建“一带一路”大格局，拓宽外贸企业“走出去”的通道？来自国际的人才、市场和资本，在“引进来”的过程中如何克服“水土不服”？这些问题，在本章可以找到答案。

第二章

开放发展引领扬帆远航

浙江有着高水平开放的特色路径。多年前，习近平同志在浙江工作期间提出过一个著名的“地瓜理论”——地瓜的藤蔓向四面八方延伸，为的是汲取更多的阳光、雨露和养分，但它的块茎始终是在根基部，藤蔓的延伸扩张最终为的是块茎能长得更加粗壮硕大。地瓜藤蔓的延伸象征了一地经济的逐渐发展，扎根本土的浙江企业逐渐开始“走出去”，整合来自世界各地的人才、市场、资本，将其投入于自身本土企业的经营中，打破发展的天花板。

在2023年初的浙江省“新春第一会”上，“地瓜经济”提能升级“一号开放工程”被提上了日程。“一号开放工程”意在推动主导产业的产业链供应链体系、内外贸综合实力、重要开放平台、企业主体提能升级，是新冠病毒感染疫情后浙江鼓励产业“走出去”，以高水平开放推动高质量发展的重要载体。

推进“地瓜经济”提能升级，柯桥的关键词是“强力推进”“高能级开放”。

第一节　深耕“地瓜经济”，企业、产品都要“走出去”

2023年，柯桥共组织70批次近3000家企业抱团参展，开行中欧班列50

列次。外贸出口1476.07亿元，占全国份额提高0.54个千分点、达到6.2‰。

飘香渐远，源于柯桥敢于突破常规，创新发展自己的外贸新业态，一位位柯桥的客商，一家家柯桥的外企，就像“地瓜经济”伸展在世界各地的藤蔓，构成了柯桥外贸经济一步步发展壮大的底层逻辑。

呼应“一号开放工程”，柯桥结合本地实际，于2023年初制定了《柯桥区强力推进开放提升加快打造高能级开放之区的意见》和《柯桥区强力推进“地瓜经济”提能升级“一号开放工程”实施方案》。同时构建组织体系，由区领导牵头，成立了开放提升专题组和“地瓜经济”提能升级“一号开放工程”专班，设立10个工作组，开展开放通道、产业链供应链体系、内外贸综合实力等10方面提能升级行动，构建起上下贯通、全域一体的工作格局。

一、“线上+线下”参展，拓宽新市场

参加国际性的行业展会，是外贸企业获得订单的重要方式。企业如何出海“抢”单？如何实现数字化赋能，打造线上展会？柯桥打出了一套组合拳。

1. 拓展参展路径，实现“布满全球”

早在2018年，柯桥就启动了“丝路柯桥·布满全球”海外巡展的计划，分别从“东”“西”“内”3个方向，拓宽企业的销售渠道。

一路向“东”，即面向“一带一路”沿线国家，独自开办中国轻纺城国际面料境外展，举办精准对接会；一路向“西”，则是面向欧美高端市场，重点在美国、意大利等知名展会中设立“绍兴柯桥馆”；一路向“内”，是在国内主要纺织产业集群设立中国轻纺城O2O展厅，开展“丝路柯桥”城市路演等活动。

2022年，为破解线上参与境外展会面临“肠梗阻”的困境，柯桥创新开展“丝路柯桥—代您出海”代参展项目，服务外贸企业进行线下境外参展。

【案例】线下代展、线上对接！“丝路柯桥—代您出海”

2022年7月，新冠病毒感染疫情之下，1200余款柯桥的面料产品顺利出海，亮相纽约国际服装面料展。展会上，不断有客商在柯桥的面料摊位驻足

打量。有的客商则拿出手机，扫描商标标签旁边的二维码，了解产品的详细信息；更有不少客商直接发起视频聊天，与远在柯桥的供应商沟通合作事宜。

中国纺织品服装贸易展览会（纽约展）于北美时间2022年7月19日—21日在纽约贾维茨会展中心举办，来自26个国家和地区的300余家优质国际纺织服装供应商参展。“这是我们服务外贸企业进行境外参展的一项创新之举。”一同参展的一位柯桥区外贸负责人介绍说，美国是引领全球纺织科技和时尚的重要一极，也一直是柯桥纺织品出口的重要市场，创新推出纽约展“代参展”模式，即企业不出海，直接寄样给美国的法兰克福公司，由他们代为参展，进一步推动两国产业交流、经贸往来。

新冠病毒感染疫情之下的这次纽约国际服装面料展，是“丝路柯桥—代您出海”代参展项目的第一次尝试。为了保障顺利参展，柯桥区甄选30家企业1200余款面料产品，进行赋码打包，委托海外展览公司代为展出与接待，由公司负责帮助参展企业预订展位、将参展样品运送至国外，并安排专人在现场接待客户，协助外国客户与国内的供货商进行视频连线。

纽约展之后，“丝路柯桥—代您出海”又陆续出现在拉斯维加斯展和巴黎展中，帮助外贸企业出海“抢”订单。

出海“抢”订单。2023新年伊始，柯桥区便积极响应全省“千团万企拓市场抢订单”行动，因地制宜制定2023年度境内外重点展会目录和“丝路柯桥·布满全球”方案，同时扩大参展补助力度，新增人员出境参展及商务洽谈、商协会抱团参展等补助项目。

“在企业参展方式上，由我们出面寻找会展公司，通过公司发布展会信息，并按照展会的要求匹配适合的供货商，组织他们前往参展。参会开销方面，如果是区年度重点展会，我们一般会全额报销展位费，如果是非重点的展会，我们也会视情况给予最多50%的补助。”轻纺城建管委会展宣传处负责人解释道。

这种“统一组织、统一布展、统一宣传”的方式，有助于企业在当前复杂的国际贸易环境下结交新的合作伙伴，扩大自身市场。“新冠病毒感染疫情结束后，线下参展陆续开始恢复，我们制定好了一个整年的计划，争取能早日实现柯桥从‘步满全球’到‘布满全球’。”该负责人补充说道。

整个2023年，“丝路柯桥·布满全球”活动安排得满满当当：7月在纽约和巴黎，8月在韩国、秘鲁和厄瓜多尔，9月又飞赴孟加拉国、南非、巴西，行程虽然紧凑但井井有条。

值得一提的是，由中国轻纺城建设管理委员会主管的海促会（绍兴柯桥轻纺城海外市场促进会），是“丝路柯桥·布满全球”面向海外推介拓展的服务外贸纺织企业平台之一，在“一带一路”沿线国家设置多个海外分支机构（分会），其主要任务便是通过线上线下双线活动，助力柯桥纺织企业出海拓市。截至2022年年末，在海促会的组织下，柯桥陆续开展了20余场海外精准线上对接会、云展会。

2. 除了卖面料，还能卖服务

2022年11月，第24届中国绍兴柯桥国际纺织品博览会上，为期3天的柯桥国际纺织贸易服务展览会也盛大开幕，2000平方米的展厅内，55个参展企业用58个摊位，展示了当下国际纺织贸易全产业链领域的优质资源。

“服务贸易是近些年来贸易分工进一步细化后出现的新业态，这次展会为柯桥的纺织企业提供一个了解这方面的渠道。”区商务局贸易促进科负责人介绍道，这次的贸易服务展览会，展区分为“金融服务、国际物流服务、质检认证服务、渠道服务、商标知识产权及商事法务服务、外贸综合服务”6大板块，以及1个特色专区——“贸易数字化”专区。

参展企业和机构方面，有涉及海外物流的马士基（中国）航运有限公司宁波分公司，有涉及渠道服务的亚马逊全球开店，有涉及跨境电商收付款的中国银行、建设银行、泰隆银行、中信银行和蚂蚁集团旗下万里汇，也有涉及技术服务的通标标准技术服务（上海）有限公司、必维集团、上海天祥质量技术服务有限公司，还有涉及贸易数字化服务的浙江相伴宝数字科技有限公司、浙江先合信息技术有限公司。此外，浙江省国际数字贸易协会贸易数字化专业委员会等机构也到场参展，促进纺织企业与国际贸易服务企业的资源共享和价值链接。

“展会的开设，可以缩短我们柯桥的‘纺织品’与‘国际市场’之间的距离，加快现代化‘国际纺都’的建设。”该负责人表示。

柯桥国际纺织贸易服务展览会的开设，是柯桥发展服务贸易方面的一个写照。近年来，随着服务贸易日益成为当今国际贸易中新的活力部分，柯桥开始把大力发展服务贸易作为优化贸易结构、增强发展后劲、推动对外贸易高质量发展的重要举措，服务贸易实现了较快发展。

早在2020年9月，柯桥就组织了7家企业亮相在北京国家会议中心举行的中国国际服务贸易交易会，展示柯桥区服务贸易领域的最新成果。其中，作为数字技术板块的参展企业，浙江极客桥智能装备股份有限公司的产品已远销欧洲、非洲和中东等地区。2021年再次参展，极客桥不仅展示了无人机长时间滞空的系统解决方案，还在服贸会创新成果首发首秀活动上发布了极客桥灯光秀项目，引领全新城市空间数字经济。之后，柯桥又陆续组织企业，参加在北京、香港等地举办的交流会、科创展，内容涉及纺织，供应链运输，海铁联运等方面，渐渐地，一些柯桥的服务贸易出口企业在国际上有了知名度，他们的服务也像柯桥的面料一样，开始走向世界。

同时，柯桥以《加快培育浙江本土民营跨国公司“丝路领航”三年行动计划（2020–2022年）》为契机，在纺织印染、橡胶薄膜等产业上加强与“一带一路”沿线及RCEP协议区投资合作，加速产业链、供应链的全球布局，支持精工工业、精工钢构加快在泰国、日本等国家的承包工程建设，推动境内技术、服务等要素与境外项目的链接和融通能力，实现“买全球、卖全球”能力跃升。

【案例】精工钢构：柯桥走出的“擎天柱”

2023年12月，第九届省政府质量奖获奖名单公布，浙江精工钢结构集团有限公司获省政府质量奖，为建筑业赛道中唯一获得省政府质量奖正奖的企业。

2010年设立的省政府质量奖是浙江省质量领域最高荣誉，每两年评定一次，主要授予绩效管理卓越、自主创新能力和市场竞争力处于全省领先地位的企业。精工钢构此次获奖，也意味着柯桥企业省政府质量奖实现零突破。

“用心做事，把不可能变成可能；真诚待人，感动自己才能感动别人。”是精工钢构的核心价值观，这句核心价值观一直激励着精工人在为精工发展的道路上不断前行。

早在2010年，精工钢构就已将绿色集成建筑作为战略转型升级的重要方向，致力于由“建筑钢结构建造商”向“钢结构建筑集成服务商”的战略升级。近年来，为尽早实现公司的战略升级和精工的“千亿梦”，公司着力发展转型升级业务——装配式建筑业务及EPC总承包模式，这两块业务亦是非常符合国家政策导向及建筑业未来的发展方向。

被称为建筑界奇迹的“鸟巢”、世界最大机场北京大兴国际机场、“金碗”卢赛尔体育馆……作为超高层建筑、超大跨度建筑钢结构体系的标杆企业，精工钢构承接了全球600多座大型地标的建设。如今，精工钢构已在全国布局八大生产基地，拓展国际六大中心市场，产品涉足40多个国家和地区。

截至目前，精工钢构集团已拥有专利1438项、参与编制国际、国家及行业标准167项，摘得国家科学技术进步奖6项（其中一等奖1项）、我国工程建设领域最高规格质量奖——国家优质工程奖28项、中国建筑钢结构行业工程质量最高荣誉——中国钢结构金奖218项，并于2018年、2020年先后荣获中国质量奖提名奖、浙江省人民政府质量管理创新奖。浙江精工钢结构集团有限公司还入选了2023年度浙江本土民营跨国公司“领航企业”名单，实现了柯桥在该领域“零”的突破。

2022年，柯桥实现服务贸易进出口46.46亿元（剔除外管数据），增长12.8%，其中出口46.00亿元，增长13.2%。

“对于从事服务出口的企业，我们每年也会有定期的奖励政策，给予一定的资金补助。”区商务局相关负责人介绍道，2023年7月，区商务局公布了2022年度柯桥区推动服务贸易出口拟奖励企业名单，给予10家符合条件的企业144万余元的奖励。

二、“市场采购+跨境电商”双轮驱动，打造新模式

2020年11月，一批绍兴纽特克思进出口公司的货品从中国轻纺城市场采购监管中心驶出，运往吉尔吉斯斯坦。这本是一次平常的进出关，但这批货品的顺利通关，标志了市场采购贸易作为一种外贸新业态新模式在柯桥正式启用。

所谓市场采购贸易方式，是一种适合小微企业的新型贸易方式，针对“单小、货杂、品种多”、自身不具备外贸能力的企业和商户，对于单票报关单商品货值15万美元以下的商品，可以享受简化申报、免征不退等政策便利。这批柯桥的货品，包含了白坯布、涤纶印花布和涤纶染色布等多个品种，一共价值13万美元，符合市场采购贸易的条件，因此成了柯桥区以市场采购贸易方式出口的首单货物。

柯桥的出口企业规模小但数量多，加之纺织外贸产业供应链长，生产、流通、结算，环环相扣，以往单个包裹报关清关的方式需要耗费大量的人力、物力，加之钱款到账时间长，往往让许多中小微企业不堪其扰。相关部门积极努力化解痛点，2020年9月，中国轻纺城获批成为第五批国家级市场采购贸易方式试点，海关监管代码为“1039”。

“市场采购贸易的形式，恰恰符合了中国轻纺城专业市场‘多品种、多批次、小批量’的特点。”轻纺城建管委相关负责人表示，为此，轻纺城创建了“中国轻纺城市场采购贸易联网信息平台”，该平台涵盖市场采购贸易外贸公司、供货商、报关行、监管部门等各方面主体，覆盖市场采购贸易全流程，包括门户平台、企业端、监管端三部分，能够有效监控柯桥市场采购贸易的全过程。

截至2023年底，平台已备案供货商2176家，外贸企业517家，其中柯桥区338家，报关行25家，出口遍布6大洲，168个国家，形成“买全国、卖全球”商贸发展新格局。“这是一道在对外贸易上的加减乘除法，加的是便捷、减的是工序、乘的是效应、除的是障碍。”轻纺城建管委相关负责人用这样的比喻，形容市场采购贸易的作用。

2023年，柯桥全年实现市场采购贸易出口42.96亿美元，增长56.5%；

跨境电商监管方式出口3.46亿美元，增长45.4%。两种方式共拉动外贸出口增长8.26个百分点。

和市场采购贸易一样，跨境电商同样有着“单小、货杂、品种多”的特点，早在2019年，国务院便正式批准绍兴为跨境电商综试区，柯桥园区率先启动有关工作，柯桥纺织入选浙江省产业集群跨境电商试点。

最近几年，越来越多的柯桥中小企业加入了跨境电商的竞争中。为此，柯桥还专门设立了中国轻纺城跨境电商监管中心、中国轻纺城跨境电商公共服务中心和中国轻纺城跨境电商产业园三大基础配套设施。

相比于其他地方的跨境电商，柯桥的优势在于为电商产业构建了物流、仓储、通关、运营等完整的生态圈，实现了资金流、信息流、物流、商流的高效运转。截至2022年底，通关平台申报的全区跨境电商出口商品共580万单，共计12654万美元，整体趋势稳中向好。

一方面，通过打通跨境电商“9610”“9710”“9810”3条出口通路，柯桥高效推动跨境电商综试区发展，小微企业的货物可以实现直发出口。

【案例】跨境电商“9610”，为小微企业排忧解难

2020年6月29日，随着绍兴市跨境电商（9610）首单业务在柯桥区中国轻纺城跨境电商监管中心顺利验放通关，装载首单货物的监管车驶出卡口，跨境电商“9610”出口业务正式在柯桥拉开了序幕。

“9610”是一个4位海关监管代码，全称“跨境贸易电子商务”，即B2C（企业对个人）出口。该报关出口针对国际快递发货等小体量货物，采用“清单核放，汇总申报”方式办理通关手续。

对于跨境电商企业来说，“卖全球”面临的最大问题是国际物流成本高、时间长、程序烦琐，而跨境电商“9610”则弥补了这些缺憾。

据悉，此次首单业务涉及出口包裹976件，主要为柯桥窗帘家纺等优势产品，由浙江金蝉布艺股份公司通过海关出口通关服务平台完成“9610”跨境电商出口数据申报，在短短的10多分钟通过绍兴海关查验后放行，由物流公司协助转关萧山机场直接上机。

“以前出口要先去就近地市的跨境电商监管中心办理出国手续，耗时长、费用高，轻纺城通关服务平台不仅规避了这些烦琐的程序，而且还能实现小单退税，这对于我们柯桥纺织企业提升产品竞争力有极大促进作用。”金蝉布艺公司总经理杨伟感慨道。

与此同时，监管中心以此次首单业务为起点，积极引导企业抓紧在线上综合服务平台（“9610”业务模块）注册并开展业务，确保首单之后，订单畅通运行。

在“9610”后，柯桥又相继开通了适用于跨境电商B2B直接出口的货物的“9710”与适用于跨境电商出口海外仓的货物的“9810”。在2022年初，柯桥同样也是率先完成了全市首单“9610”报关单出口退税，首笔2272美元的退款直接打到了浙江西大门新材料股份有限公司的账户，标志着柯桥区在绍兴率先跑通该模式出口业务全流程，实现了通关阳光化。

目前，柯桥拥有跨境电商企业近2000家，出口增幅30%以上。“9610”等模式的投入，让小微企业减轻了他们的后顾之忧。

三、构建国际营销体系，保障国际物流通畅

建设发展海外仓是柯桥区构建国际营销体系的重要举措之一。国际营销体系建设主要围绕“四个海外”展开，包括建设发展公共海外仓、设立中国轻纺城海外站、运营海外馆和组织海外展。2023年8月，柯桥区“构建国际营销体系建设创新试点”（特色产业方向）入选全省第一批“一号开放工程”创新试点项目。

所谓海外仓，是由企业或物流仓储服务商在海外建立的海外备货仓或者中转集货仓，帮助国内的外贸企业完成从国内集货、出口退税、国际运输和清关、海外仓储管理及配送。

柯桥采用“资金+指导”的方式鼓励企业建设海外仓，除了上级的扶持资金，柯桥还专门会给予新获省级及以上称号、市级称号的公共型海外仓一次性50万元、20万元的补助，并且在建设过程给予全程指导服务。

截至2023年末，已有4家柯桥企业在海外设立15个海外仓。作为柯桥为数不多拥有自建海外仓的企业，柯桥沐家家居科技股份有限公司曾统计过，在建立自用海外仓后，他们的出口额同比增长了39.53%。“海外仓不仅让生产配送周期更为可控，还能有效规避因突发事件引起的运输中断。”公司负责人介绍说。

根据柯桥区商务局的统计，2023年，柯桥区共计有海外仓上线企业2772家。为了让海外仓的服务更专业化、精细化，柯桥区还积极引导辖区企业入驻“海外智慧物流平台”，利用第三方海外仓开展订单分拣、售后服务等业务。

在柯桥，当地企业的自建海外仓发展得如火如荼，由政府主导的公共海外仓建设也在加速推进中。

2023年3月，由中国轻纺城股份公司、柯桥区开发经营集团等主导的柯桥——罗兹公共海外仓开始紧锣密鼓地规划建设。“未来这里将会成为一个立足波兰、辐射欧亚大陆的大型仓库，帮助柯桥企业在‘一带一路’和中欧班列沿线进行外贸业务。”项目的负责单位之一——柯桥区开发经营集团相关负责人介绍道。

另一方面，中欧班列打通运输节点，常态化开行。

2022年11月18日，随着几声长长的汽笛声，首列中欧班列“柯桥号”缓缓从萧甬铁路钱清货运站驶出，列车满载着50个集装箱货柜、价值450万美元的面料一路北上，于11月28日经霍尔果斯铁路口岸驶离出境，驶往开往“一带一路”沿线多个中亚国家。“这趟中欧班列的开通，标志着柯桥区突破了以往‘海港联运’的形式，正式进入‘海铁联运’时代。”区商务局相关负责人说道。

外贸依存度高达70%左右的柯桥，有着庞大的出口需要，每年1000多亿元的出口额中，销往“一带一路”沿线国家和地区的占比近60%。如今，班列驶往中亚一般只需要18天，且每周1列，对原先主要通过公路运输从宁波或上海出境为主的物流渠道来说是一个极大的补充，有效解决了柯桥在国际物流中运力不足的难题，展现出更具优势的时效性和稳定性。

柯桥中欧班列项目总计投资约2.2亿元，用地120亩，不仅新建了铁路口岸、货场装卸以及接驳道路，还配套安装了集装箱门式起重机等设施。同时，成立浙江钱清多式联运物流有限公司，开展海铁联运调度、中欧班列操作代理、海关监管场站运务等一站式物流服务，致力于进一步提升出口货物的通关速度和物流效率，实现“各地货、柯桥组、柯桥出”。

截至2023年底，中欧班列“柯桥号”累计开行52列，发运集装箱549个，累计发运货值超5500万美元。

建设中欧班列项目，仅是柯桥区以铁路口岸建设、海关监管能级提升为基点完善现代物流集疏运体系的第一步。“下一步，我们计划围绕陆港型物流枢纽城市定位，在增密中欧班列‘柯桥号’列次的同时，拓展柯桥至越南、老挝的东盟线路，推进开发覆盖中亚、欧洲全境的国际班列。”区商务局相关负责人对于未来柯桥的铁路运输建设充满期待。

同时，柯桥也正在加快推进轻纺数字物流港、千吨级曹娥江货运码头和钱清铁路货运站区块公铁水综合枢纽建设，围绕物流枢纽、中欧班列“柯桥号”等方面，健全通江达海港口航运网，以柯桥铁路口岸建设及海关办事处能级提升为驱动，加密海铁联运班次。

第二节　服务好外贸企业，基本盘要维“稳”

走出去的前提，是大后方的“稳”。

2022年5月，国务院办公厅印发《关于推动外贸保稳提质的意见》，就通物流、拓市场、降成本等方面提出13条具体举措，帮扶外贸企业应对困难挑战，助力稳经济稳产业链供应链，为稳外贸“加油”。

谁是柯桥出口贸易的主体？看这样一组数据：2023年，柯桥区纺织品出口10939606万元，同比增长5.2%，占全区出口总额的74.1%，其中轻纺市场实现出口6673653万元，同比增长13.1%。这组数据的背后，占九成比例的小微企业和个体商户功不可没。

这组数据，也折射出政府“有为”的温度。多年来，柯桥区联合商务局、财政局、市场监管局、税务局、海关等多个部门展开行动，从处理企业纠纷、保障物流通畅，了解企业需求等方面，为外贸企业排忧解难，为稳外贸“加油”。

一、处理外贸纠纷，柯桥有一群“洋娘舅”

一名外国人是“最美浙江人”，这在开放的浙江并不奇怪。

人物名片：尼拉杰·帕瓦尼，男，1977年生，印度人。2003年来到绍兴柯桥，创立自己的纺织外资企业。曾获“最美浙江人——2015年度浙江骄傲人物”年度十大人物称号、2015年度绍兴市柯桥区人民政府区长奖。被聘为柯桥区首批“洋娘舅”。

作为“国际纺都”的柯桥，常年活跃着数千位常驻外商，涉及60多个国家和地区，全年进出这里的外籍商人则超过了10万人次。

由于语言、风俗习惯等差异，外商之间、外商与当地人之间难免产生矛盾，而这样的矛盾，由于语言不通、外籍当事人无法联系、外籍当事人不熟悉中国法律等原因而无从下手。数据显示，2010至2018年6月间，柯桥区人民法院共受理当事人在中国大陆地区无固定住所的涉外案件80多件，其中11件直到2018年末依旧未结案。

“我们想到了‘以外调外’的方式，调解涉外纠纷。”柯桥区人民法院涉外商事审判庭相关负责人介绍说，“涉及涉外案件，我们会将当事人的情况告知给相应的外籍调解员，由他们发动本国籍的人脉，帮我们寻找当事人、送达消息，并协助我们完成调解工作。”

2018年9月11日，柯桥区召开外籍调解员聘任仪式暨新闻发布会，包括尼拉杰在内的6名外籍商人成了柯桥第一批“洋娘舅”，聘期为两年。他们不仅通中文，而且都在柯桥经商10年以上，有着丰富的外贸工作经验和良好的信誉。

外籍调解员参与调解，不仅可以破除语言上的障碍，还能增加调解的亲和力和公信力，推动当事人从对抗转向合作。2023年1—6月，这些外籍调解员成功调解涉外贸易纠纷5起，涉及金额70.6万美元。

与此同时，柯桥也积极打造系统性贸促商事法律服务平台，通过建立浙江调解中心柯桥办事处，争取系统资源和力量下沉，整合法院、司法等调解力量和资源，打造柯桥区涉外商事纠纷调解“共同体”。“我们会帮助有外贸纠纷的企业向调解中心反映问题，并安排专人进行对接，协助问题的解决。”区人民法院涉外商事审判庭相关负责人补充道。

二、了解外贸企业需求，柯桥准备了一个“大客厅”

在柯桥现代大厦泰隆银行绍兴分行营业部内，有一个2022年9月9日揭牌成立的“外贸共享客厅”，地方不大，但作用不小。这里是浙江省首个集原产地签证自助打印、国际商事法律服务、外贸信息发布、单证货运展示、出口信保服务和共享空间六大功能于一体的外贸共享客厅，能做到更亲民、更针对、更高效地服务中小微企业，满足周边写字楼内几千家小微外贸企业“就近办”的需求。

2023年9月，在浙江省委组织部公布的第四批实施3个“一号工程”①典型案例中，《聚焦中小微外贸企业 打通服务最后一公里——绍兴市柯桥区打造全省首个外贸共享客厅》入选。

“服务优化”是外贸共享客厅的关键词。“外贸共享客厅的作用，体现在它能贴近企业，及时把握需求，提升贸易实效。”浙江省贸促会的一位主要负责人这么评价外贸共享客厅。

“客厅”位于柯桥楼宇集群区，周边商务楼宇有100多幢，大约有6000多家外贸公司，距离共享客厅不远就是中国轻纺城，这里拥有3万余户经营户，超九成是小微企业和个体工商户。

事实上，在成立外贸共享客厅前，柯桥便通过走访调研、政企座谈、问卷调查等多种形式，对彼时外贸企业的实际需求做了深入了解。通过对380余家企业的实地走访，柯桥逐渐梳理出外贸企业存在的商事法律、出口信保、国际物流等六方面的问题，并将它们纳入外贸共享客厅的服务范畴。

① 3个“一号工程”：数字经济创新提质“一号发展工程”、营商环境优化提升“一号改革工程”、“地瓜经济”提能升级“一号开放工程”。

外贸不同于做国内生意，和不同国家、地区做生意，需要理解的注意事项也各有不同。为此，作为开放空间的外贸共享客厅，就成了柯桥向外贸企业进行政策解读、业务培训、行业动态、法律服务、保险理赔等专题讲座的地方。2023年，外贸共享客厅累计举办活动24场次。

在“客厅”里的共享办公区、会议室和商务区这三大共享区，外贸企业只需要进行扫码预约，就可以使用这里的房间，开展外贸洽谈；针对企业存在的种种问题，外贸共享客厅吸引信保、调解、货代等服务机构入驻，主动为外贸主体及从业人员提供外贸出口服务，形成共商、共建、共享服务新生态。成立1年，已有贸促会、信保、银行等7类外贸服务主体入驻外贸共享客厅。

推动外贸企业更好发展必须创新服务理念，实现助企服务高效推进必须拓展服务路径，而消除外贸企业出海忧虑则必须强化法律保障。共享客厅的“开放”，不仅仅是挂着牌子的这个空间的开放，而是以“开放思想、开放空间、开放时间”实现涉外贸易服务更亲民、更针对、更高效。围绕六大功能，解决企业出海难题，柯桥以“三聚焦”发力服务优化。

一是聚焦试点面向全域。推动共享客厅与原产地证书自助打印点相融合，提供“互联网+政务服务”的不见面办公模式，通过数字化无感服务进一步推广自主打印，提升全域贸易数字化水平，推进“数字强贸”。共享客厅成立以来，全区基本实现原产地证书自主打印，共享客厅打印点已打印18000余份，承接贸促会窗口近1/4的量。

二是聚焦拐点助企转战。借助柯桥资源、市场、服务等优势，引导企业布局RCEP新战场，助力柯桥外贸弯道超车。研究RCEP政策对柯桥的优势点位，为企业开拓市场提供有效指导，通过外贸共享客厅平台启动服务企业系列活动，推广各项政策措施，协助开展多种形式的国际化经营，抓拐点抢先机。2023年，该区对RCEP成员国家出口3190969万元，同比增长5.8%，占比达21.6%。

三是聚焦重点主动帮扶。设置国际商事法律服务区，提供涉外贸易纠纷咨询和法律援助，增强企业应对贸易摩擦能力，优化机构调解渠道。赋能中国贸促会浙江调解中心柯桥办事处，集聚省市贸促会专业调解机构资源和力量下沉，加强与中国信保绍兴办事处的涉外信息互通，推动区国际商会、中国轻纺城海促会等商协会组织建立贸促系统市级海外经贸联络处8个，夯实专业化工作基础。2023年，共享客厅累计受理商事法律纠纷30起，和解8起，和解涉及金额925.8万元，总涉及金额5387.2万元。

第三节　做好外商招引，大环境要提“优”

走出去的同时，还要“请”进来。柯桥向外延伸地瓜藤蔓，不断壮大地瓜根茎，同时也注重养分回流反哺地瓜。2023年1—12月，柯桥区签约引进重大外资项目10个，实际使用外资2.73亿美元，制造业使用外资13145万美元，当年度实到外资总量全市第一，制造业外资总量全市第一。

严峻的国际形势下，吸引和利用外资面临着机遇与挑战并存的局面。从《中国外商投资报告2022》来看，依靠重大项目的支撑和开放平台的招引，我国外商投资持续增长。与此同时，围绕跨国公司长期关注的一些关键领域和市场机遇，许多具有突破性的开放举措也应该被推上日程，以积极回应跨国公司当前对华投资和在华经营的突出关切。

外资在中国会担心哪些问题？从不久前国务院颁布出台的《关于进一步优化外商投资环境 加大吸引外商投资力度的意见》看，问题集中在两方面：一方面是如何让企业办得好，让外企产品可以公平进入中国市场参与竞争，平等适用支持企业发展的各项政策；另一方面则是如何让外国商人在中国过得好，保障他们的衣食住行、子女教育。

柯桥是浙江省重要的外商集聚地，依托中国轻纺城世界级纺织品集散中心的市场优势，吸引世界各地采购商设点驻扎，数据显示，有5000余名外商目前常驻柯桥。这些常驻外商，日益成为激活柯桥多元市场主体的独特力量。截至2023年底，全区累计设立外商（地区）企业常驻代表机构1658家，外商投资商业企业1289家，2023年实现自营出口34.41亿元，同比增长12.13%。

在2022年底发布的《柯桥区鼓励支持开放型经济发展若干政策》中，柯桥便是从外企办得好、外商过得好和市场兴得好3个问题入手，打造柯桥特色的开放型经济发展模式。

一、如何让外商留得住：高效便捷，推进“增值化”涉外服务

近年来，柯桥区深入推进营商环境优化提升“一号改革工程”，着力打造市场化、法治化、国际化一流营商环境。在柯桥区2023年优化营商环境十佳案例中，“增值化”涉外管理服务助力涉外企业稳健发展榜上有名。

柯桥具体怎么做的？“一窗通办”便民服务，让境外人员办理相关证件的时间缩短至7个工作日；“无感管理”减少打扰，实现境外人员智慧全息感知和动态闭环管理；“一事一策”助企纾困，已帮助3家涉外企业走出复工复产困境，调解7家涉外薪资纠纷。“我们对重点企业容缺受理审批赴外商务签注，开通绿色办证通道，累计办理出国证件4355本，为企业赴海外抢订单、拓市场提供便利。”绍兴市公安局柯桥区分局相关负责人表示。

与此同时，柯桥区公安分局作为绍兴市唯一国家移民管理局批准的县级外国人签证点，在全市率先试行外国人居留许可延期政策，能够给予外商及外籍人才最多5年的延期期限，2020年至今共有9650人次的外商及其亲属获得居留许可。

另一方面，围绕外商关注的问题，柯桥一步步推进外商服务质量的提升。

就在2023年5月30日，一场百名常住外商迭代服务政策宣讲会在柯桥古镇举办，活动现场柯桥区商务局、柯桥古镇保护中心、区科技局、区公安分局、区税务局以及天津滨海农商银行绍兴支行的代表围绕外商关注的外国人来华邀请函、外籍子女就学、外商服务卡、外国人来华工作许可政策、外国人签证政策以及外国人纳税、出口退税政策，外国人便利化金融产品展开介绍，多部门组团送上精准服务，进一步优化了区域涉外营商环境，服务外商“进得来、留得下、发展得好”，增强常住外商安全感、归属感、获得感，以外引外，扩大外商“朋友圈”。

这次活动吸引了20个国家的103名外商参加。“我很喜欢柯桥，这里无论是日常生活还是经贸活动，都很便利。柯桥很欢迎外国人来这里贸易投资，特别是政府服务非常好。”在柯桥工作生活已有20余年的韩国外商金基龙说道。

“几十年的风风雨雨，已把他乡作故乡，无关国籍，无关语言，只想骄傲地宣布：嗨，我是柯桥人。有人远道而来，有人却在开疆拓土，那些拥有敏锐眼光和开放思维的人，尝试‘走出去’，到欧洲，到非洲，到东南亚，到中东……从此，丝路柯桥，布满全球。”柯桥区社科联副主席、作家陈月芳用这样一段诗意的语言描述在柯桥的外国人，适时的政策，人性化的管理，丰富的活动，无疑让生活在柯桥的外国人逐渐感受到了这座城市的温暖。

二、如何让市场兴得好：以展会为桥，与世界对话

“服务便利化”是柯桥展会的关键词。2023年8月，与柯桥区“构建国际营销体系建设创新试点”（产业特色方向）一同入选全省第一批“一号开放工程”创新试点的还有“展会服务便利化试点”项目。

当下，会展业在城市发展、产业升级、对外贸易、提振消费等方面发挥的重要作用日益凸显，吸引了众多城市竞逐这条黄金赛道。

2023年，作为拥有全球规模最大、经营品种最多的纺织品集散中心和千亿级的纺织产业集群的柯桥，锚定“全省会展城市第一梯队和全国县区级会展城市第一方阵前列”目标，纺织产业展会全面提速。2023年之前，柯桥区年均举办纺织产业展会10场左右，合计展览面积10余万平方米；2023年，依托新建的绍兴国际会展中心场馆设施和新制定出台的柯桥区会展业扶持政策，举办纺织产业展会13场，合计展览面积16万平方米，达到历史最高水平。

要问柯桥名头最响的纺织产业展会是什么？“纺博会”是不二的选择。

办好一个展，带活一条链。从“河边布街”到“布满全球”，从“一块布”到千亿产业，“国际纺都”的建设一直有着纺博会的身影。1999年，首届“中国轻纺城纺织品博览会”召开；2008年，在历届纺博会成功运作的基础上，春季纺博会首次举办，开创了一年举办春、秋两季纺博会的局面，同年，经国务院批准，纺博会更名为“中国柯桥国际纺织品博览会”，正式升格为国家级展会；2018年，纺博会迎来第20个年头，同期举办首届世界布商大会和柯桥时尚周，三大活动联动互融；2020年，首次创办“云上纺

N5

纺博会上的外商身影　高峰／摄

博会”，开辟出一条线上线下联合办展的新路；2023年，纺博会通过国际展览联盟（UFI）认证，跻身国际知名展会行列，稳步提升了纺博会规格……25年来，柯桥国际纺博会已经成为与上海面料展、广交会面料展并称的国内三大知名纺织展会，纺博会的持续打造和举办，不仅搭建起一个“卖全球买全球”的贸易平台，也推动纺织行业上下游产业链的加快融合，为柯桥打响“国际纺都”城市品牌做出了积极贡献。

纺博会开办至今，数字化办会已经成为一大亮点，展会前、中、后都得到了数字化技术的全面支持。

展会前，数字拓宽招商途径。如第25届中国绍兴柯桥国际纺织品博览会（秋季），在招商方面不仅加大对纺织产业集群基地企业的参展邀约和加大境外参展企业招引力度，还加大数据库利用，在对当年春季纺博会采购商数据进行深入研究比对的基础上，充分利用纺博会多年来积累的采购商数据库，通过数据筛选、比对，进一步掌握采购商的采购需求。

展会中，“数字纺博”乘“云”而上。在数字化、信息化的大发展背景下，数字技术与会展产业链中各个环节渗透结合，是柯桥国际纺博会的一大亮点。“数字纺博”以深化企业需求和助力企业参展实效为着力点，秉承“国际化、专业化、市场化、信息化”的理念，通过更多组合直播逛展、更多视角国际论坛、更多领域精准对接、更多时段直播带货四大板块，全方位赋能纺博会。

【案例】这届纺博会，“数字纺博”又有了新玩法

在第25届中国绍兴柯桥国际纺织品博览会（秋季）上，“数字纺博”继续发力。

在延续春季纺博会展会实况在线展示、在线国际贸易论坛、在线精准商贸对接、国内国外在线推广四大板块的基础上，这届“数字纺博”实现了“大全景逛展”“推荐官探展”和“多维度访展”三大板块齐上场，邀请各路纺织达人、博主、大咖亲临现场，带领直播镜头走近展位，听展商讲述其新品爆品。据悉，本次数字纺博逛展直播4天合计探展160家，推介面料数千款。

数字纺博论坛板块也全新升级，“纺织e点通”系列论坛加入全新的圆桌讨论环节，论坛焦点不止汇集于国际外贸话题，邀请了意大利、韩国、缅甸嘉宾与国内专家学者齐聚柯桥纺博会现场，展望2024全球纺织贸易，畅谈意大利纺织新趋势、韩国绿色纺织、纺织抗菌抑菌新材料等纺织人关注的国内外话题。论坛期间，直播间好评不断，数字纺博系列活动展期4天直播，累计线上观看量超25万；Facebook、TikTok两大海外平台同步推广，累计展现量超40万。

线上精准对接会活动同样收获颇丰。线上精准对接会在展前定向邀约全球面料采购商，并通过主办方对采供双方供需间的精准匹配，提高展商的对接实效；展会期间共举办对接18场，供求双方完成对接98次，其中9场为海外采购对接专场，采购商来自意大利、泰国、越南、缅甸、印尼等欧亚多国，皆为常年与国内有商贸往来的采购商。

“我们对近百家参加对接的企业进行了回访，过半数企业已与采购商有进一步的沟通洽谈，参会企业对精准对接会活动均表示满意，并期待类似活动的继续举办。”柯桥区会展业发展中心相关负责人表示。

展会后，海外云商展延续纺博会势能。海外云商展，全称“丝路柯桥·直播全球”绍兴柯桥国际纺博会海外云商，是柯桥为进一步提升柯桥国际纺博会展会档次、优化办展模式、提高国际化程度，通过复制电商带货模式，以世界布商大会官网为平台，打造的云端商贸合作交流平台。

2024年1月18日，绍兴市柯桥区第二届人民代表大会第三次会议通过了《关于绍兴市柯桥区奋力打造现代化“国际纺都”全面建设“五大中心”的决定》。确立打造现代纺织领域“五大中心”的奋斗目标：紧紧围绕现代化“国际纺都”总目标总定位，加速推动纺织市场、纺织产业、纺织科创“三大优势”转化为“三个高地”，全力打造现代纺织领域“五大中心”——全球最大的纺织品集散中心、国际纺织会展中心、现代纺织科创中心、纺织时尚品牌中心、纺织总部集聚中心。

“五大中心”规划的出炉，标志着柯桥区进一步明确了发展现代化、世界级纺织产业的路径和目标。“这是个宏伟目标，也是历史必然选择。”业内人士认为，柯桥只有打破老思路、老观念、老方法，才能更加现代化、更具开放度、更有时尚味、更富竞争力。而作为现代纺织时尚风向标的柯桥时尚周，历经九年培育和发展，已成为柯桥时尚产业发展的优质载体。

柯桥时尚周是目前国内唯一以“面料为核”为创办理念的时尚盛会，一直致力于将柯桥打造为“时尚策源地”，通过品牌发布会、时尚设计展、时尚论坛、赛事评选、时尚大讲堂等板块的创意活动，全方位地展现了时尚柯桥的数字创新活力、品牌建设实力与城市发展魅力。自2015年到2023年，柯桥连续举办了14届春秋季时尚周，举行435场发布会、时尚秀，吸引全球6000万人次线下参与、线上关注，柯桥时尚周逐渐成为重要的时尚品牌，推动柯桥产业时尚化和时尚产业化。2023年柯桥时尚周更显国际范儿，柯桥纺企与意大利、法国等全球顶尖设计师强强联合，在东方面料与西方设计的碰撞中探索可持续时尚的未来之路。

【案例】国际时尚进入“柯桥时间”

2023年11月10日，为期8天的2023柯桥时尚周（秋季）在中纺CBD“东方米兰”国际时尚发布中心落下帷幕。这届时尚周以“‘布’入衣之境”为主题，围绕品牌发布会、设计展、时尚赛事、时尚论坛、时尚沙龙、时尚大讲堂六大板块，通过30余场时尚创意活动，全方位展现柯桥时尚创意、科技创新、绿色发展、多元融合的崭新形象，彰显千亿级纺织产业集群的现代时尚魅力与国际话语权。

时尚周上可以领略到国际潮流。在启幕秀上，一场中法时尚珠联璧合的“未来之境”吸引了全球目光。法国时尚品牌On Aura Tout Vu创始人Livia Stoianova和Yassen Samouilov携手绍兴永耀纺织品有限公司、绍兴市杨世纺织品有限公司、绍兴柯桥云翔纺织有限公司3家柯桥优秀纺织企业，联袂演绎了高定设计、传统工艺与数字科技于一体的中法时尚风尚。在8天的时间内，共有22场时尚发布秀在柯桥上演，其中，柯桥优秀品牌秀达19场，包括“经纬大师”史艳、韩琪等，多次参与的“嘉利隆”“首格”“晶远”等，更有“瑆晟”“三元”“倚信”等新面孔占比超过一半。

柯桥面料也通过时尚周走向全国、走向国际。原来，这届时尚周打造了首届纺城原创设计展，将原创设计力量与柯桥纺织产业高度结合，引进20余个区外设计师品牌，聚焦设计消费、时尚前沿、业态创新，设置时尚运动、国际潮流、国潮新风、直播专区等板块，为国内外设计师提供柯桥新材料的解决方案，同时也为柯桥面料企业拓展国内外市场提供新渠道。

设计展还携手网虹城超级供应链体系，电商行业红人资源、买手资源，以专业品牌运营团队和国际化创新设计赋能中国时尚产业，以强有力的中国制造供应链为设计师保驾护航，为设计师、时尚达人、品牌企业、买手店提供一站式服务。

时尚周期间还进行了中法时尚战略合作对接交流会，探索柯桥面料与巴黎时尚深度合作的意愿与细节。Alberto Zambelli、Angelo Cruciani等12位国外设计师们走进柯桥面料企业，深入了解不同面料的适用场景以及面料纹理。

通过时尚周，不仅实现了柯桥面料“走出去”，也吸引了时尚达人“走进来”。

时尚周期间“中国轻纺城·东进杯”第十五届中国高校纺织品设计大赛颁奖典礼暨“中国柯桥·纺织工业设计创新高层论坛”首次亮相。活动期间还举办了“纺织时尚创意设计产教融合联合体”筹建启动仪式，为进一步产学研互动，培养优秀青年人才奠定基础。此外，2023中国纺织面料设计创新论坛暨赛得利·中国时尚面料设计大赛颁奖典礼，中意未来时尚沙龙暨2023中意青年未来时尚设计大赛颁奖典礼同期举行，清华大学、北京服装学院等国内知名纺织院校的青年学生们，通过大赛认识柯桥、了解柯桥。

办好一个展，激活一座城。打造国际纺织会展中心，柯桥致力持续提升会展业专业化、国际化水平，集聚一批符合纺织产业发展需要的国际、国内知名展览、会议、走秀等活动，构建形成“展、会、秀、赛、节”五位一体综合性会展业发展格局。

城乡协调发展　韩立志／摄

【导读】

区域发展平衡问题，一直是摆在实现共同富裕道路上的一个重要障碍。浙江是全国区域发展最均衡的省份之一，2022年城乡居民可支配收入比缩小到1.9，地区居民收入最高最低倍差缩小到1.58，农村居民人均可支配收入连续38年位居全国第一。在共同富裕的道路上，浙江的发展历程是新时代城乡协调发展的生动体现。

放在县域来看，柯桥又是浙江区域发展均衡的优等生。自2013年撤县设区以来，柯桥区农民年人均可支配收入连续10年位居全省前三，2022年更是跃升为浙江省“农民收入第一区”。2023年，柯桥全体居民人均可支配收入79500元，增长6.3%，总量与增速分别位居全市第一、第二，实现了高收入基础上的稳增长。其中，城镇常住居民人均可支配收入为87467元，增长6.0%；农村常住居民人均可支配收入为55299元，增长7.2%，城乡收入比进一步缩小到1.582，农村居民收入增速已连续19年快于城镇。

浙江省共同富裕示范区的四大战略定位之一即建设“城乡/区域协调发展引领区”，浙江在探索率先实现区域协调发展的路径上，提供了丰富的可供复制推广的有效经验。无疑，作为浙江高质量发展建设共同富裕示范区试点地区的柯桥，就县域实践而言，颇具观察意义。

第三章

协调引领可持续发展

共同富裕具有鲜明的时代性。当下，我国社会主要矛盾已经转化为人民日益增长的美好生活需要和不平衡不充分的发展之间的矛盾。推动全体人民共同富裕，既要在高质量发展中不断做大做优社会财富“蛋糕”，也要适应我国社会主要矛盾的变化，化解发展中存在的不平衡不充分问题，实现缩小区域差距、城乡差距、收入差距为标志的社会变革。

2021年，浙江被赋予高质量发展建设共同富裕示范区的光荣使命。这背后，发展均衡性较好是浙江率先开展示范区建设的重要基础和优势之一。作为浙江高质量发展建设共同富裕示范区试点地区的绍兴市柯桥区，入选全国共同富裕实践观察地，全市唯一。其先试先行的探索，为相似地区提供了可资借鉴的经验。本章就精准协调、高质量协调和可持续协调，解码柯桥的实践路径。

第一节　缩小收入差距，主旨是“扩中提低”

国之称富者，在乎丰民。收入，是老百姓评判生活水平的最直观依据。党的二十大报告提出，增进民生福祉，提高人民生活品质，重要路径是“增加低收入者收入，扩大中等收入群体”。

《浙江省“扩中”“提低”行动方案》目标是推动率先基本形成以中等收入群体为主体的橄榄型社会结构。柯桥区着眼于缩小收入、城乡、区域“三大差距”，以打造橄榄型社会结构为导向，持续“做大蛋糕、分好蛋糕”，在“扩中提低”领域不断创新工作方法、先试先行，逐渐形成一批具有柯桥辨识度、群众认可度的柯桥经验。

一、从初次分配看，保障充分就业

就业是民生之本、财富之源、稳定之基。2023年，柯桥全区城镇登记失业率2.43%，不仅远低于全国城镇调查失业率的5.2%，也远低于浙江省城镇调查失业率低于5%的控制目标。

习近平总书记强调：“强化就业优先政策，健全就业促进机制，促进高质量充分就业。”落实落细就业优先政策，把促进青年特别是高校毕业生就业工作摆在更加突出的位置。柯桥推动“青年创业”激励计划，统筹整合培训资源，通过邀请海归博士、双创大赛金牌导师等优秀人才亲身指导，2023年对浙江工业大学之江学院、浙江树人学院毕业生和社会青年开展GYB、SYB等就业创业培训2200余人，新增创业担保贷款1500余万元，新增就业大学生4.04万人。

强化职业培训，让更多劳动者带着技能上岗。柯桥实施“技能强企”专项行动，出台的《关于打造新时代高技能人才高地助力先进制造业强区建设的实施意见（2023—2025年）》提出，依托“省一体化平台”重点实施“1+3”支柱产业体系实施五大行动，进一步提高制造业领域、紧缺工种补贴标准，不断提升劳动者技能。同时，大力引导职业院校、社会培训机构加大制造业领域高技能人才培养规模和班次，2023年柯桥完成职业技能培训4万人次，让更多老百姓带着技能上岗。

人力资源和社会保障部等5部门在2022年出台的《关于加强零工市场建设 完善求职招聘服务的意见》中明确提出：打零工对促进大龄和困难人员就业增收具有重要作用。浙江是经济大省、就业大省，也是外来劳动力务工大省，2023年浙江省更是将建设零工市场列为全省十大民生实事工程之一。

作为全省首批无欠薪示范县（市、区），对于柯桥而言，加强零工市场不仅对促进大龄和困难人员就业增收具有重要作用，对稳就业保就业有重要作用，也是促发展的重要一环。2023年柯桥高标准建成中国轻纺城零工市场、马鞍旺角零工市场、杨汛桥蒲荡夏零工市场共3家。其中，中国轻纺城零工市场定位于满足主城区灵活用工需要的综合性零工市场，侧重于为人们的日常生活所需和二三产发展提供灵活用工；马鞍旺角零工市场和杨汛桥蒲荡夏零工市场，定位为工业园区灵活用工保障性零工市场，侧重于为工业区常住富余劳力和外来务工人员及其家属提供灵活求职保障，也为工业区生产经营，特别是日常应急、生产旺季和春节前后重要缺工期提供必要的灵活用工保障。

零工市场搭建起了柯桥600多家企业用工和3万余名零工意向实时信息库，以精准化规模化用工调剂增加产业工人收入。2023年，共有247家企业发布16957个零工招聘信息，9276人次入场求职，6267人次达成招聘意向，成功调剂用工2500人次。

【案例】旺角零工市场，小妙招解决了大难题

在马鞍工业集聚区，有一个“江湖规矩”——找零工到旺角。

“旺角”，即旺角零工市场，位于柯桥区马鞍街道。马鞍街道企业集聚，工业总产值和工业增加值分别占柯桥全区50%以上和60%以上，登记外来人员达24万多人。“用工需求大、零工数量也多，为有效满足用工和求职需求，旺角零工市场在2023年应运而生。”零工市场负责人杜茂荣表示。

旺角零工市场于2023年2月开市，虽然“年轻”，但“年少有为”，其探索的旺角零工服务模式在浙江省零工市场推进会上作典型交流。

坚持问题导向、需求导向、效果导向，是柯桥的硬核打法。这套服务模式好在哪？

印染、印花产业存在明显的用工淡旺季：上半年，印花企业忙订单；下

半年，印染企业赶工期，淡旺季现象尤为明显。企业在旺季时需要扩招用工，在淡季时职工又扎堆休息，怎么调节？零工市场起到平台作用。通过下沉式的企业用工需求对接和对零工人员的动态信息汇总，旺角零工市场变成一个灵活用工的“调节器”，既解决了旺季用工企业的用工需求，又减轻了淡季企业的用工成本，更增加了劳动者的劳动收入。

如果企业零工调剂时发生工伤，赔偿主体难以分清一直是痛点。“为此，我们积极与中国人寿保险机构联系，共同推出零工市场会员制商业工伤保险，做到零工介绍配套服务。”杜茂荣介绍道，这个保险的优势在于，用工企业可以按计划用工人数投保，投保期间一旦有零工人员变动，可以实现“365天，天天能换人”。通过商业保险的科学配套，有效地解决了企业的用工风险，保障了求职者的合法权益，2023年旺角零工市场共为300余家企业的4000多人次的求职者（含非调剂用工）提供了会员制商业工伤保险。

有了劳资纠纷怎么办？旺角零工市场化身“老娘舅”。零工市场对介绍求职的劳动者，进行定期和不定期的回访了解，对劳动者的投诉，做到当天投诉当天解决。不仅专门设立调解室，对发生的工伤纠纷、劳动工资纠纷和劳动关系纠纷及时进行调解，还积极和街道司法调解中心、区劳动监察机构配合，共同处理疑难案子。2023年，旺角零工市场共调解处理劳动纠纷案子300多起。

零工用工的不规范问题也是一直存在的共性问题。旺角零工市场建立一站式会员制服务，通过探索企业会员和个人会员一站式的会员制服务品牌建设，零工市场充分利用会员制的优势，平时上门到企业宣讲劳动法律法规知识，向企业反馈求职者的所思所想，帮助会员企业规范招工简章、入职登记、劳动合同签订、考勤制度、工资发放和规章制度制定等用工管理，努力提高零工人员的保障水平，保障劳动者的合法权益。

二、从二次分配看，聚焦公平共享

相较于初次分配，二次分配（再分配）中起主导作用的是政府。在县域层面如何推动二次分配？柯桥在3个方向上发力。

首先是财政推动公共服务供给能力的提升。在柯桥主政者看来，“省钱也是一种增收”。柯桥经济社会发达，因此从这个角度来看，柯桥公共服务供给能力的主要矛盾不在于“兜底”，而在于让老百姓可以用同样的价格购买到更高质量的服务，甚至是用更低的价格购买到更高质量的服务。因此，柯桥的公共服务体系建设，在达到基本公共服务均等化之外，普惠共享和优质高效并重，这部分内容将在共享篇中具体阐述。

与此同时，柯桥还同样关注“新柯桥人”。

柯桥区第七次全国人口普查结果显示，10年来，柯桥区常住人口新增138108人，增长14.38%，增速全市第一。根据普查结果，全区常住人口中，居住在城镇的人口为903061人，占82.18%，高于全国63.89%、全省72.17%、全市71.02%的水平。城镇化率的提升说明2010年以来，柯桥区经济社会快速发展，农业转移人口市民化有序推进，大量区外人员流入城镇就业创业，越来越多农民和外来人口都逐渐享受到城镇化提升的成果。

2022年，绍兴市强化农业转移人口市民化财力保障工作被列为浙江省财政厅“小切口大牵引”共同富裕改革事项。柯桥向上争取到农村转移人口市民化财力保障机制，有效应对新柯桥人的涌入给财政保障带来的新挑战。同时，通过盘活国企、引入社会购买服务等方式，扩大财政在民生上的补助。随着数字市民平台的搭建，各部门之间互通有无，财政资金更加有的放矢。

二是做好共富财政保障。通过实行区对镇（街道）共同富裕转移支付机制，柯桥根据各个镇街具体的社区（村）个数、区域面积、居民数量这些刚性的量化指标，健全“钱随人走”的工作办法，确保转移支付机制可以惠及区域内的每个居民；开展低收入农户生活质量提升行动，建档立卡低收入农户健康保险参保率达100%；大力实施困难群体救助帮扶，将特困人员基本生活供养标准从1905元提高到2048元，面向特困对象、低保对象和低保边缘对象每人发放500元消费券。

三是通过银行信贷完善二次分配。作为家庭财金助力扩中项目全省首批7家试点区县之一，柯桥通过开展家庭财金助力扩中项目，为全区5000多户符合“扩中”要求的家庭提供财政资金上的支持：符合条件的家庭可以按照低于贷款利率3.6%的比率进行贷款，其中财政和银行各承担了1.8%的让利。2023年，柯桥发放“共富”贷3.5亿元。

柯桥还与辖区内的瑞丰银行成立扩中项目专班，通过大数据模型精准识别了2.08万户扩中家庭的目标群体，针对性地推出了4种扩中家庭的共富专项产品，上线了“共富经营贷”“共富安居贷”“共富助医贷”“共富助学贷”专项信贷产品。一方面安排专人前往目标家庭进行宣传，一方面也利用瑞丰银行的渠道开通了网上申请。

三、从三次分配看，做优慈善品牌

社会组织和社会力量是三次分配的中坚力量。党的二十大报告中明确指出，要“引导、支持有意愿有能力的企业、社会组织和个人积极参与公益慈善事业”。

从2021年印发的《绍兴市柯桥区民政局“十四五”规划》来看，做大“慈善柯桥·温馨纺都”品牌，实现精准高效救助，是柯桥未来5年努力的方向。为此，“互联网+慈善”“阳光慈善”等新举措也相继被推上了日程。

柯桥的慈善事业发展也是高质量。在《2021年浙江城市慈善发展指数报告》中，柯桥区以总分82.42分排名全省区（县、市）第一。2023年初，柯桥区获得了全省首批慈善事业高质量发展地区激励资金100万元，系全市唯一。

背后的秘笈是什么？在于柯桥处理好了慈善工作中的三大问题：慈善资金如何管理，慈善组织如何规范，基层慈善点如何统筹。

如何管理慈善资金？基金式运作、全过程监督。

首先是打造规模化基金。柯桥围绕助困、助医、助老、助学、助孤、助残这六大救助类型，柯桥成立大额专项基金，并且引导捐赠金额较大的企业建立冠名基金，激发捐赠意愿。截至2023年底，柯桥已成立大额企业基金58支、专项基金27支、慈善信托3支，其中1000万元~3000万元基金7支、3000万元及以上基金4支。

【案例】首个柯桥区慈善信托，有什么不一样？

慈善信托不同于一般的慈善捐赠，其本质是“信托”，体现由委托人、受托人、受益人组成的信托法律关系。我国《信托法》第二条规定：“本法所称信托，是指委托人基于对受托人的信任，将其财产权委托给受托人，由受托人按委托人的意愿以自己的名义，为受益人的利益或者特定目的，进行管理或者处分的行为。”

2021年4月，柯桥区慈善总会与浙江爱利斯染整有限公司共同成立了爱利斯慈善信托，柯桥也成为继杭州、宁波之后，全省成立慈善信托的第三个城市。爱利斯慈善信托委托万向信托股份公司运营，爱利斯染整有限公司捐赠100万元，主要开展特定困难人群以及其他符合信托目的的捐助项目。

“选择信托的形式，是因为它不仅可以保障慈善资产的安全、规范使用，也可以发挥金融机构在资产保值增值方面的专业特长，同时也便于接受银监会和民政部门的共同监管。”爱利斯染整董事长陈建钢如是说。在捐赠仪式上，信托向首批6名受助对象发放每人5000元的善款。

再是项目化运行。针对助医、助学、助困等不同救助类型，各慈善基金根据基金类别和规模承接1~5个慈善项目，实施专项救助。如柯桥区慈善历史上资金总额最大、受付对象最广、爱心人士参与最多的“柯桥慈善・爱心教育”基金，下设4个子基金各有侧重，分别专项用于柯桥的奖学奖教、助学助教。又如瑞丰慈善基金下设助困、助学、乡村振兴等项目。有时候面对火灾、人身意外等突发情况，柯桥民政部门也会出台临时救助方法，特事特办，予以先行救助。截至2023年底，柯桥区慈善总会共运行开展慈善项目109个，2023年已累计支出款物4170.74万元，惠及75602人次。

同时，落实阳光化监管。一方面，在开展救助前，柯桥慈善服务中心会联合捐赠方对项目进行审核；另一方面，在救助进程中，柯桥会慈善服务中心会及时通知捐赠方善款的使用情况。每年年末，还会对慈善基金的全年资助情况进行集中反馈，通过“慈善柯桥”微信公众号、门户网站等，实时公布收支明细。目前，已对公开募捐的77只基金和6个项目在线公示，涉及资金2.82亿元。

柯桥还推出了“社会救助对象承诺激励”机制，社会救助对象一旦被认定为存在故意隐瞒家庭真实收入、提供虚假申请材料等失信行为，便会被列入失信对象数据库，根据情节轻重，采取相应惩戒措施。该机制被省民政厅评为2022年度全省社会救助优秀创新实践案例。

如何规范慈善组织？搭建互联网平台，联动一体化推进。

以问题为导向，针对信息沟通不全面，发生重复救助的现象。柯桥开展慈善组织全周期管理服务应用场景省级试点，通过线上平台打造，开发“慈善主体、慈善项目、政府管理、信息发布、公众参与”模块，将全区4241家登记或备案的社会组织纳入管理，加强对项目流程、慈善主体、慈善活动的指导、规范与监督，慈善组织之间可以做到互通有无，有时候不同组织之间还会一起合作开展慈善活动，慈善力量得到了进一步统筹。截至2023年年底，柯桥已联动74家公益慈善组织和社区备案类社会组织发起171个慈善项目，累计支出3348.01万元，惠及61693人次。

互联网平台的作用，也体现在让捐赠更便捷，如今在“慈善柯桥”门户网站和微信公众号，可以进行一键捐赠、一键开票、一键查询的全流程“指尖慈善”服务，慈善票据还可以用于企业抵税。

此外，为了实现信息共享，柯桥还将慈善救助纳入“社会救助服务联合体”平台，使得柯桥的慈善救助活动可以实现与356个区镇村三级助联体平台信息共享，慈善总会可以及时掌握自负大额医疗费、主要劳动力去世、残疾、失业等群体情况，达到各单位联动救助的目的。自2022年9月平台正式投入运行以来，截至2023年8月，共计推送实时数据6402条，摸排困难家庭3838户，围绕这些数据，各个慈善组织一共联办慈善救助事项741人次，支出322.04万元。

如何统筹基层慈善？激活实体化基地，集聚多元化力量。

柯桥打造了一个涵盖区、镇、村三级慈善平台的发展模式。三级慈善平台职能各不相同：区级发挥枢纽型慈善组织示范引领，开展大额募捐及救助、大型公益活动等；镇（街道）通过建设集公益展示、组织服务、资源整合等于一体的公益综合体，推进跨界合作；村（居、社区）建设慈善服务点，开展捐赠、救助、服务等，2023年8月柯桥还出台了《柯桥区村（居、社区）示范型慈善服务点建设与运行标准》，村级服务点建设有章可循。

截至2023年底，柯桥共建成190个村（社区）慈善服务点，2022年以来开展慈善救助活动2500余场次，吸引近9万人次参与，涉及金额1366.46万元，惠及9.08万人次。预计到2025年底，柯桥将基本实现村（居、社区）慈善服务点全覆盖，打通老百姓参与慈善的“最后一公里”。

基层慈善如何聚集更多社会力量？柯桥开展省级城乡社区治理和服务创新实验区试点，整合推动社区与社会组织、社会工作者、社区志愿者、社区慈善资源的“五社”力量有机融合，开展救助关爱等公益活动。如打造“5号巴士”公益集市、“柯桥古镇·遇见好市”等一体化公益品牌，实现“每月一主题，一月一公益”；联合348家单位（组织）成立“乐善联盟”，创建乐善创投、乐善义仓、乐善书屋、乐善学院等品牌。

【案例】乐善码头：构建社区慈善的品牌化、系统化

2023年8月，柯桥街道玉兰社区党总支牵头，通过社区慈善服务点，号召带动社区居民、物业等多方力量捐款，帮助社区居民徐女士解决了家庭困顿。

2021年4月，柯桥街道发布了“乐善码头”项目。“乐善码头”以构建社区慈善的品牌化、系统化为目标，是一个集公益品牌展示、慈善社会组织落地服务、社会资源整合、志愿服务等功能为一体的公益慈善综合体，打造企业、社会组织、党员、居民、志愿者等多方主体参与社会慈善事业的新平台。

“柯桥过去有许多‘水码头’，商户和当地人会在码头上进行钱物交易，后来又因为轻纺城出现了不少‘布码头’。我们把这样的公益慈善综合体称为‘乐善码头’，便是想将‘水’‘布’‘善’三大文化合为一体。”民政局相关工作人员介绍道。

如今，在柯桥街道新开放的“乐善码头”内，不时有市民前来参观，了

解柯桥的慈善往事。通过创建“乐善创投”“乐善义仓”“乐善书屋”“乐善学院”4个品牌服务的落地，街道辖区内27个城乡社区已全面推行乐善码头的服务。

公益慈善也需要“被肯定”，柯桥通过激励褒奖，不断营造慈善氛围。柯桥一方面积极推荐具有先进性、典型性、代表性的优秀慈善人物、企业、组织和项目，参选“中华慈善奖”“浙江慈善奖”等各级慈善奖项；一方面在区内开展“慈善公益之星”暨新时代文明实践特色志愿服务项目评选表彰活动，共121个单位或个人、10个特色项目获奖。

与此同时，柯桥还成立500万“益路同行”慈善组织发展专项基金，通过资助慈善组织、从业人员、慈善项目等，进一步提升慈善行业围绕中心、服务大局的能力，推进区域公益慈善生态链的形成；成立绍兴市首支200万元“好人基金”，对各级身边好人、道德模范、最美志愿者等开展礼遇关爱和慰问帮扶。

第二节　缩小城乡差距，重点在强村富民

加快推进城乡一体化，是践行“八八战略”的一道“必答题”，从共同富裕的本质来看，关键还是要抓好乡村振兴，缩小城乡差距，实现强村富民。

“强村公司”是浙江省以“强村富民”为落脚点，不断打通乡村振兴“任督二脉”的创新举措。早在2020年，强村公司就被写入浙江省委省政府文件，2023年，省农业农村厅、省委组织部等10部门更是联合出台《关于促进强村公司健康发展的指导意见（试行）》，提出要持续提升强村公司联村带农致富能力。

作为首批国家乡村振兴示范县创建单位，近年来，柯桥着力推进强村富民乡村集成改革，通过培育发展强村公司，积极探索党组织领导、公司化经营、专业化运作、老百姓受惠的经营机制，不断完善村级集体经济发展模式和治理结构，强化强村公司发展的富民惠民功能，取得了积极的效果。如

今，作为缩小“三大差距”的抓手，在柯桥，壮大村集体经济已经借助强村工程，以强村公司为依托，蹚出了共富工坊、“共富星村”等多种路径。2023年4月，农业农村部、中央农村工作领导小组办公室等11个部门联合发布新一轮全国农村改革试验区拓展试验任务名单，柯桥区申报的“实施强村富民集成改革体系建设试点”被列入其中的“探索发展新型集体经济路径”单元，这也是继2021年之后，柯桥区再次承担全国农村改革试验区国家级改革试点任务。

一、农村居民收入及组成

柯桥农村常住居民人均可支配收入由工资性收入、经营净收入、财产净收入和转移净收入四项组成。也就是大家所熟悉的工资奖金津补贴、经营利润、利息红利、离退休金等等。

据国家统计局柯桥调查队统计的数据来看，2023年，柯桥农村居民人均可支配收入中，工资性收入为31540元，占全部可支配收入的57%，较2022年同比增长6.4%。同期，全国占比为42%左右。可见，工资性收入是柯桥农村居民收入主要来源，具有结构优势。这得益于柯桥发达的民营经济，大量具有明显地域特色的产业如纺织业在柯桥集聚、发展，为农村居民提供大量就业岗位，推动农村剩余劳动力从低附加值的农业领域，转向相对较高附加值的工业领域就业。

2023年，柯桥农村居民的人均经营净收入为18913元，占全部可支配收入的34.2%，较2022年同比增长8.4%，高于全国可支配收入7.4%的增幅，竞争优势明显，在四项收入来源中增长速度最快。这意味着，近年来柯桥通过农业高质量发展以及农文旅融合，对乡村产业进行规模化、品牌化、市场化发展，农村家庭生产经营创收能力正在被逐步激发。

2023年，柯桥农村居民的人均财产净收入为1328元，占全部可支配收入的2.4%，较2022年同比增长5.8%。财产净收入基数最低、比重最小，对柯桥农村居民人均可支配收入的贡献率和拉动作用也最小。而实际上，无论浙江省还是全国层面来看，农村居民人均可支配收入中财产性收入占比都相对较低，也反映出我国农村要素市场化程度较低的问题，这也是柯桥正在着力突破的难题。

2023年，柯桥农村居民的转移净收入为3518元，占全部可支配收入的6.4%，较2022年同比增长8.2%。该项收入虽占比不高，但增速仅次于经营性收入，在柯桥农村居民可支配收入中有竞争优势，这与多年来柯桥对农村养老保险、医疗保险、兜底保障等转移支付力度不断增加，有着密切的联系。

二、拓宽就业渠道，推动农民工资性收入持续增长

除了进“城”务工，也要让村民在家门口就能实现就业。柯桥探索了3条路径。

一是“龙头农企+基地+农户”共享联营。政策支持龙头企业通过统租返包、统一产销、收益兜底等与小农户构建紧密利益联结。统租返包，即企业统一租用村集体流转好的土地，完善配套的农业生产物资和设施后再返租给农户，形成“公司+农户”的合作关系；统一产销，即农事生产方面建立全过程的标准化种植体系，并以市场为导向制定生产计划，实现产销对路；收益兜底，即兜底降低小农户生产风险，为农户提供生产全过程设施维修、损失补偿等一系列保障措施。

以该区菊花产业为例，柯桥引导以浙江海丰花卉有限公司为代表的龙头农企与小农户形成兴产增收“利益共同体”，辐射农户约800户，种植年纯收益达1.26万元/亩，促农增收4000余万元。更具意义的是，海丰花卉为小农户提供全套现代化设施设备、全面专业化技术指导以及全程精准化市场研判，促成小农户向有技术、善经营、懂市场的“新型职业农民”转变。

二是“共富工坊+村组织+农户”共育联建。共富工坊看似简单，实则需要党建引领作为“强引擎”，项目载体作为“硬支撑”。2022年9月，浙江省委组织部联合多部门下发了《关于强化党建引领推进“共富工坊”建设的指导意见》，提出利用党建的统领作用发展工坊建设。

在浙江省发改委的统筹引导下，柯桥坚持党建引领“共富工坊”建设，通过打造“共富工坊+村组织+农户”的共育联建，走出了一条“组织联建、

项目联融、产业联兴”的农民增收新途径，发动区内89家企业、商会与集体经济相对薄弱的村开展结对联建，打造“1村、1企、1部门、1驻村团队”的结对帮促格局。同时协同其他政府部门，让商务局牵头电商直播式，妇联牵头来料加工式，由镇街负责共富工坊的实操，调动村内的资源，共同参与“共富工坊”的建设，闲置劳力变成了富裕动力。

【案例】党建引领 竹产业链“共富工坊”创收增效

柯桥区平水镇，拥有5.1万亩竹林。曾经低效的竹林如何焕活？村民如何通过竹产业增收致富？2021年，该镇依托全域党建联建，以“年产2万吨竹基纤维材料”项目为牵引，通过整片规划、整合资源、整体运营，形成5家竹产业链“共富工坊”，打造了一条从毛竹的专业砍伐运输到竹篮、篱笆编制再到深度加工销售的共富产业带，走出一条组织联建、项目联融、产业联兴的乡村共富新路径。至2023年10月，工坊已吸纳农村劳动力5000余人就业，带动村集体增收2000万元以上。

组织联建：立“竹”实际强党建，将组织建在“链”上。

针对山路崎岖毛竹运输难，高运输成本带来竹资源闲置；当地缺少加工企业，让丰富的毛竹资源“老在深山无人问”的困境，平水镇党委联结镇域内25个村社以及企业，成立竹产业链联合党委，构建形成党委“统揽全局、协调各方、聚合资源、服务发展”的组织体系，高位推进全镇竹产业发展。在引入的“竹基纤维加工项目”建设中，实现当年立项、征地、建设、投产、受益，切实把党组织的政治优势转化为竹产业发展的制度优势。2023年，7万余亩竹林得到有效利用，党建联建单位采伐、统收毛竹超2000万斤以上，产值达到1.1亿元以上。

项目联融：立“竹”要素抓整合，将资源聚在“链”上。

为了盘活竹资源、做好竹文章，平水镇探索推行“统一托管+林地入股+资源流转”新模式。以村庄补助入股的方式成立强村公司，由强村公司开展机械化采伐、装卸及运输，村集体解决毛竹收购堆放场地；同时，村集体统一与农户签订采伐收购协议、与企业签订毛竹加工与产品销售协议，确保“产供销”畅通。全力打造以“华瀛竹木”为核心的高端竹产业园区和产业集群，健全“竹原料供应—竹制品加工—竹产品销售”的毛竹产业全链条，提高毛竹附加值。据悉，平水镇已成立相关强村公司3家，毛竹资源利用率实现100%，毛竹附加值提升50%以上。

产业联兴：立“竹”融合强发展，将作用融在“链”上。

平水镇加强党建联建，抱团推进林业示范基地、竹园作业道路、片团式集聚型竹产业基地等建设，通过对竹青收购适度奖励、对砍伐农户适度补助、对强村公司适度扶持，推动竹产业全链条发展，带动农民每年共增收1000万元左右。同时，以绿林竹海景区、省级森林公园等核心景点为依托，平水镇推进“竹产业+乡村游+康养游”融合发展，通过举办竹文化节、春笋节、竹林登山节等竹主题活动，带动三产融合发展。其中，仅同康村协同专业合作社全年笋及笋干菜销售额预计可达800万元以上。

不只是竹产业链“共富工坊”，平水镇全镇分为东南西北4个党建联建片区，分别打造党建示范带、美丽景观带、康养共富带、农旅发展带，发展海丰花、同康笋、日铸茶、至味酱等共富支柱产业。

与传统手工作坊相比，“共富工坊”由村（社区）、企业的党组织结对共建，是一种三赢的模式：“共富工坊”的空间载体多为村里的闲置用房，打造“共富工坊”盘活了闲置资源，村集体取得了增收；企业方面，“共富工坊”畅通了村企合作渠道、搭建了村企合作平台，节约了企业生产成本，发挥了企业社会责任；通过送项目到村、送就业到户、送技能到人，推动形成“人人有事做、家家有收入”的高质量就业创业体系，农民有了就业机会，调动了生产积极性。

2023年，柯桥共建成土特产工坊、花卉工坊等“共富工坊”170个，吸收农户就业3000余人次，年均增收约3万元/人。

三是“强村公司+村集体+农户”共促联动。强村公司是在“产权清晰、收益归村”的原则下，根据各村地理位置、村内资源、经济实力等，依照《公司法》有关规定，由村集体经济组织独资、多村联合投资等形式打造的市场化运营特色品牌。柯桥在浙江率先打造“区级引领、镇街主抓、村级主体”三级强村公司共富矩阵，培育了投资收益型、资产盘活型等9种模式，目前全区共组建强村公司54家，并融合运用参股经营分红、村级物业建购等“强村十法”，变输血为造血。如区级牵头、镇级指导、村级落实，三级联动筹资5.1亿元投资飞地抱团项目，投运后相关村年分红可达30万元以上。

三、夯实产业基底，推动农民经营性收入稳步增长

乡村要振兴、农民要增收，产业兴旺是基础。乡村产业发展，主要有两条路径：一条是农业主业，一条则是农文旅融合发展的多业并举。

农业主业如何发展？柯桥通过品种、品质、品牌的打造，实现农业高质量发展。

品种方面，柯桥挖掘特色农业，发展“一片叶子”（日铸茶）、“三棵摇钱树”（香榧、红豆杉、杨梅）和“五朵金花”（兰花、桂花、梅花、荷花、菊花）等农业特色经济。

品质方面，柯桥大力实施“双强”行动。机械强农“稳产量”，柯桥加大农机服务中心建设，推广应用农用北斗终端、无人机播种等先进设备，推动农机化、数字化深度融合应用，农作物、水稻耕种收综合机械化率分别达85.2%、92.35%，农业劳动生产率9.3万元/人，促进规模化粮油种植面积增加48.4%、产量实现十九连增，农业增加值增长3.9%。

品牌方面，围绕特色农业，“平水日铸”“平水珠茶”“稽东香榧”是国家地理标志证明商标。柯桥持续开展中国春兰节、东村梅花节、湖塘杨梅节、稽东香榧节等系列品牌农展会，加强与阿里巴巴、新供销等电商平台合作，打响“柯农优品”品牌，推动特色农产品进城。特色农产品网上订单成交量达17万余单，促农增收5000多万元。

值得一提的是，近年来，柯桥区以乡村人才振兴先行县创建为契机，不断健全农业人才引进、培养、服务、激励机制，逐渐将人才优势转化为发展优势。积极实施乡村人才“人才+乡村振兴”金农专项，鼓励实施一批致富带动能力强的高质量乡村人才项目，积极为乡村振兴吸纳储备充足的人才资

源，2023年共入选6个创业项目。同时，柯桥区还积极打造乡村人才创业园2家，分别是“花香漓渚乡村人才创业园”和“云隐稽东乡村人才创业园”。“花香漓渚乡村人才创业园”通过引进电商直播、文化体育等与农业新业态息息相关的新经济业态，带动了当地兰花产业的高质量发展，为村民提供了更多就业和经营机会；“云隐稽东乡村人才创业园”聚力做好人才服务工作，不仅配备人才公寓、会客厅等基础设施，还提供政策咨询、法律援助等配套服务。更重要的是，聚焦人才住房、医疗、子女入学等关键领域，搭建起“一站式”服务体系。

【案例】“春兰使者”请你“赏花开，迎春来”

2023年2月17日，由中国花卉协会兰花分会与绍兴市人民政府、中央广播电视总台浙江总站联合主办的2023第二届中国春兰节在浙江省绍兴市柯桥区拉开帷幕。

春兰节上，柯桥发布了“兰花公共品牌”——“漓渚兰花”。开幕式上，中央广播电视总台记者王冰冰身为“春兰使者”推介“漓渚兰花”，并以“云视频”的形式邀请全国兰友赴柯桥“赏花开，迎春来”。

“这次兰花公共品牌的设计特别邀请了来自绍兴的2023春晚标识主设计师顾永江先生为家乡设计logo，中国水墨点缀出兰心蕙质，疏落雅致的兰叶勾勒出漓渚的名号。兰叶在窗间舒展摇曳、馨香自来。这个logo将兰花探窗而出的姿态和柯桥特色建筑的中式窗棂巧妙结合，整个设计非常契合兰花清雅高洁的形象。”王冰冰在活动上说道。

来自柯桥的“小兰花”，为何能得到总台记者的推介？这离不开柯桥兰花产业的高质量发展。

柯桥区种植兰花历史悠久，素负盛名。据我国现存最早的地方志《越绝书》记载：“勾践种兰渚山。”谢灵运撰《山居赋》曰：“风生浪于兰渚，日倒影于椒涂”；陆游《稽山行》诗中曰：“会稽多名山，开迹自往古”。“家家富水竹，处处生兰杜”。

近年来，柯桥区抓住兰花这个特色产业，高标准建设“花香漓渚”国家级田园综合体，逐步走出了一条农村生产生活生态“三生同步”、一二三产业“三产融合”、农业文化旅游“三位一体”的乡村振兴新路子。

自2019年中国春兰节落户绍兴以来，柯桥揭牌并落户中国春兰研究院，成立兰花博士专家工作站，努力实现了兰花产业的提档升级。2023年初，浙江省林业局发布浙江省花木产业高质量发展十大优秀案例，柯桥区漓渚镇《创新驱动 兰花香溢四方》成功入选。2023年，柯桥漓渚镇已有兰花基地近2000亩，春蕙兰精品名种800多个，全镇共有1000余户农民种兰卖兰，其中专业兰农300余家，上规模的兰花大户27家，兰花年销售额超1亿元。与此同时，漓渚镇拥有国内唯一的“中国春兰样品园”棠棣兰苑，和全省规模最大的“浙江省蕙兰样品园”银泉兰苑，其培育的兰花先后在国际国兰展中斩获金奖百余个、年产值超10亿元。

在发展好农业这个主业之外，农文旅融合的乡村旅游也已成为柯桥农村的富民业态。

乡村旅游作为我国旅游产业的重要组成，是推动我国乡村振兴战略落实的重要环节。党的二十大报告进一步提出“全面推进乡村振兴”，强调“建设宜居宜业和美乡村”，引领着乡村旅游发展步入升级转型新阶段。

“微改造，精提升”的建设方式，则是近几年来柯桥区在开展乡村旅游、探索“旅游+农业”模式上找到的新思路。由村集体和民间资本、国有资本合作，村集体做好村内的基础设施建设，专业的运营公司进行资源开发，打开美丽乡村创收的新空间。

【案例】叶家堰村：“微改造”带动“精提升”

酸菜鱼店、鹅肉饭店、点心铺、咖啡馆、黄酒吧、民宿……在柯岩街道西南部的叶家堰村，0.79平方公里范围内经营着40多家与旅游相关的商家。

“叶家堰村位于鉴湖的核心区域，自然风景优美，加之这里有丰富的鉴湖渔业文化，被冠以‘酒源’之名，酿绍兴黄酒必到叶家堰取鉴湖水，因此我们会想到在这里发展乡村旅游。”叶家堰村文旅开发的见证人，村支书钱国地对于村中的文旅开发如数家珍。

通过微改造、拆改等多种手段，叶家堰村对鉴湖沿岸的一批老旧房子进行了拆迁，陆续激活了70多间闲置农房，与社会上的运营机构展开合作，依托融商业、艺术、生活等于一体的“鉴湖里”项目，叶家堰实现村级集体年增收100万元以上。

“鉴湖里”项目在叶家堰村的基础上发展而来，先后引进先锋书店、鉴里荟等乡村休闲产品，组织举办“渔珠璀璨鉴湖里”招商音乐会、鉴湖诗歌节等具有鉴湖文化IP的特色活动，目前已成为柯桥区文旅新地标。

叶家堰村所在的“鉴湖里”，立足乡村旅游度假目的地和休闲消费商业综合体两大项目定位，布局夜光跑道、自行车道、水陆生态步道等，实现资源招引和品牌入驻；香林村着力推进乡村旅游产业化，目前已培育特色民宿、“香林嫂”农家乐20余家，营收超800万元，成功创建为全国乡村旅游重点村；稽东镇利用原双月汽配厂闲置房屋，打造稽东香榧陈列馆，带动相关村集体增收30多万元；兰亭街道谢家坞村唤醒闲置土地资源，依托雾耕大棚，打造农旅一体化发展乡村振兴试验点……柯桥的乡村旅游全域铺开且不断提质升级，一个个“宜居宜业和美乡村”成了城里人的“诗和远方”。

乡村旅游的快速发展，为乡村带去了越来越多的客流，这也意味着村民在家门口有了更多做点“小本买卖”的机会。其中最有代表性的业态，就是乡村农家乐、民宿。

在乡村民宿建设进程中，柯桥鼓励民宿探索“一个主题、一个主人、一个故事、一桌家宴、一个技艺展演、一份伴手礼、一个特色活动”创意化个性化发展。

柯岩街道“鉴湖里”IP中，一块关键内容就是以特色民宿扮靓“鉴湖明珠”；夏履镇双叶村吸引千万社会资本参与“周家大院”民宿建设开发，“支部+农户”改造闲置农房，有效补足乡村“过夜游”的短板；漓渚镇棠一村的棠棣驿站是国内首家以文化IP打造的主题民宿，成为新晋网红点，吸引大量粉丝前往打卡；位于柯岩风景区的一湖酒场·朴筑黄酒文化主题民宿集文化交流、酿酒体验、非遗传承于一体，早在2019年就上榜浙江文化和旅游总评榜之2019浙江十佳非遗文化主题民宿。

2022年11月，柯桥区文广旅游局正式发布《柯桥区特色民宿和精品民宿建设与服务规范》团体标准，这标志着柯桥区民宿行业发展有了可依循的标准和规范。根据相关标准，柯桥区将民宿分为特色民宿、精品民宿两个等级，并从环境和建筑、设施和设备、服务和运营等方面明确了相应要求。

为让民宿经济撬动高质量发展，柯桥区高起点谋划、高水平推进，规范出台民宿标准、修订民宿奖补政策、开展民宿“微改造、精提升”指导等提升全区民宿行业发展水平，截至2024年1月，已成功创建区级以上品质民宿32家，其中省银宿级以上民宿14家（省金宿1家、文化主题民宿3家），区精品民宿5家，区特色民宿13家。

四、盘活闲置资源，推动农民财产性收入活化增长

要想提高财产性收入，就需要让农民手中的财产、资源参与到市场流通。做好这点，一方面需要政府做好改革创新、制定奖励政策，用符合市场经济规律的方式，盘活乡村的闲置资源；另一方面也需要有市场主体做好闲置资源的运营，实现集体经济的增产增收。

柯桥正尝试通过一套组合拳，做好“整合、盘活、运营”三篇文章，从农村宅基地资格权流转活权、“闲置农房激活计划”活化宅基地使用权，农村集体经济股权三部分入手，实现资源的变现。

做好宅基地流转活权，农民增收一触“基”发。

宅基地流转活权富民方面，柯桥以农村宅基地三权分置为突破口，在宅基地农户资格权保障、宅基地自愿有偿退出方面积极探索实践，通过探索有偿置换助宅基地“退出来”、探索跨区选位促宅基地“推出去”、探索集成模式让宅基地“统起来”，让农民手头的宅基地资源参与市场的操作性更强。

探索有偿置换，帮助宅基地“退出来”。柯桥在全省率先开展农村宅基地置换，通过“以房换房”“以房换钱”“以房换租”3种置换方式有效探索宅基地有偿退出机制。如王坛镇作为全市宅基地制度改革试点先行镇，结合

青山绿水间的乡村　林哲秉 / 摄

空心村、空倒房整治工作，对有合法权证“一户多宅”农户，实施全部或部分自愿有偿退出宅基地及地上房屋，同时根据不同退出类型，合理制定差异化补偿标准。2022年，王坛镇舒村对有意向退出宅基地的23户农户建立“一户一档”基本信息，合计退出宅基地26宗、面积970.97平方米，并对置换退出后的地块，按照“宜耕则耕、宜绿则绿、能建则建”要求进行综合利用，提高了宅基地使用效益，壮大了村集体经济。

探索跨区选位，促宅基地“推出去”。柯桥创新的农村宅基地资格权市域跨县区有偿选极具代表性。以福全街道峡山村为试点，柯桥开展农村宅基地资格权市域跨区有偿选位，构建公平、多元、开放的宅基地农户资格权实现机制，实现全国首例农村宅基地资格权市域跨区有偿选位，有效解决农民建房需求，进一步健全“户有所居”保障形式，同时构建农村宅基地“三权分置”全链条贷款体系，向有需求的竞拍成功农户授信“农宅共富贷”。

资格权好比是一张通行证，只有拥有资格权的人，才能拥有宅基地的使用权。按照规定，一般只有本村的村民可以享有宅基地的资格权和使用权，但由于历史积弊、政策变动、老人去世、人口流动等复杂因素，“一户多宅”、宅基地超标占用、长期闲置、腾退困难等现象较为普遍。而与此同时，一部分外村居民也确有购买宅基地资格权的需要。

试点以来，柯桥已举办2次农村宅基地资格权市域跨县市区有偿竞价会，36宗宅基地成功拍出1358万元，单宗最高溢价率达66.7%；其中5宗成功授信“农宅共富贷”，额度达174万元，解决29户村外农户住房问题。“有偿竞价所得收益，我们后来作为启动资金，培育村级强村公司，让集体增收、股民分红。”峡山村党总支书记丁妙兴说道，目前村里已经有这笔钱进行了老旧村级物业厂房改造，建标准厂房赚租金，每年可为村级集体经济增收300万元，农民每年可分红1450元，此外还能创造300多个就业岗位。

探索集成模式，让宅基地“统起来”。柯桥还立足土地优化利用和城乡统筹发展，结合闲置农房激活、土地综合整治、人居环境优化等工作，实现农村土地资源的整合配置和优化组合，促进产业升级发展。如漓渚镇棠棣村以村庄规划为引领，以盘活利用为手段，加大宅基地退出和整合利用力度，截至目前，全村共改造完成73户，为乡村建设发展腾挪用地空间15695平方米。

柯桥还通过实施“闲置农房激活计划”，活化农村宅基地使用权。柯桥的“闲置农房激活计划”工作一直走在全国前列，承担着全国农村宅基地两项制度改革试点任务，在浙江率先界定集体土地上建造、产权清晰且处于1年以上无人居住的闲置状态农户房屋和村集体房屋为闲置农房，出台浙江首个《闲置农房盘活利用准则》，以多种联动方式激活闲置农房。

如今，以农村宅基地制度改革为核心的闲置宅基地（农房）的全域激活工作，正在柯桥“全面开花”。在平水镇王化村，绍兴金秋行健康管理有限公司于2021年在这里建起了“金秋家园”“金秋年华”等宅改共富项目，激活了闲置多年的宅基地（农房）5100平方米、集体物业用房4100平方米，并解决就业岗位30多个，每年可为村集体增收60万元，农民增收超200万元；在漓渚镇棠棣村，占地约17.8亩的闲置村集体用房摇身一变成了“乡村振兴实训基地”，每年可为村级集体经济增收100万元……

柯桥具体是怎么做的?

一是“农房收储+资源流转”捆绑式激活。共同富裕，重点在山区，难点在水源地保护区。作为水源地保护区，柯桥南部山区有着丰富的山水田林湖资源，村集体经济组织对农村闲置农房（宅基地）进行串联打包、统一流转，带动周边山林等特色资源整体开发。

二是“农房租赁+产业联动”合作式激活。柯桥与优质资源平台签订战略合作协议，开发“花香漓渚”国家级田园综合体、千年香榧林公园等康养文旅类新兴业态项目，推动全域盘活和高效利用。如王坛镇丹家村投资800余万元打造的“云端体验”南山小院，由村集体闲置校舍租赁给社会资本改建而成，以精品民宿为载体，带动当地农家乐和“丹家家鸡”“高山茶”等农产品产销发展，年均促农增收超100万元。

三是“党建引领+专业运营”共享式激活。以盘活提升闲置古民居经济和文化效益为切入点，柯桥充分发挥基层党组织战斗堡垒作用，将闲置农房盘活与文化传承和“活态”保护利用相结合，吸引外来投资主体推介和运营，村集体经济组织入股分红，村民可以持续性分享资源激活和项目运营的增值收益，实现创收双赢。如夏履镇双叶村由村党支部牵头对村内200套古民居统筹整合、规划改造，打造“周家大院”民宿群，引入专业酒店运营管理团队统一管理服务，优先招用村内低收入农户、富余劳动力就业，构建村民、村集体与运营方共享收益模式，带动村集体经济年均增收60万元以上。

【案例】周家大院：老瓶如何装新酒？

沿着莲叶古道向山顶行进，转过道道弯，夏履镇双叶村的古朴建筑如挥洒在自然间的点滴水墨。

位于柯桥、诸暨、萧山三地交界处的双叶村是个千年古村落，南宋时即有北宋大儒周敦颐的后人在此聚集，一直以来都是夏履镇的文化重地。村里清代及民国时期的历史建筑占建筑物总面积的45%，2018年，双叶村入选第五批中国传统村落保护名录。

“2018年起，乘着镇里闲置农房（资源）激活计划的东风，村里开启了对‘支部+农户’试点的探索。”双叶村党总支书记周祖成介绍道。

由村党总支牵头，村集体带领农户盘活存量闲房，并按照“集体搭台、农户参与、资本唱戏”原则，引入专业的运管团队，对村内200套古民居进行“活态”保护利用，打造“周家大院”民宿集群。

改造后，“周家大院”通过统一分配游客，明确房间价格、制定食宿标准等，共促消费复苏、客流共享。游客进村，先到总部办理手续，再乘坐摆渡车到各个大院入住，村民们则负责具体的接待工作。每一笔收益由村民、村集体、运营方共享，村民拿八成，村集体拿一成，运营方拿一成。

最早营业的“周家大院”6号民宿面临池塘，背靠竹林，屋旁种有大片蔬菜。跨进大门，别有天地，环境干净优美，庭前还有一个小秋千，供游客拍照休闲，俨然一副网红民宿样貌。

通过空闲农房换装，双叶村的青山绿水也因此以绿生金。据介绍，双叶村在近几年里又将振兴传统工艺、活化非物质文化遗产与村落改造相结合，投资300多万元打造集鹿鸣纸馆、老物件展厅、特产超市、乡村书屋、手工茶馆等多种业态于一体的民俗一条街。

截至2023年4月，通过“闲置农房激活计划”，柯桥全区已累计引入社会资本23.8亿元，激活农房78.9万平方米，累计增加农户收入1.2亿元。

做强农村集体经济股权，强村公司渐入佳“经”。强村公司的经营好坏，直接关系到村民们在集体经济股权中的分红多少。上文中初步介绍了柯桥“强村公司+村集体+农户”共促联动打法。具体怎么做?

首先是“建体系”。柯桥打造“区级引领、镇街主抓、村级主体”三级强村公司矩阵。区级强村公司由农业农村局牵头，国投集团、开发经营集团负责组建，村集体进行入股；镇级强村公司由镇街牵头，村集体与国有企业或社会资本共同打造；有条件的村集体也可以与其他村或社会资本联动成立强村公司。

之后是“创模式”。强村公司的形式很多样，只要是可以给村里带来收益的，都可以看作是强村公司。目前，柯桥培育了资源开发型、资产盘活型、“飞地”抱团型等9种模式的强村公司，并融合运用参股经营分红、村级物业建购等“强村十法”。其中，南部山区总部飞地堪称经典案例。

【案例】南部山区总部飞地，带三镇一起“飞”

绍兴永盟贸易有限公司、浙江长敏贸易有限公司，由平水镇引进。

绍兴链能供应链管理有限公司、浙江银垚贸易有限公司、绍兴市城安建筑材料有限公司、浙江俞益建设有限公司、绍兴市景宸建筑工程有限公司、晨煜（浙江）会务会展有限责任公司、浙江帮业建筑劳务有限公司，由王坛镇引进。

绍兴本草古榧生物科技有限公司（技术研发）、绍兴恺璇保安有限公司、浙江骁龙体育文化科技有限公司、浙礼甄选（浙江）数字科技有限公司、浙江盛和文旅集团、绍兴超级麦品牌管理有限公司，由稽东镇引进。

以上由南部三镇引进的15家企业，是通过南部山区总部飞地第一次、第二次联席会议获准入驻南部山区柯桥总部飞地的首批企业，是2023年7月26柯桥区南部山区总部飞地建设启动仪式上的成绩单。

柯桥区南部山区三镇地域面积占全区四成，但受小舜江水源地保护政策限制，经济总量占比不到全区的3%。因此，发展好南部山区，是柯桥高质量发展建设共同富裕示范先行区的关键所在。柯桥立足于南部山区发展特点，通过在城区核心区块建设飞地强化招商育企承载力，为山区发展增添动能，打造“小切口”的共同富裕标志性成果。

这块飞地是一块风水宝地。飞地选址于柯桥主城区的群贤198文创园部分楼宇，一期面积约8000平方米，定向用于集聚南部三镇新招引落户的区外企业入驻。此外，政府还将在平水镇设立副飞地，形成“柯桥主飞地、平水副飞地的‘1+1’总部飞地”模式。

体现在政策上，在南部山区总部飞地落户的企业，可享受三年内一定金额办公用房租金补助。

“突出特色化”是对引进企业的要求之一。首批入驻总部飞地的企业很有南部山区特色。如由稽东镇引进的绍兴本草古榧生物科技有限公司，围绕“稽东山宝”香榧展开了一系列应用研发，包括香榧精油、香榧香薰、香榧保健品等。

最新消息是，稽东镇南部山区总部飞地企业落户数位居全区首位。

2023年11月，《柯桥区打破要素错配壁垒促进强村富民试点实施方案》印发，方案立足自身特色优势，聚焦南部山区水源地保护产业发展瓶颈、区域机械强农要素资源匹配不均衡等问题，着眼城乡统筹发展，着力开展“打破要素错配壁垒，促进强村富民”试点，推出了一揽子政策措施。

截至2023年底，柯桥已有强村公司54家，其中区级2家、区域级（镇级）16家、村级36家，当年全面消除经营性收入低于120万元以下的经济相对薄弱村。

五、做好兜底保障，推动农民转移性收入精准增长

农民转移性收入是指农村住户和住户成员无须付出任何对应物而获得的货物、服务、资金或资产所有权等，不包括无偿提供的用于固定资本形成的资金。农民转移性收入包括在外人口寄回和带回、农村以外亲友赠送的收入、调查补贴、保险赔款、救济金、救灾款、退休金、抚恤金、五保户的供

给、奖励收入、土地征用补偿收入和其他转移性收入。

一是项目引育助强村富民。抢抓强村富民乡村集成改革，因地制宜打造共富项目超100个、总投资近2亿元。如利用山区闲置厂房可利用屋顶面积实施分布式光伏整体开发项目，一期项目可并网发电200余万度/年，年净收益100万元以上。

二是金融帮促降创业风险。引导金融机构增加对低收入农户信贷投放力度，解决其创业融资难题。率先创设10万元以内免担保、免利息小额贷款，目前已贴息56户次，补助近11万元。

三是政策扩面强托底保障。开展低收入农户生活质量提升行动，确保共富路上“一个不掉队”。建档立卡低收入农户健康保险参保率达100%，累计参保2.27万人，投保额414.5万元，赔付5302人次，赔付额244.15万元。

第三节　缩小区域差距，秘笈是山海协作

改革开放以来，浙江依靠民营经济、块状经济、专业市场、县域经济、开放型经济等的快速崛起，经济社会发展一路高歌猛进，成为全国第一个消除“贫困县”的省份，但也出现了区域发展不平衡的问题，即城市与农村发展差距过大，沿海地区与山区海岛地区发展差距过大。

2003年，浙江省委全面启动的“八八战略”中，提出要积极实施“山海协作工程”。其中最直接的举措，就是将省内的“海”（经济强县）对“山”（欠发达县）进行结对帮扶，形成陆海统筹的更强合力。由此，柯桥与衢州市江山市成为“山海协作”结对区县。

结对以来，两地在平台共建、民生共促、人才共育等方面，联系交流越来越紧密，合作成效越来越明显。2023年4月，浙江省财政厅发布制造业高质量发展结对促共富示范创建、区域协调、绿色转化等三项财政专项激励资金竞争性分配名单，柯桥区—江山市获省制造业高质量发展结对促共富示范创建财政专项激励，其中柯桥获得9000万元专项激励资金，系绍兴市唯一。

2023年12月21日，柯桥区党政代表团赴江山市考察，对接落实山海协

作工程等工作，召开江山市—柯桥区山海协作联席会议。会议表示，柯桥与江山山海协作工程已经走过21个年头，两地从最初的资源要素优势互补，到产业、科技、人才、教育、医疗、文化的全方位对接，在常来常往中结下了深厚感情，在优势互补中实现了共赢发展。

一、做好区域产业互助，引进来、走出去

柯桥产业怎么走出去帮扶？建设江山—柯桥山海协作产业园。

2013年9月，江山市人民政府与柯桥区人民政府合作共建的产业园——江山—柯桥山海协作产业园成立，产业园位于江山市域中部，2015年江山市工业平台整合后，产业园成为江山经济开发区“一城三园”中的重要园区之一。

“江山所需，柯桥所能。”回忆起与江山市进行产业协作的过程，柯桥区发改局合作交流科相关负责人这样描述产业园的作用，构建产业园的目的，在于为江山市引入来自柯桥的项目，赋能当地企业发展。

从分工上看，江山市做好对产业园土地指标、要素保障方面的倾斜，提升产业园能级，优化产业园人文环境和生活配套；围绕园区的重点项目，柯桥在园区内布局了以门业家居、纺织服装为主的时尚产业和以输配电、汽车配件等为主的高端装备产业集群，逐步形成了以木门家居、装备制造、健康生活为主的产业体系。

【案例】软硬装的结合，解锁新的发展之“门”

对许多江山人来说，“门”不仅是一件家具，更意味着生计。作为“中国木门之都”，全国约有1/5的木门从江山产出。

但近几年，许多江山的木门生产商，看到了现实的窘迫：在一站式定制的时代，硬装企业想要突破增长瓶颈，就需要从独立品类往全屋定制大家居方向发展。

2021年9月，在柯桥、江山两地政府组织的考察交流中，毛庆德结识了柯桥雅琪诺装饰材料有限公司董事长王旗。一位是有着24年木门生产经验、紧靠木料原产地、劳动力资源充足的木料商，另一位是拥有12年墙纸、墙

布、墙板等立面软装经营经验、展销资源丰富的墙布商，两人一拍即合。

木门与墙布，看似有软硬装之隔，但同处“一个家”的装点。仅仅1个月时间，两家企业就达成了合作协定。开洋侧重生产，雅琪诺侧重营销。

2021年10月，两家公司共同出资2000万组建了浙江德毅家居有限公司，入驻江山—柯桥山海协作产业园。经历半年左右调试后，公司已有10条生产线投入稳定生产，产出木塑门、木塑墙板10万套左右。

“柯桥是全国现代住建工业化基地、全国最大的墙布窗帘产业集群，江山门业占全国市场的25%，我们积极引导宝业、勤业等住建龙头企业到江山投资合作全链智造基地，并推动爱漫时、雅琪诺、大爱窗饰等柯桥墙布、窗帘及其他家居企业与江山开洋木业等江山门业、消防器材企业深化合作，带动企业做精做强，提高产业附加值。”柯桥区经信局相关负责人介绍。

一业兴，则百业旺。唱好山海协作“大戏”，产业合作是重中之重。近年来，柯桥区坚持以产业链互补托底，通过推动“软装+硬装”“原料+产品”“建筑+安全”等供应链集成，实现柯桥窗帘纺织品和江山木门家居产业链结合、柯桥新材料和江山绿色化工产业链结合、柯桥建筑和江山消防装备产业链结合，不断抓实共富产业，带动江山产业升级。截至2023年4月，山海协作已达成产业链合作项目20项，完成产业合作投资超50亿元。

如何将江山的要素资源引进来，从而实现更高效率的转化“变现”？打造柯桥—江山“飞地产业园”。

2021年初，浙江省政府办公厅正式印发《关于进一步支持山海协作“飞地”高质量建设与发展的实施意见》，柯桥区与江山市紧抓发展契机，积极有效对接，签约共建山海协作“产业飞地”——柯桥—江山“飞地产业园”。这是在原有“山海协作”工程上，合作方式的一次迭代升级。飞地产业园落地部署在柯桥经开区，地块紧邻钱塘江和嘉绍大桥，交通便捷、位置优越，开发条件成熟。

在形式上，柯桥与江山的经开区以股份合作形式成立“飞地公司”，分别派遣骨干人员驻点管理；在定位上，产业园着眼于新材料、新能源、高端装备等新兴产业，致力将飞地产业园打造成高能级绿色生态产业园；在分工上，由柯桥经开区负责提供项目用地，江山开发区支持项目相关指标要素，在土地、指标等方面全力保障落户项目建设要素，重点发展高端装备、新材料和节能环保等新兴产业。

飞地产业园的第一个项目，便是浙江宇越新材料有限公司投资100亿元的“光学级功能性膜材料制造项目”，这个柯桥首个百亿产业项目，规划用地面积大约1000亩，从土地摘牌到正式开工建设仅仅隔了17天时间，建成投产后，预计每年营收可达80亿。

在收益分配上，江山与柯桥按照6∶4的比例，分配飞地产业园的税收利益，这样的倾斜每年可以给江山市带去大约1个亿的收益。

在柯桥经开区相关负责人看来，飞地项目的实质，在于“双向奔赴”、合作共赢，实现生态资源的有效利用和可持续发展。宇越光学膜项目正是通过购买江山市的土地指标，才得以获批了1000亩土地，另外，其他购买的土地资源也可以作为经济发展的储备资源。而对于江山市来说，在获得税收利益分配的同时，产业链的延伸也在一定程度上带动了当地科创产业的发展，便于江山市培育自己的龙头企业，发展“地瓜经济”。

截至2023年4月，山海协作产业园和山海协作“飞地产业园”已导入工业项目100余个。其中，2022年，山海协作产业园规上工业总产值达105.96亿元，实现“百亿产业园”目标，并连续6年获得省级工业类产业园绩效评价一等奖。产业园培育的企业科润智控、天际公司进入IPO辅导期，园区内9家公司获评国家高新技术企业，14家企业实现上规升级，木门产业链成功入选省级产业链“链长制”试点示范，以产业链协作贯通了产业上下游，加速促进了山区县产业转型升级，进一步夯实了共富基础。

二、区域民生互助，乡村、医疗、教育一个也不能少

山海协作，不仅体现在产业方面，同样也体现在其他方面的全面帮扶。这些年里，柯桥—江山“山海协作”还在乡村振兴、医疗互助、文教支持、技能培训等方面结出了累累硕果。

乡村振兴方面，以“消薄”为例。在2018年的“千企结千村、消灭薄弱村”专项行动中，梅轮电梯、中设建工、宝业集团等14家企业与江山市14个经济薄弱村结对，确定了帮扶项目。并由14家企业提供770万元“消薄”资金，推动两地“消薄”共建平台真正发挥实效；在2020年的“消薄飞地”建设中，帮助江山市在柯桥主城区成功建设“江山—柯桥消薄飞地”和“江山—柯桥大众创业基地”，每年实现保底返利354万元，促进江山市50个集体经济薄弱村增收。

在医疗互助方面，2018年绍兴第二医院与江山市人民医院签订“山海协作工程协议”。2019年7月，绍兴第二医院和绍兴市中心医院在江山市人民医院设立心血管内科、肿瘤内科和神经内科3个专家工作室，开展山海协作医疗帮扶工作。通过设立专家工作室、开办专题讲座、举办义诊活动、进行手术指导等方式，重点围绕肿瘤科、心内科、神经内科、中医骨伤科、疾病预防控制等方面，两地不时开展交流协作和医疗精准帮扶。

技能培训方面，自2017年以来柯桥已陆续通过山海协作技能人才共育工程，在江山开展职业技能培训32期，培训人员1523人次，培养高技能人才726人。这种普惠性技能培训，易学、易就业、针对性强，涵盖了面点师、育婴员、电子商务等多个领域。

文教支持方面，柯桥教体局和江山教育局不断深化山海协作，紧紧围绕共同富裕主线，切实把牢“优质均衡、共同发展”的工作方向，最大限度把江山所需、柯桥所能结合起来，推动跨地区教共体走深走实。柯桥区5所中小学分别与江山市5所学校牵手成为跨地区教共体，通过师徒结对、跟岗锻炼、同步课堂、集体教研、线上课程等项目的推进，实现两地区域教育资源的共建共享。截至2022年9月，两地5对跨地区教共体完成师徒结对50余人次，成立由特级教师、省市名师领衔的名师工作室10个，全面开展名师送课、专题讲座、专项指导等活动，推送示范课70多节，线上线下开展教研80余次，还组织开展了红色研学等丰富多彩的学生交流活动。

TAIYAS
S

孩子们参加体育活动　戴晶莹／摄

【导读】

高质量发展建设共同富裕示范区，是党中央赋予浙江的重大历史使命，也是浙江新发展阶段的一个重要历史机遇。

2021年，在中央定调共同富裕示范区建设方法论、时间表和任务书的次日（6月11日），浙江省委十四届九次全体（扩大）会议进一步明确，“十四五”时期浙江将着力抓好八个方面的创新性、突破性重大举措。其中，在公共服务优质共享方面，提出要打造“七优享”金名片。

2023年初，浙江省启动实施公共服务“七优享”工程。作为政府重大民生保障工程，公共服务“七优享”工程主要聚焦“幼有善育、学有优教、劳有所得、病有良医、老有康养、住有宜居、弱有众扶”七大领域，旨在大力推进公共服务均衡可及优质，持续增强人民群众获得感、幸福感和安全感。“七优享”是浙江省提升居民生活品质的一项重要战略措施，也是促进浙江加速发展、建设“共同富裕先行示范区”的重要实践，在我国具有开创性和示范意义。

高质量发展基础在县域，潜力在县域，很多优势也在县域，县域在促进均衡化发展中发挥着重要作用。柯桥区把托起民众“稳稳的幸福”放到了共同富裕大场景和现代化赛道上来谋划推进，高质量做好“规定动作”的同时，高标准谋划“自选动作”。本章将系统解码。

第四章

共享发展引领共同富裕

高质量发展不仅在于经济产业的高速增长与提档升级，更在于社会治理与公共服务的稳定与活力扩张。公共服务的不断提档升级，有利于增强人民对于发展的现实感知和对发展成效的切身体验，突出以人民为中心共享发展成果的现代化追求。

党的二十大报告提出：我们要实现好、维护好、发展好最广大人民根本利益，紧紧抓住人民最关心最直接最现实的利益问题，坚持尽力而为、量力而行，深入群众、深入基层，采取更多惠民生、暖民心举措，着力解决好人民群众急难愁盼问题，健全基本公共服务体系，提高公共服务水平，增强均衡性和可及性，扎实推进共同富裕。

“提高公共服务水平，增强均衡性和可及性，扎实推进共同富裕”，对浙江而言，也是自身高质量发展的必答题，而对于位于全国综合实力前十位[①]的柯桥而言，更具样本观察意义。

① 柯桥区位列2022年全国综合实力百强区第十位、2023年全国综合实力百强区第九位。

第一节　老有康养——打造新时代幸福颐养“乐龄柯桥”

2023年4月24日，《柯桥区公共服务“七优享”工程实施方案（2023—2027年）》出台，聚焦全人群、全生命周期公共服务，关键词是“普惠、均衡、可及、优质”。其中，对于柯桥而言，老有康养面临的挑战主要来自两个方面。一方面，原有的养老院存在服务针对性和多样化不强的问题，要想养老的基础保障更坚实，就必须了解老人的真正需求，从供给侧方面“焕新”服务，对症下药；另一方面，原先无论是公办性质还是民营性质的养老机构，无法兼顾效率与公平，要从根本上提高养老机构的运行效率，让老有康养“可及、优质”，还得从其体制机制改革入手。

一、以需求为导向，实现高质量养老资源的有效配置

当下，老年人的养老需求，早已从“照顾起居”拓展到“身体、认知、情绪、社交、精神”等多维度的需求。高质量养老如何实现？柯桥在服务模式、落地载体、具体切口上不断探索。

服务模式上，柯桥打造全方位的“教养医”一站式服务。

【案例】“教养医”一站式服务有“七彩”

上午10时，钱清街道老年大学的学员全阿姨刚刚结束了年底文艺会演的排练，她掏出手机，随手预约了下午两点的健康检查。此时距离共享食堂中午开饭还有些时间，她又快步走进常青藤工作室，公益普法做起“老娘舅”。中午时分，她来到共享食堂，不少老熟人已经三三两两坐在了一起，吃上了午饭……

2022年，在钱清街道“七彩驿”银晖综合体，有近700位老人享受着全阿姨这样的一站式服务。“‘七彩驿’银晖综合体是与我们街道的乐龄中心结合共建的，街道也是为了打造一个平台，在这个平台里，老年人能够实现老有所学、老有所乐、老有所养、老有所依，享受到教养医结合的一站式服

务。”钱清街道办事处相关负责人介绍说。

何谓“七彩”？事实上，“七彩”是一个功能集成。红为“银晖红”党支部，橙为“橙学堂”，黄为“黄马甲”志愿服务站，绿为健康“绿岛”医务室，青为“常青藤”工作室，蓝为“时尚蓝”达人秀，紫为“紫光艺术节”。由此，实现一个综合体内老年教育、居家养老、志愿服务、健康服务、公益维权、银龄互助、文娱休闲等服务内容全覆盖。

钱清街道60周岁以上老年人有1.6万余人。2022年以来，钱清街道着力推进“教养医”党建联建综合体，以七彩驿综合体为样板，探索将老年学校、居家养老中心、社区卫生服务站、社工站聚集在一处，以老年学校“银晖红”党支部为核心，联建民政、卫健、教育、公安、金融、司法、村社、企业等8个领域党组织，构建“1+8”党建联建康养体系。

如何进一步做好涉老服务资源的整合、融合文章？钱清街道的2.0版“教养医”党建联建综合体，将医疗诊室升级为村社卫生服务中心，并对综合体进行适老化微改造、精提升。同时，借助数字化改革赋能老年康养，通过数字化手段实时跟进老人教育、健康状况，精准匹配各项服务。

打通堵点难点，优化服务供给，让全体老人乐享“共富”成果。如今在柯桥，这种全方位的“教养医”一站式服务，因地制宜，一站一品，串点成线，缀珠成带，示范引领。涌现出如福全街道“颐养在福”，柯桥街道下市头社区“悦老悦生活”，柯岩街道“乐活·鉴湖里”，新未庄社区“和合”等特色亮点鲜明的为老服务阵地，全区形成“丝路芳华、渔歌唱晚、古镇遗风、稽山晚晴、兰桂迎香、田园夕照”6条银尚乐活示范带。

【案例】渔歌带上夕阳红

“各位外公外婆，我先来给你们唱一段。”2022年重阳节前夕，柯岩街道三佳居居家养老服务照料中心内，55岁的新风居居民莫美良正在给现场的40多位古稀老人表演着越剧。

“渔歌带这里环境好，设施全，活动也多，我们经常来。”听闻有重阳节活动，不少老人也纷纷从附近的新风居、高尔夫社区等地赶来，一睹为快。

渔歌带指的是柯桥区环鉴湖一带，这里的人从小就听着鉴湖上的船老大唱着莲花落行舟于湖上，鉴湖渔歌带由此得名。

作为柯桥区重点打造的“浙里康养”示范点之一，这几年里柯岩街道以三佳居为核心，围绕鉴湖渔歌带上的村居组团，打造了“乐活·鉴湖里”康养服务品牌，实现渔歌带上的养老设施、服务等共建共享，让老人们在家门口就可以享受到全方位养老服务。

“因为单个村的资源和能力都比较有限，所以我们把三佳居、叶家堰居、新风居、新未庄社区组成一个组团，进行养老资源的统筹。”柯岩街道办事处相关负责人介绍道，“具体分工上，三佳居重点打造居家养老服务照料中心；叶家堰居重点发展老年学堂，并利用环境优势打造适合老人活动的室外场地；新风居侧重文化活动；新未庄则正在打造‘一老一小’康养服务综合体等。”

据悉，自从三佳居的居家养老服务照料中心建成后，每周都会至少举行一次活动。这里设有医疗卫生服务站、康复健身室、阅览室、书画室、沐浴室、洗衣房和餐厅，也全部对外村人开放，深受这一片老年群体的欢迎。

落地载体上，打造多场景的“乐龄柯桥”。

“如今老年人的生活，早已不只局限在养老院和医院。”柯桥区民政局相关负责人不无感慨地说，“因此，柯桥目前正致力打造涵盖老年人生活、教育、医疗多个方面的‘乐龄柯桥’，满足老年人的需要。”

致力于健全和完善方便可及、城乡均衡、优质共享的家门口养老服务体系，充分考虑区域内常住老年人生活辐射半径，与党群服务中心、社工站等融合建设区域性“乐龄中心”；根据各镇街实际和老年人高频需求，将村社居家养老服务照料中心升级改造为普遍设置老年食堂，能满足老年人助餐、助浴、助洁等高频需求的“乐龄之家”；以养老服务机构专业工作人员为主，打造一批具备应急救护、养老照护、全天守护专业化能力的“乐龄管家”队伍开展上门服务。2023年6月，绍兴市首家乐龄中心——柯桥街道下市头“乐龄中心”正式启用，目前柯桥已建成“乐龄中心”8家，“乐龄之家”80

余家。目标是2024年实现“乐龄中心”全覆盖，2025年“乐龄之家”“乐龄管家”全覆盖。

同时，为了服务更加专门化与精细化，柯桥采用“政府投建+专业第三方运营”的模式，各镇（街道）一般会与第三方机构签订委托运营合同，明确双方的权利义务、委托运行年限和违约责任。每个“乐龄中心”至少需要有3位专职工作人员，另外政府部门也会定期安排一些党员志愿者协助工作。

2023年6月15日，位于柯桥街道下市头社区的乐龄中心正式启用，这是绍兴首家示范引领型居家养老服务中心，中心使用面积超4000平方米，投资总额约3300万元，配有乐龄食堂、日托床位、助浴助洗等设施设备，当天即迎来近百位老人抢“鲜”体验。中心一楼，乐龄食堂、婴幼儿照料中心、社区卫生院毗邻而设，“一老一小”的搭配服务，方便了有照顾婴儿需要的老年人，食堂内一荤一素一饭的助老套餐，最低价只需4元；中心二楼，康复理疗、日托床位等设施一应俱全，各类居家养老服务明细上墙陈列，一个电话便有工作人员将服务送到家；中心三楼，邀请了老年大学金牌教师驻点授课，丰富老年人的精神生活，“邻里剧院”则为老年合唱队提供了宽广的排练和演出空间。

具体切口上，柯桥找准老年人“最有感”的“关键小事”。

走进柯桥街道下市头社区乐龄中心，这个绍兴首家示范引领型居家养老服务中心配有邻里剧院、理疗室、助浴助洗室等18个功能区，辐射周边六七个社区的老人。其中，一楼的“乐龄食堂”自启用以来，日均客流量达240余人次。

“老年助餐服务”是老年人天天有感的“关键小事”，也是事关千家万户的民生实事。

2020年初，柯桥区聚焦“关键小事”提升老年人幸福感，通过开设老年食堂、助餐服务点、配送点的方式，全面推进助餐服务。2023年，为加快推进“老有康养”公共服务优享，柯桥区进一步完善老年人助餐政策，出台“乐龄助餐”服务体系建设实施意见，从体制机制上把解决问题和建章立制统一起来，提升老年人获得感、幸福感。

一是构建“1+1+N”服务架构体系。有力发挥“国企参与养老试点”优势，以区康养集团为主要实施主体建设中央餐房，与全区镇（街道）助餐网络实现全面对接。加快镇（街道）助餐点布局，推进以镇（街道）乐龄中心食堂+N个“乐龄之家食堂”和“乐龄爱心商家”为主体的助餐服务架构网络体系，同时积极鼓励社会餐饮合作单位等力量参与建设运营。

二是推进“六个一”多元筹资机制。按照“个人出一点、企业让一点、政府补一点、集体添一点、慈善捐一点、志愿助一点”的多方支持方式，建立老年助餐服务多元筹资机制。广泛汇集社会各方力量，成立村（居、社区）乐龄助餐慈善基金，积极引导村集体经济参与其中，有效汇聚爱心企业、知名乡贤等社会资本捐助，以更大力度实现对老年助餐的资金筹措和价格降维。

三是落实“122”双享双补政策。聚焦“谁来吃，如何服务”问题，根据老年人消费能力，形成70周岁以上老年人分年龄段“一荤一素”套餐6元、5元、4元的梯式优惠。重点通过根据年度助餐人次等对“乐龄食堂”和“乐龄爱心商家”点位补助的“双享”方式，对失能失智、重度残疾、高龄等特殊困难老年人的“双补助”方式，推动助餐服务精准覆盖全区有需要的老年人。

截至2023年底，柯桥区已有20家“乐龄食堂”营业。

二、推进市场化运营，老有康养“可及、优质”提档升级

据统计，截至2022年底，柯桥区共有60周岁及以上户籍老年人18.31万人，占户籍人口26.09%；而全区范围内则有养老机构13家，其中公办2家、民办2家、公建民营9家；居家养老服务照料中心315家，其中镇街级20家，村（居、社区）级295家。虽然“家”数并不少，但与新时代养老需求和全国“十强区”地位尚有一定差距，必须通过改革来实现有效突破。

如何激发公办养老机构活力？——推进国企化改革。

2023年4月，柯桥区“国企参与养老事业和产业发展试点”入选浙江省高质量发展建设共同富裕示范区第三批试点公共服务优质共享领域名单。

“柯桥大多养老机构是公办的性质，机构运行的好坏与收益并不直接挂钩。因此我们在这两年里积极推进公办养老机构的市场化转型，以便充分激

发养老服务市场活力，有效满足人民群众日益增长的多层次、高品质健康养老需求。”柯桥区养老工作相关负责人介绍道。

国企化改革的过程，便是柯桥以区属国有企业转设或出资成立养老集团，分步骤全面承接区镇两级社会福利中心的资产，开展公司化运营，发挥养老集团在土地、劳动力、资本、技术、数据等要素市场化配置上的资源优势和管理经验。

【案例】试点启航！康养也很“金柯桥”

2023年11月17日，柯桥区直属国有企业——浙江金柯桥康养产业发展集团有限公司揭牌仪式在柯桥区创意大厦广场举行，标志着柯桥区国企参与养老事业试点工作进入实质性启动阶段。

柯桥区以“兜底线、激活力、促服务”为总目标，实施国企参与养老事业和产业发展改革试点。金柯桥康养产业发展集团有一定的养老事业与产业规划实施能力，可以改变现有管理体制，形成更灵活的运营机制、更丰富的服务项目、更合理的薪酬体系，有效解决养老机构建设投入、特困群体养老保障、富余资源价值发挥、自身造血功能不足等问题和难题，实现政府基本公共养老服务的高品质供给，逐步形成以公办养老机构国企化改革为引领、社会机构养老规范化管理为补充、社区居家养老全覆盖为基础的养老服务体系建设架构，并打造一盘棋盘整养老资源，一体化运营养老机构，一站式提升养老队伍，一张网推行养老服务，一条链打造养老品牌的标志性成果。

组建成立金柯桥康养集团，旨在形成国企参与养老事业和产业发展改革试点实实在在的成效和可看可学可复制的标志性成果，让老年人的幸福感和获得感不断提升。

柯桥区力争通过3年时间，引入国企参与养老服务建设，推动柯桥养老事业和产业协同发展，完善体制机制，增强保障能力，激发运营活力，提升服务水平，满足全区高质量养老服务需求，探索形成国企参与养老事业和产业发展试点“1234”可看可学可复制的改革模式。“1”即1个目标：老人获得感满意度明显提升；“2”即两个确保：确保公益属性，确保兜底责任；“3”即3项重点指标全面完成：出台改革实施意见，推进公办养老机构国有化改革，培育品牌知名度；“4”即4方面基本任务有效实现：形成解决问题、引领行业、培育产业、拓展领域4个实施方案。

如何推动康养产业全面升级？运用市场机制引入社会资源。

事实上，从养老机构的国有化改革中，我们也能看出，养老事业中政府的作用在于通过简政放权、创新体制机制，激发社会活力、整合社会资源。“我们把营商环境做好，确保财政资金的投入，引导社会力量参与养老工作，能够吸引专业化的养老团队。”区民政局相关工作人员表示。

在这个过程中，柯桥的一些康养项目特别是落地乡村的康养项目，推行新“三位一体”模式。所谓新“三位一体”模式，主要是指国资承担乡村项目的改造和建设，同步引进民营企业，运用灵活的市场机制开展运营工作，与此同时，建立项目、村集体、村民的利益联结机制。如平水镇王化村以惠及老年人为切入点，探索以吸引城市居民养生养老为核心，全面盘活闲置农房、闲置农田和闲置劳动力的“王化模式”，走出了一条活权富民、兴业富民、强村富民、智慧富民的共同富裕新路径。

【案例】王化村有个让城里人羡慕的“金秋家园”

“80岁以上的老人一日三餐都免费吃，真要谢谢宋如华。”2022年夏天的一个中午，正值午饭时间，在王化村长塘头自然村“金秋老年食堂”里，30多名老人一边吃着午饭，一边唠着家常，大家唠着唠着就提到了村里的乡贤宋如华。

故事要从两年前说起。2020年，在区农业农村局的支持和指导下，王化村通过引入乡贤投资，流转激活村内闲置农房，投入近2000万元将原本破旧的农房、废弃的茶厂改造成居家养老综合体，打造“金秋家园·长塘头”农旅融合休闲养生项目。

首先，高标准建设。对标未来乡村，利用柯桥“微改造、精提升”项目，全力优化设施服务水平，重点围绕“适老化、中医化、数字化”方向，建设养老配套、医疗网点、家宴中心、快递网点、星级养老中心、博爱家园、农家书屋等配套项目，打好了村内的康养基础。

然后，以运营前置的方式，由运营方通过村集体和农户签订租赁协议，累计盘活农房300余间，流转土地100多亩。

两年后，改造一新的“金秋家园”横空出世。这个集“休闲娱乐、养老养生、田园观光”于一体的项目启动后，几乎家家户户都得到了实实在在的好处。

项目运营后，在村老人先受益。如项目因村制宜开设“金秋食堂”，为王化村本村的村民提供差异化的居家养老服务：80岁以上老人就餐全免费，70岁以上、60岁以上老人每天分别仅需10元、20元餐费；不便行走的年老体弱人群，也可送餐到家。目前，王化村长塘头自然村、宋家店村和合心村的老年免费公益食堂已陆续开始运行，实实在在为农村老人提供养老服务。

与此同时，咖啡吧、茶楼、垂钓、老年活动室、医务室等配套设施，在为来金秋家园养老的客人提供服务的同时，也向王化村的老人开放，在村养老不仅有保障、很省心，还很“时髦”。

利益如何联结？强村方面，王化村与“金秋家园·长塘头”项目共建强村公司，每年将为村集体带去50万元的经营性收入。

富民方面，盘活的闲置农房为村民增收最多的一户年租金达5000多元，个人房屋使用权租赁每年为村民增收约25万元。项目不仅激活了闲置农房，也盘活闲置劳力，带动了本地劳动力就业。“已有超80名务工人员在我们这里就业，其中30名为长期就业人员，包括厨师、保洁、安保人员等。”项目负责人表示。

“‘金秋家园·长塘头’共富项目，是一种低成本、可操作、易复制、覆盖广的乡村居家‘养老+’模式。”平水镇农业农村办公室负责人介绍说，2022年，在省农业农村厅十条硬核帮扶举措的推动下，强村富民乡村集成改革“四套组合拳”在王化村加速落地开花，“王化模式”逐步成形。在2022年度浙江乡村振兴最佳创新实践案例评选中，“王化模式”入选全省乡村振兴最佳创新案例。

第二节　学有优教——打造“学在柯桥”育人品牌

在共同富裕的目标导向下，推进公共服务优质共享先行示范，探索学有优教新路径，浙江同样承担着为全国探索新路、提供示范的使命。

正在打造共同富裕和中国式现代化县域样板的柯桥，有着为浙江乃至为全国探路的基础和优势。高分通过全国学前教育普及普惠区省级评估，并于2022年获省政府督查激励；先后获评全国义务教育优质均衡发展区、全国学前教育普及普惠区……在浙江省教育厅公布的2021年县（市、区）教育现代化发展水平监测成绩，柯桥区在全省90个县（市、区）中排名第一，更是充分体现了“学在柯桥”在全省领先领跑的良好发展态势。

浙江省教育现代化发展水平监测涵盖优先发展、育人为本、促进公平、教育质量、社会认可五大指标，全方位衡量各县（市、区）的区域教育高质量发展情况，是浙江省县域教育现代化办学水平最综合、最权威的排名。

取得这样的成绩，得益于近年来柯桥着眼于公平、均衡、优质三大“关键词”，持续擦亮全市领先、全省一流“学在柯桥”教体金名片。

现代化是一个动态的发展过程，如何持续领先领跑？《柯桥区教育体育事业发展“十四五”规划》提出到2021年成功创建省级教育现代化区、省级体育现代化区②，到2025年率先建成全国领先、全省一流的现代教育体育示范区、创新区和特色区，教育体育主要发展指标达到中等以上发达国家水平。

一、着眼公平，优质学位充分供给

柯桥经济发达，近几年人口流入趋势明显，学位供需矛盾也日益凸显。“优质均衡不是简单地解决城乡二元结构矛盾，而是哪儿有短板就往哪儿补，不留一片洼地。”柯桥区教体局表示，“学位等人”是柯桥实现教育公平的抓

② 2022年4月，绍兴市柯桥区上榜首批浙江省体育现代化县（市、区）。浙江省体育现代化县（市、区）是经国务院审批并由浙江省人民政府命名的高规格体育领域唯一的创建表彰项目。创建工作始于2019年，为期3年，群众体育、竞技体育、体育产业、体育改革、体育文化等相关内容都被都纳入了考核范围。

手，每个孩子都能“上好学”。

首先是经费保障。2022年柯桥区财政安排了教育预算专项经费41项，涉及资金6.49亿元，如中小学改善办学条件专项经费1980万元、幼教优质发展专项经费7006万元、学生食堂各类补贴专项经费4750万元以及教师奖励专项经费3500万元等；柯桥区累计投入35亿元新扩建学校，持续夯实了教育创建工作基石。

其次是硬件保障。学前教育方面，2020—2023年，柯桥累计投资23.39亿元开展新一轮覆盖城乡的幼儿园新扩建行动，其中已新扩建幼儿园27所，正实施建设项目8所，共计新增学前教育学位10470个，其中农村学前教育学位超六成，城乡教育资源供给不断丰富；义务教育方面，新建成中小学4所，已完成扩建中小学5所，新增学位5000多个，已完成学校维修改造项目33个，在家门口就能上好学。

此外，为了解决职场年轻父母的养育焦虑，近年来区教体局联合区卫健局出台了新政策，规定在满足3周岁以上学龄前儿童入园需求的基础上，对40余所公办和民办幼儿园空余的2800余个学位转为托位。

二、着眼均衡，教育资源全域整合

一是开展集团化办学。集团化办学是当前柯桥学前教育发展的一项新机制。《柯桥区加快学前教育优质普惠发展第四轮行动计划（2021—2023）》提出，深化公办幼儿园集群式发展模式。实施“名园+新园”“名园+小区配套幼儿园”集团化办学，分区域形成5~8个公办园集群，成为展示柯桥学前教育“重要窗口”。通过集团化办学，可以实现文化共融、课程共建、资源共享，不论在哪一个园区，孩子们接受的都是与本部同样的优质学前教育。目前，柯桥区已建成9个“区域性园际发展共同体”和柯岩中心幼儿园等9个学前教育集团，实行教育管理、教师培训、资源共享、校园文化、考核评价“五个一体化”办学。

二是落实“教共体”机制。如在学前教育阶段，柯桥将优质园与结对园结成教育共同体，让名园起到示范引领作用和指导带动效应，分区域形成公办园集群，促进了柯桥学前教育的均衡发展。目前，柯桥拥有省一级幼儿园26所，省二级及以上在园幼儿覆盖面达到89%。安昌中心幼儿园等7所幼儿园创建成为浙江省现代化学校，马鞍中心幼儿园承办全市幼儿园课程改革成果展示交流会，名园群体正在不断壮大。

义务教育阶段，柯桥拥有共建型教共体1对、协作型教共体13对、融合型教共体15对，在实现义务教育阶段教共体全覆盖的同时，每年还向山区农村薄弱学校输送150名以上骨干教师。在义务教育“教共体”全覆盖的基础上，建立中心小学校长对下属学校蹲点式管理制度，更好地发挥对薄弱校、新建校的示范带动作用。

三是实施优质师资强基工程。建立城乡师资“区域统筹、双向流动”管理机制，制度化推动城区教师到山区支教、山区教师到城区顶岗，既解决了农村学校师资短缺、结构性缺编问题，也拉高了教师队伍特别是山区教师的整体素质，更有力提升了城乡师资均衡度。2021年以来，柯桥全区教师城乡交流轮岗人数达到1026人，占全区在编教师总数的14.5%。在义务教育“教共体”全覆盖的基础上，建立中心小学校长对下属学校蹲点式管理制度，更好发挥对薄弱校、新建校的示范带动作用。如在原民工子弟学校竹林小学旧址上，投资2亿元新建一所42个班规模的小学，与省一级示范小学柯岩中心小学实行集团化办学，选调20多名城区学校的优秀干部、骨干教师管理任教，该校由原先仅12个班的民工子弟学校，成为学生家长津津乐道的柯岩中心小学育才路校区。

四是实施智慧教育赋能工程。2020年新冠病毒感染疫情期间，柯桥上线了“云课堂”，而当新冠病毒感染疫情消散后，这样的“应急课堂”又适时地转为了“专业课堂”，让教师和学生都在这种模式中受益。柯桥抢抓数字化改革契机，深入实施“互联网+”教育战略，以智慧教育弥合城乡教育资源差距。目前，柯桥全区已投入2亿元实现学校交互式电子白板、精品录播教室、校园无线网络、智慧管理平台“四个全覆盖”，建成全区智慧教育服务平台，常态化开展“空中课堂”互动，上架运用全省首个红色研学应用场景“红色网上游”和全省首个残障儿童助学应用场景“护翼天使”。“天天智慧课堂”入选全国“三个课堂”建设与应用创新案例，“线上读写教学”入选全国中小学信息技术应用能力提升工程2.0典型案例。

“3年来，我们投入2.1亿元建成150个智慧教室、50个创新实验室和50间奥威亚常态化录播教室，并建立可供全区学校使用的智慧校园平台软件服务与数据交换中心、智慧校园应用软件平台、区域大数据中心。”柯桥区普教科相关负责人介绍。上设备、搭平台、学技术、用技术的4步策略逐渐在柯桥全区得到推广，每天柯桥都会安排一节智慧公开课，为区域内老师提供观摩、学习的案例。

三、着眼优质，擦亮“学在柯桥”教育品牌

一是打造课堂教学品牌“鉴湖之春”。

【案例】鉴湖之春：名师也来观摩的课堂教学品牌

2023年暑假前，第13届“鉴湖之春”初中课堂教学观摩研讨活动在鲁迅外国语学校纺都路校区举行。该届“鉴湖之春”以“新课标、新理念、新课堂”为主题，设鲁迅外国语学校纺都路校区1个主会场和柯桥区实验中学、柯桥区华舍中学2个分会场，共组织了2场专家讲座，开设了语文、社会、音乐、体育等8堂交流展示课，进行了4次专业课堂点评及主题报告。来自北京、上海、辽宁等全国各地教育领域的知名专家、优秀教师参加观摩研讨。

实现教育优质均衡，关键在教师。举办“鉴湖之春”课堂教学观摩活动，邀请区外名师与柯桥区教师交流互鉴，是柯桥教育优质均衡发展的举措之一。一方面，做好师资下乡，每年城乡支教顶岗教师人数占教师总数就达到21%左右；另一方面，关注教师成长。

“鉴湖之春”教学研究活动由柯桥区教体局主办，于2009年创办，至今已举办13届。10多年来，活动立足培养学生的核心素养和推进课堂教学改革，围绕“立德树人”，践行“五育融合”，在质量内涵、参会规模等方面影响力不断提升，不仅成为打造全市领先、全省一流“学在柯桥”教体品牌的重要组成部分，也成为浙江省初中教学科研的重大节会、浙江省教科研知名品牌。

柯桥发挥名优教师示范作用，组建全区名师工作室50个、青年教师成长工作室79个。近3年就新增“80后”省特级教师3名、正高级教师8名、浙派名师名校长19名、市学科带头人34名。

二是做精做细“双减”工作，打造课后服务精品项目。

“双减”政策实施后，学生得以从繁重的作业负担和校外培训负担中解脱出来，有了更多时间和精力发展个人兴趣，随之而来的新问题——时间空出来，学生该如何拥抱素质教育？

2021年以来，柯桥区及时出台专门政策意见，综合施策推进“双减”政策落地落细。为每一位学生提供“基本服务+素质拓展”为主要模式的课后服务，引进34家有资质的社会机构作为学校课程资源补充，全区中小学开设校园足球等1200门普及课程和唐诗之路等300门精品课程。2023年以来，实施课后服务提质行动，投入1054万元对中小学274个示范社团、精品项目进行重点培育。

【案例】项目化学习：是桑园，也是教室

走进桑园摘取桑叶，溜入蚕房喂养小蚕、取丝织布……这样原汁原味的劳动技术，出现在了柯桥区华舍小学的“绸乡丝源”课程中。

“这是我们结合华舍地域文化的特点，在学校课后服务中融入的一项新课程，通过打造实践基地，创编课程教材，以项目化学习的方式，将劳动教育与语文、数学、科学等学科进行创新融合。”华舍小学副校长叶青介绍道。

华舍街道素以纺织业闻名，自古便有“日出华舍万丈绸”之名，学校便因地制宜，开设了“春蚕桑园、丝都蚕房、水乡织场、江南染坊”四大劳动实践基地，并创建相应的校本课程，构建了一套完整的课程教育体系。

“春蚕桑园”是学生植桑摘桑的场所，摘的桑叶被学生捧进“丝都蚕房”进行蚕宝宝养殖，蚕茧缫丝就被送进了“水乡织场”，学生进行织布创作，无蚕丝时则利用毛线等织造，织好的布在“江南染坊”中进行印染，染成一件件精致的作品。“学校会精心安排不同年龄段的学生有序地进入相应的劳动实践基地进行劳动教育，每周每个年级一次，但是栽桑养蚕课程根据时令要求，酌情开放。”叶青说道。

“老师，我的染料不小心溅到衣服上了，去洗都洗不干净，咋办呀?”在“江南染坊”内，几位五年级的学生正向老师询问解决方法，“洗不干净，是因为你们用的染料是人工合成的，如果换成其他染料，会不会不一样呢?”现场的教师就以此为任务导向，组织学生寻找其他替代染料，开展草木染料印染主题活动，发现染料之间的优缺点。

以这样的真实问题为导向，劳动技术教育与学科教学深度融合，学生的学习生活不再是单纯的纸质作业，而是可以放下笔，穿上围裙，跑进桑园进行亲身实践。在2022年浙江省教育厅公布的新一批十佳“双减”优秀实践案例中，华舍小学的《升级“绸乡丝源”2.0 织出课后服务新图景》案例成功入选，这也是柯桥区首个入选的案例。

三是聚焦五育并举，打造“体艺柯桥”素质教育品牌。

体教融合是教育界和体育界的一个老话题，20世纪80年代至今，从体教结合到体教融合的改革一直在探索中前行。

近年来，柯桥区精心打造“体艺柯桥”教育品牌，深入推进“一校一品、一校多品”建设，深化绍兴市首家新型体校管理模式，体教融合走出育人新路，体艺教育取得了丰硕成果。高质量举办2022年省中小学生艺术节现场展演，柯桥区获奖51个，排名全省第一；2023年获市中小学生艺术节一等奖16个，数量在全市遥遥领先；全区中小学体质测试优良率、合格率、平均分3项重要指标连续两年位居全市第一；5名学生入选国家攀岩队、国家射击队、羽毛球国少队和校园足球国家队，柯桥区少体校成为国家重点高水平体育后备人才基地。

【案例】“体教融合”生根开花结果的“柯桥实验”

推动体教融合，打破体制机制壁垒是关键，柯桥为此打出了一套组合拳。通过积极建设新型体校深化体教融合，多元模式培养体育后备人才，为竞技体育后备人才培养找准着力点。

2018年，绍兴市在全省率先开展了教育体制的改革，将县级体育与教育部门合一，依托优质幼儿园、小学、初中、高中等资源，以青少年运动队市县联办为契机，开启体教融合的尝试。

2020年8月，柯桥区成立绍兴市第一所新型体校——柯桥区少年儿童业余体育学校，少体校与省级示范初中学校华舍中学实行“两块牌子、一套班子”统一管理。学校投入2亿元建成射击馆、攀岩中心、赛艇基地、力量训练房等训练设施，实现田径、射击、赛艇等7个优势项目、优质运动员、优秀教练员“三集中”。

2021年，柯桥出台《深化体教融合加快新型体校建设实施方案》，计划通过统一的管理模式，推进区内生源全学段联动、资源全领域整合，构建设施齐全、布局合理、训竞高效的新型体校发展格局。

“原先我们采用‘班级管理’的模式，一个班里往往会有练习各个项目的孩子，单个文化课老师要对接多个教练员，导致文化学习和体育训练融合度不高，”柯桥区教体局体育科相关负责人介绍，“后来全绍兴市统一改为‘队伍管理’的模式，学生的日常表现、学习成绩、体育成绩考核全部以运动队为单位进行管理，学生的学习成绩可以得到文化课老师系统、长久的关注。”

在华舍中学，下午3点以后是各运动队训练的固定时间，作为学校优势队伍的市、区两级射击队也在同一个训练馆分年龄组别训练，最晚的要到晚上9点左右结束。近年来，射击队不但向省队和国家队输送了数十名队员，还有几名同学被清华大学录取。而学校也相继荣获浙江省体育后备人才培养先进单位和浙江省重点高水平体育后备人才基地等荣誉称号。

不离开校园，一样能成为运动健将，这是柯桥建设新型体校的目标。至2023年，柯桥区累计注册运动员共11963人，新型体校在训的重点运动员295名，学校和社会化网点运动员2697名。通过“1+N”模式，发挥新型体校龙头优势，柯桥实行新型体校本部、学校业训网点和社会业训网点三级管理模式，推进招生、训练、教学、参赛、考核“五权下放”。

同时，以“双减”政策落地为契机，为了发展面对全体学生的体育教育，柯桥实施了课后服务2.0提质行动，每年投入450万元专项经费，对99个学校课后服务体育社团给予重点扶持，此外还建立学校课后服务体育类社会资源准入清单，更好推动学校体育社团建设。华舍中学射击队、安昌中学柔道队、区实验小学羽毛球队、柯桥小学足球队这些优秀社团，柯桥每年都会给予2万元~6万元的专项补助，用于提高体育社团的经费保障水平。

在体教融合的强力带动下，柯桥区学生身体素质、竞技水平实现大幅度跃升。2022年以来，全区中小学生在全市中小学生健康体质测试中，优秀率、合格率和平均分均位列全市首位。2023年，柯桥区获国家级及以上体育比赛金牌47枚、市阳光校园体育赛事一等奖41个，均位居全市第一。目前，已有6名学生入选国家射击队、游泳队、青年攀岩队和羽毛球国少队。在第十七届省运会上，柯桥区金牌数位居全市第一；在杭州亚运会上，柯桥区培养输送的运动员谢震业摘得短跑金牌2枚，成为闭幕式中国体育代表团旗手，并入选年度全国十佳运动员。

第三节　病有良医——强化医防融合，提升医院服务能级

在2023年公布的2022年度国家基本公共卫生服务项目绩效评价成绩榜上，柯桥区代表浙江省接受了国家卫生健康委、财政部联合组织的关于2022年国家基本公共卫生服务项目绩效评价，荣获全国第一名的佳绩，并获得了省卫生健康委的通报表彰。288个重新规划设置的村级医疗机构，285名定向培养的乡村医生，2503场健康教育讲座，实打实的数据也证明了柯桥无愧于这样的成绩。

柯桥何以能代表浙江？因为柯桥在健康医疗领域开展的各项工作，不仅符合全省战略，更是实现了高标准谋划、高质量建设。

“健康浙江”作为浙江在建设共同富裕示范区中，推进公共服务优质共享先行示范的重点行动之一，加快建设强大的公共卫生体系、健全整合型医疗卫生服务体系、实施镇卫生院（街道社区卫生服务中心）基础设施补短板项目和村级卫生服务“网底工程”、建设智慧医疗等建设要求与内容，都在

柯桥扎实落地，并已基本形成全覆盖、均等化的全民医疗健康公共服务体系，打造了“医在柯桥”服务品牌，高质量推进“病有良医”。

一、医在柯桥，学科建设是基础

如果将一个地区的现代化整合型医疗卫生服务体系比喻为雁阵，那么龙头医院集齐学科建设就是“头雁”，是医疗服务供给能力的基石。因此，柯桥不断加强对3家龙头医院的建设和引导。

差异化定位实现学科互补。绍兴市中心医院、绍兴第二医院、绍兴市柯桥区中医医院是柯桥的3家龙头医院，每家医院分工不同：绍兴市中心医院计划打造集医疗、教育、科研和突发事件应急救治为一体的三级甲等综合医院；绍兴第二医院“一院两区”，形成兰亭院区侧重康复、养老园区综合发展的模式，打造市内领先的现代化三级甲等综合医院，医院的肿瘤学顺利通过浙江第二批省市共建重点学科验收；绍兴市柯桥区中医医院则计划打造成一家中医特色突出、临床疗效显著、示范带动作用明显的三级甲等中医医院，医院的中医肿瘤科成功通过“十三五”浙江省中医药（中西医结合）重点学科建设项目验收。此外，柯桥区妇幼保健院围绕妇女、儿童健康体系建设，绍兴第三医院将皮肤专科和医疗美容作为专长特色。

借力区外优质医疗资源。柯桥不断引入优质医疗资源。如早在2021年，柯桥就与浙江大学医学院附属第二医院达成合作，共建浙大二院柯桥院区（柯桥未来医学中心），总投资65亿元，共计规划床位1500张，项目按照三级甲等大型综合医院标准设计，建成后将包括临床医疗、医学研究、临床教学、世界医学博物馆四大功能区块；2023年2月，王建安教授名医工作室落户绍兴市中心医院。浙江大学医学院附属第二医院心血管内科是国家临床重点专科，学科带头人王建安教授是医学博士、博士生导师，浙江省特级专家，在动脉粥样硬化、冠心病、心肌梗死、心力衰竭、瓣膜病的介入治疗等领域的研究及临床新技术推动方面颇有建树。工作室成立后，王建安教授及其团队定期到柯桥坐诊、查房、指导手术，为绍兴市中心医院的学科建设和综合能力提升给予更加精准的指导。

二、医共体建设，实现医疗资源有机统筹

早在2017年，柯桥就被列入浙江省首批11个医共体建设试点单位，绍兴市中心医院、绍兴第二医院、绍兴市柯桥区中医医院3家区级龙头医院，分别与辖区各镇卫生院（街道社区卫生服务中心）组建医共体。

在医共体建设的过程中，柯桥落实医共体经营自主权，实施医共体内唯一法定代表人的治理架构，打通医共体内管理和服务链条，实现医共体内人员使用“一盘棋”、财务管理“一本账”的改革目标。

人员使用“一盘棋”，即建立和完善新的体制机制，统一人事管理后，牵头医院和基层单位就是总院和分院关系，分院领导班子成员，每个月都要去医共体总院参加院务会、交流工作，所有医疗人员实行统一招聘、统一培训、统一调动；实行财务管理“一本账”，各分院国家基本公共卫生服务项目补助经费和财政补助资金，实现统一拨付。设立医共体药品统一采购账户，医共体内的所有设备、药品、耗材全部实行统一招标、统一采购、统一支付。

医共体的建设，构建医疗卫生服务新体系，优化了医疗资源配置，让区级医院和医共体内的医疗机构真正实现“人、财、物、事”一体，区级大医院的医疗资源也有了更大的使用空间，基层卫生院的工作人员也打破收入“天花板”。

医共体的建设也进一步助力柯桥的医院应急救治体系建设。2023年，柯桥在原有9个院前急救分站（站点）的基础上，又新增了7个急救点，基本实现了全区急救站点全覆盖。城市地区的急救站点服务半径不超过3.5公里，平均急救反应时间少于11分钟；乡村地区的急救站点半径在8公里~10公里，平均急救反应时间少于15分钟。柯桥还计划以院前急救体系为基础，不断加强胸痛、卒中、创伤、危重孕产妇救治、危重儿童和新生儿救治等急诊急救五大中心建设，通过3年~5年时间，建成这套分工明确、区域协同的应急救治体系。

三、提升基层医疗软硬件，推进城乡医疗均等化

清晨，53岁的王坛镇孙岙村卫生服务站的医生孙明和往常一样，穿上熟悉的白大褂，背上药箱，开始他一天的“巡山”问诊。这样的工作，他已经干了30多年。

“山区医生的数量还是少了点，如果有更多的年轻血液加入进来，那么我们的工作开展还会更深入。”孙明感叹。除了服务站医生的身份外，如今孙明还有一个新的身份——家庭医生。

在柯桥，一共有334个家庭医生签约服务团队，团队成员主要由医共体总院专科医生、镇（街道）全科医生、护理人员或公共卫生人员构成，主要为有需要的家庭上门提供咨询随访、健康指导、监测“两高”等一对一服务，尤其对65岁以上的老年人、慢性病人、残疾人等重点人群，团队提供有专门的家庭病床服务。有需要的群众，可以自愿和所在镇（街道）医共体分院及分支机构的家庭医生团队签订有效期为1年的服务协议，期满后可以选择续约、解约或更换家庭医生（团队）。如今，柯桥已实现了家庭医生签约服务团队面上的全覆盖。

事实上，家庭医生不过是对于基层医疗的补充，真正从根本上保障好基层医疗，需要做到的是对于乡村医疗人才和医疗资源的下沉补充。

1. 医疗人才下沉乡村

在过去，柯桥区的乡村医生构成较为复杂，既有大专卫校毕业的医学生，也有不少半路出家学习医学后考取乡村医生证的“赤脚医生”。近几年，一些老村医退出后，柯桥尝试通过定向规培、多点执业、本科招生的方式，招募新村医。

“2014年开始，我们便启动村级社区卫生人才定向培养计划，面向高考考生，定向培养学制3年的临床医学大专生，在全省里面属于较早的一批。”柯桥区卫健局基妇科负责人介绍道，“这些年轻医生加入村医的行列，能保证村民最基础的卫生保健的水平。”

从大专毕业后，这批规培村医，还需要前往柯桥的区级医院与镇卫生院（街道社区卫生服务中心），进行长达3年的实习进修，方可上岗。目前，柯桥一共定向培养乡村医生285名，其中的99名已毕业进入后续规培轮转，116名新村医已顺利到岗工作。新村医队伍中，50周岁以下人群占比从2017年的8.56%提高到现在的38.27%，大专以上学历人群占比从2017年的4%提高到目前的39.54%。

把人招进来也只是第一步，接下来要做的，是考虑如何提高村医的待遇和发展前景，让村医能长时间留在村子里。

“虽然名字是村医，但他们的身份是属于镇卫生院（街道社区卫生服务中心）的职工，每年的基本工资由财政进行保障，另外还有一部分奖金会和他们的业务量挂钩。”基妇科相关负责人补充道，“服务10年后拿到中级职称的村一级基层医生中，有10%的人可以考到镇卫生院（街道社区卫生服务中心），这也是我们给年轻人的一些上升渠道。”此外，柯桥的这些村医，每隔两年还会回到镇卫生院（街道社区卫生服务中心）进行进修，以保持对专业技能的熟练度。

2. 医疗资源下沉乡村

保障人才资源的同时，乡村的医疗资源同样也是基层医疗保障的重点工作。在医共体的统一调配下，不少药品可以及时输送到服务站点，但一些抗凝血、治疗肿瘤的药物，还需要患者前往总院进行配药；此外，一些山区服务站，设备、技术等还比较落后，一些基础检查的设备亟待补充。

走进马鞍街道湖安村新改造的村级医疗卫生服务站，治疗室、输液室、药房、诊室样样齐全。72岁的村民傅阿姨正陪着90多岁的老母亲挂盐水，老人肠胃不好，服务站的医生刚给她开了一些药，“过去村卫生站条件有限，生病只能去镇上或者区里的医院，现在小病在村子里就能解决，环境也不差。”傅阿姨对村里卫生服务站的现状很是满意。

2021年，柯桥出台了《关于明确完善村卫生室（村卫生服务站）建设要求办法的通知》，要求各个村级医疗卫生服务站需要配备听诊器、血压计、简易呼吸器、清创缝合包、氧气包，在具体建设上，由村集体负责村里卫生服务站的用房问题，镇（街道、开发区）承担每个村社区卫生服务站3万元的设施设备经费；区财政承担每个村社区卫生服务站0.8万元的信息化设施建设经费。镇（街道、开发区）按照每年每个村社区卫生服务站1万元标准给予日常运行经费补助。

目前，柯桥区就村卫生室村建村办、村医自聘格局，按照城市地区1.2

公里服务半径，农村地区千人以上行政村进行重新布点，规划设置村级医疗机构，并已基本实现乡村“15分钟医疗服务圈”全覆盖，卫生服务中心里，门诊、药房、输液厅、换药室、健康小屋等一应俱全；电子健康档案、慢性病随访、家庭医生签约、上级医院转诊预约等一键通办。在型塘村、白羊村这样的人口大村，每天的就诊量可以达到50多人次。

此外，村卫生室也已经纳入了属地镇街医疗机构医保定点管理，广大群众用“一卡通”就能看病结算。全区已建成规范化村卫生室200家，规范化率达94.78%。

四、智慧医疗现代化整合型医疗卫生服务体系建设

如何让柯桥的医疗卫生服务体系更高效？通过打造“健康大脑”，柯桥实现了辖区内医疗资源的数字化管理，为实现全区医疗资源统筹提供信息保障。

“‘健康大脑’中的基层辅助诊疗系统可以在村医下基层的过程中起到辅助决策的作用，遇到疑难杂症或者处理不了的问题，村医们可以利用系统联系上级医院，协同解决患者的就诊问题。”卫健局信息科相关负责人介绍。

此外，针对区域专病防治和基层医疗服务闭环的问题，“健康大脑”也起到了独到的作用。一方面，借助大数据的筛查，柯桥区开展了重点疾病早筛早诊早治和城乡居民免费体检活动，并计划在未来建立“大数据筛查、健康监测、健康查体、病情评估、专科诊疗、并发症筛查、健康指导、随访管理、协同诊疗等”全流程数字化连续性专病管理系统，从源头促进专病早筛早防早治；另一方面，“健康大脑”也在筹划依托柯桥区健康数据，构建慢病配药、基层辅助诊疗、健康监测预警、云入院、上门医疗护理服务等5个身边事的“基层医疗服务闭环”系统，更方便地处理医疗、医保、医药的协同流程，解决基层群众在家门口看病就医和健康管理的需求。

第四节　公共文化服务——与柯桥 共美好

构建高品质公共文化服务体系，也是浙江高质量发展建设共同富裕示范

区的应有之义。2021年8月，柯桥区委区政府提出了“打造共同富裕示范区先行地”的目标，将公共文化服务现代化体系建设纳入建设共同富裕示范区先行地的总体布局，作为建设新时代文化高地的重要内容和手段，并于2021年底入选浙江省公共文化服务现代化先行县创建对象名单。

一方面，柯桥从现实考虑出发，对公共文化设施进行了全面的改扩建。2022年，柯桥区在全省县市区率先实现区有“五馆一院”，其中图书馆、文化馆均已达到部颁一级标准，全区16个镇（街道）一级综合文化站率达100%，特级综合文化站率达43%，居全省前列。城市书房等新型公共文化空间、村（社区）三星级以上文化礼堂（文化家园）实现全覆盖。

另一方面，柯桥注重打造自己特色的文化活动，形成了独到的文化品牌。2023年，柯桥发布了自己的公共文化服务品牌“与柯桥 共美好”，并以此为基础，开展体系化、多样化、高品质的公共文化生活。

历经两年创建，2023年底，柯桥区成功创建成为浙江省公共文化服务现代化先行县，成为第一批全省11个县区之一，为绍兴唯一。

一、挖掘村里潜力，打造乡村博物馆

越国文化博物馆、柯桥区非遗馆、浙江民艺拼布博物馆、绍兴中国酱文化博物馆、安昌石雕馆、九板桥村百工非遗馆、越茶博物馆……在柯桥，不仅城里有特色博物馆，乡村博物馆也是遍地开花。

走进福全街道徐山村，几座造型独特、充满历史气息的房式仓、土圆仓格外吸引人们的目光。这里原先是当地的徐山粮仓，2017年储粮搬迁以后，粮仓一下子闲置了。“我们后来制定了粮仓的改造计划，把粮仓改造成了福全农耕博物馆和徐山村文化礼堂。”徐山村党总支书记王秋良介绍道。

如今的福全农耕博物馆，改造提升遵循修旧如旧的原则，尽可能保留粮仓原有的风貌。博物馆分为主展厅、插秧体验厅、丰收体验厅及周边书吧等配套场所，藏品包括农耕器具、粮食票据、当地农产品等共计300多件。

步入主馆，福全农耕文化传承至今的历史脉络一览无余，走进主馆旁的插秧和丰收体验馆，整墙的3D场景画配合现场各种生产农具，为前来参观

我们的村晚　姚加峰／摄

的观众带来沉浸式的体验。“许多人参观过后，都说像是走进了小时候的绍兴乡村，充满怀旧感。”王秋良说道。如今“到徐山粮仓去打卡”已然成了许多柯桥人的周末热门活动。

所谓乡村博物馆，指的是位于乡村范围内，传承中华优秀传统文化，弘扬社会主义核心价值观，以重点展示、传播、收藏和传承地域历史文化、特色文化、革命文化及乡村生产生活、非遗保护、产业发展见证物，向公众开放，具有博物馆功能的文化场馆。目前，像徐山村这样的乡村博物馆，在柯桥已有30多家，不仅覆盖面广，而且展示主题丰富，特色鲜明。

同时，面对乡村博物馆普遍存在的办馆易守馆难、无人长期值守、缺乏经费运营等问题，柯桥也逐步在打造一支由志愿者组成的管理、讲解和文创研发队伍，探索以政府资金保障为主、鼓励社会力量参与投资建设运营的新模式。一些乡村博物馆引进了专业的运营公司，统筹规划全村旅游资源，吸引更多观众加入“乡村游”，进一步促进文旅融合。

【案例】红绿融合，小舜江村有个岭下党史馆

换上红色军装，观看红色电影，体验重走长征路、编草鞋，暑假时间，小舜江村依托岭下党史馆迎来了一批批前来进行红色研学旅游的中小学生。

岭下党史馆位于小舜江村岭下自然村，因为处于汤浦水库一级保护区内，禁止发展工业项目，村里每年的集体经营性收入只有10万余元，“后来，我们关注到了村里的红色资源，并设法把红色资源优势转化为经济发展优势，”村党总支书记宋桂江说道，“岭下党史馆便是其中的一个代表。”

岭下村是绍兴县第一个地下村级党支部的发源地，黄炳兴为20世纪40年代的岭下村党支部书记，党的许多会议在他家中召开，他家也成为四明山区与会稽山区地下党联络的中转站，为革命事业作出了贡献。2019年前，村里将黄炳兴故居建设成岭下党史馆，并引进浙江红色芳华文旅发展有限公司进行专业运营。“我们根据‘大门常开、活动常态、内容常新、服务常设、品牌常驻、效益常在’的‘六常’运营理念，推动党史馆的文旅融合进程。”公司相关负责人介绍道。

“我们的‘红色芳华’项目在2021年6月推出，仅仅两个月就接待了20多个团队，有了10多万营收。”宋桂江书记介绍说，2022年4月，小舜江村岭下党史馆上榜绍兴市示范乡村文化博物馆。

如今，走进党史馆，可以一边聆听讲解员绘声绘色地讲述革命故事，一边瞻仰党支部成员生前留下的图片、文稿、实物等珍贵史料，馆中的红色礼堂也能为来访团队放映相关的爱国主义教育片或是安排老党员上党课，平日里也会有不少村民来这里驻足参观。

“十四五”期间，浙江省计划建成乡村博物馆1000家。推动乡村振兴、带动文化共富，打造高品质乡村公共文化空间，柯桥的乡村“土味文化”也迎来了更好的发展机遇。

“柯桥的乡村博物馆大多会利用村里现有资源进行建设，场地多是由旧厂房仓库改造、废弃粮仓再利用、文化礼堂多样使用等”，柯桥区文化遗产保护科负责人介绍道。如今，柯桥共有乡村博物馆32家，其中省级15家。

二、对接文化资源，构建“15分钟品质文化生活圈”

漫步柯岩街道叶家堰居的村道，随处可见传统与时尚的碰撞。这里有古色古香的民居，也有二次元偶像剧场；既设置了莲花落、越剧、民族乐器等传统文艺的传习基地，又有风格清新的新型阅读空间“寻常惦”咖啡书吧，还有以绍兴黄酒文化为主题的酒吧。

这是柯岩街道叶家堰居村民们的生活，在这里，以步行15分钟为半径，村民就能走到一个“品质文化生活圈”，圈内村民的学习、生活、工作、交流等需求被串联起来，形成一个充满活力的社区文化聚落。

“所谓‘15分钟品质文化生活圈’，指的是城乡居民走出家门，步行15分钟左右，即可到达至少1个公共文化场馆和2个以上公益性公共文化空间”，柯桥区文广旅游局负责人介绍道，目前，柯桥已高标准建设完成“15分钟品质文化生活圈”222个，并且100%通过省级验收，实现了镇（街道）全覆盖。

以叶家堰居为例，这里的居民出家门一分钟，到达村文化礼堂，这里有邻里会客厅、文化长廊、村史馆等公共文化活动场所；向西走5分钟，可抵达以黄酒文化为主题的综合体文化消费业态区“鉴里荟”；向北步行约10分钟，就来到了新型阅读空间“寻常惦”咖啡书吧……

“在‘15分钟品质文化生活圈’的构建中，我们将原有的城市文化地标与社区文化资源进行密切对接，将公共文化网络下沉到基层”，文广旅游局负责人补充道。

【案例】天官第文创园：从老地标到新空间

小桥流水、明清建筑，还有悠闲淡泊的韵味……沿着安昌古镇入口探秘，但见一盏盏素雅赤底的灯笼下“天官第”三字格外醒目。位于安昌古镇的天官第，建于清朝康熙年间，宅子的主人姓沈，其公子任吏部文选司掌印郎中。随着年月的变迁，这座宅子后成了“浙江绍兴第三粮油食品厂”，而如今，这里已然是一座业态丰富的文创园。

走进天官第文创园，只见青石板铺就的地面彰显年代感，简约的木质结构和错落坊架相得益彰，素雅赤底的灯笼下“天官第”三个字格外醒目。整座建筑风格虽创新但不突兀，由传统木制建筑风格结合极简设计，使传统文化以一种新的姿态融入现代生活。

天官第文创园占地10.2亩，建筑面积达4800余平方米，主要由观光版块和文旅版块构成。其中，观光版块包括黄酒体验基地以及稻米主题观光工厂，两个能存90万斤稻谷的储粮筒成了游客必到的打卡点；文旅板块则巧妙地融合互动体验、城市书房、咖啡吧、私房菜等元素，悠然自得展现了江南风味的新文旅空间。

2023年以来，天官第文创园又创新打造了花主题茶空间，以宋韵茶事为核心内容，以花季为轴线，将茶室营造成一个与季节同步的独特空间。游客到此可体验焚香、挂画、插画、点茶，感受宋人雅趣；小朋友来到文创园更能沉浸式感受非遗文化，古法造纸、湖笔技艺、团扇、蓝染。曾经的城市地标，如今已被赋予了更多的文化意义。

文化生活圈的打造，不仅关注数量，同样也关注服务的体系化、多样化与高品质。为此在过程中，柯桥新增了2个城市书房和2个文化驿站。

“目前，我们有40%的城市书房融入了非遗、文创、艺术、微型餐吧等多种业态，打造便于市民阅读的新型公共文化空间。”柯桥区文广旅游局公共服务科相关负责人介绍。柯桥的城市书房，不只是一处提供公共阅读服务的空间，也正在成为本地抢眼的文化地标，兼具文化创意、公益平台、社区服务等多种功能，丰富着人们的文化体验。

位于柯桥区湖西路的有书会城市书房，每周六傍晚的“朗读者”活动已经成为其保留项目，吸引了越来越多朗读爱好者；位于柯桥区齐贤街道的下方桥水街城市书房，从1292个参赛的空间案例中脱颖而出，在危房原址上设计全新的建筑，融旧于新，实现不同年代的建筑在同一个项目交相迭现，成为长三角及全国部分城市“最美公共文化空间”；柯桥区福全街道的徐山粮仓、夏履镇的831城市书房、稽东镇的榧香书舍均入选2022年度浙江省“最美公共文化空间”。

“接下来，我们将进一步对原有的公共文化空间进行改造提升，激活文化服务的‘神经末梢’，让群众的文化生活方式向着精细化、品质化迈进。”柯桥区文广旅游局负责人对未来柯桥的“15分钟品质文化生活圈”建设充满了信心，“2023年3月起，我们针对不同群体推出礼遇卡、爱心卡、普惠卡3种文化保障卡，面值50元~200元不等，共计2500张，涵盖高层次人才、现役立功军人、家庭经济困难者等，市民可以持卡在对应的书店、影院、剧院等20多家文旅场所消费。”

三、着眼特色优势，打造公共文化服务品牌

2023年5月，一场“好戏进礼堂”的惠民演出正在钱清街道枢里村上演。“愿只愿，你春风早得意，我离乡背井无怨声；愿只愿，恩爱夫妻能白首，我受苦受难也甘心。”舞台上，越剧《何文秀》优美的唱腔、悠扬的乐曲、精致的服饰和细腻的表演，以及深情的情感抒发，引得观众纷纷拍手称赞。

“绍兴是越剧艺术的发源地，因此我们也将它作为柯桥的一张名片，以

绍兴小百花越剧团为代表，推出了‘跟着小百花·享游金柯桥’的活动。”区文旅局公共服务科负责人说道，“同时，作为‘文艺赋美’工程的一部分，小百花越剧团也会定期在柯桥各地上演越剧节目。”

柯桥区“文艺赋美”工程开启于2023年2月，目的在于充分发挥绍兴小百花越剧团、区文化馆（站）、文化志愿者等作用，在商业街坊、公园景区等适宜空间，开展常态化艺术展演活动，打造多点、高频、流动的文艺风景线。

春节期间，绍兴小百花越剧团在柯桥古镇、安昌古镇、柯岩鲁镇送上折子戏专场，4位中国戏剧梅花奖演员悉数上阵，精彩的演出受到现场观众的热烈欢迎。而如今，柯桥古镇中“文艺赋美”示范点四处可见。不经意间，便遇到越剧、曲艺等各类文艺志愿者的身影，听越剧爱好者一展歌喉，转个弯，又能偶遇悠扬典雅的萨克斯声、清脆悦耳的吉他声……

2023年2月，柯桥发布公共文化服务品牌——“与柯桥 共美好”。在“文艺赋美”之外，柯桥还计划打造“柯桥好戏”“书香阅读”“幸福驿站”“品质生活圈”“水乡才艺秀”“文化志愿汇”“柯享文化云”共8个子品牌，以此为引领，开展体系化、多样化、高品质的公共文化服务，加快打造“柯桥样板”的文化高地。

“其中的‘柯桥好戏’是品牌的主要抓手”，公共服务科的一位相关负责人说道，“我们正在推行演出票价平民化，还将针对老戏迷推出‘文化乐享卡’，在百花剧场和音乐剧场等举行的演出，市民可以免费预约领票。”据介绍，2023年，柯桥区计划开展惠民文化活动800余场，采取文化“点单”的模式，实现文化产品的精准配送。

与此同时，主打“一城三古镇”的柯桥，也正在慢慢模糊着本地居民与游客的边界，一些原先以游客为目标打造的旅游项目，逐渐转变为了公共文化空间。

在柯桥古镇，富有绍兴历史韵味的台门林立，“绍兴城里十万人，十庙百庵八桥亭，台门足足三千零”。柯桥古镇文化驿站就坐落在一处老台门院落中。“这个房子原来是古镇的配套用房，后来改造成为文化驿站。”驿站负责人介绍说，在主客共享的视角下，这里的人气不断提升，“周末基本找不到座位”。

驿站每周开馆时长达63小时，从早上8点到下午5点，全年无休，为周边居民提供了舒适的精神家园。在驿站的一角，有个“有声阅读区”，不同于传统阅读室，这里的书是用来“听”的，居民只需拿手机扫描桌面上的二维码，即可在线收听书籍内容。书籍的可选择性也很大，不少住在附近的人也经常会来这里看书学习。

“这里每周都有主题活动，戏剧、剪纸、空竹、朗诵、少儿智创，”驿站负责人说道，“我们在这里培养了一批文化志愿者，努力变‘送文化’为‘种文化’，让群众从文化的旁观者变成参与者。”

近两年来，柯桥不断用丰富的活动丰富着市民的精神生活，举办2022“新松计划”浙江省青年戏曲演员大赛、举行“一城三古镇”夜生活潮玩节、发放文旅景区消费券……一波又一波的活动，在吸引众多人气的同时，也不断完善了柯桥的公共服务品牌。

解码柯桥公共服务的做法，“以人为核心”是柯桥的根本遵循。“锚定五年、谋准三年、扎实干好每一年”，更是一步一个脚印。

翻看柯桥区公共服务“七优享”工程工作晾晒（第三季度）材料，我们发现，2023年以来，柯桥区已连续3个季度荣获全省“七优享”考评“五星”等次。围绕“普惠、均衡、可及、优质”，目前，柯桥区已形成“全国领先（试点）、全省领先（试点）、省级以上领导批示肯定、省级以上大会典型发言”4个维度的11项标志性成果，分别为“学有优教”领域1项，“劳有所得”领域2项，“病有良医”领域2项，“老有康养”领域1项，“住有宜居”领域2项，“弱有众扶”领域3项。

同时，我们也看到了工作建议：“三季度考评结果已出炉，我区位居全省第2，较二季度有较大提升。根据省考评规则，年度考核总得分中四个季度占比分别为10%、20%、20%和50%，四季度考评结果将直接影响年度结果，请各相关单位高度重视，尽早谋划，为年度考核争先做好准备。”

柯桥区公共服务“七优享”在以高质量公共服务满足人民新期待的使命中，没有最优，只有更优。

小舜江水库　蒋志远／摄

【导读】

解码柯桥的“绿”，会感慨、会唏嘘，更会由衷地点赞。

有精气神，才能干事创业，才有未来。扑面而来的画面有——40多万围涂大军凭着“尊重科学、艰苦奋斗、团结拼搏、不折不挠”的“围涂精神”，赢得了如今的蓝印时尚小镇；成千上万出身“草根”的民营企业，凭借“走遍千山万水、说尽千言万语、想尽千方百计、吃尽千辛万苦”的“四千精神”，创造了全球近1/4纺织产品在中国轻纺城交易的辉煌。

产业“绿”，则生态兴。扑面而来的画面有——历时8年，全区212家印染企业整合至108家，整体搬迁至蓝印时尚小镇；又历时4年，越城区32家印染企业组成五大印染组团，集聚搬迁至蓝印时尚小镇。腾笼换鸟、凤凰涅槃。如今的蓝印时尚小镇，又不仅是一个现代化纺织印染产业集聚地，更是一块产城融合、宜居宜业的创新热土。

生态兴，则文明兴。扑面而来的画面有——从绿色工厂到无废城市，从美丽乡村到5A级景区城，从城乡绿道到世界休闲城市，从新时代富春山居图城市样板到“国际纺都、杭绍星城”……

多年来，这份立足于空间的努力，坚持以“人”为本，以“三生”为注脚，从宏观到微观落地——“千万工程”持续深化，“八八战略”走深走实，城市能级和核心竞争力迭代升级。如今，一幅生产生态生活融合发展的中国式现代化柯桥场景跃然眼前。

柯桥，是一个文化自信、发展自信的城市样本！

第五章

绿色发展引领生态文明

党的二十大报告指出："必须牢固树立和践行绿水青山就是金山银山的理念，站在人与自然和谐共生的高度谋划发展。"深刻理解中国式现代化的本质要求，必须讲好推动绿色发展、建设生态文明的中国故事、浙江故事、柯桥故事。

2024年1月11日，《中共中央 国务院关于全面推进美丽中国建设的意见》发布，"以高品质生态环境支撑高质量发展，加快形成以实现人与自然和谐共生现代化的美丽中国建设新格局"，这一重要论述深刻揭示了高质量发展的内在要求，为加快美丽中国建设指明了前进方向、提供了根本遵循。

生态文明建设关乎人类未来，建设绿色家园是人类的共同梦想。加快推进人与自然和谐共生的现代化，最终促成生产、生活、生态"三生"融合，对中国乃至世界的当下和未来都具有重要的意义。

当下，这条"未来之路"，对于柯桥而言，正在从规划走向现实。

第一节　“无废城市”高起点建设，推动绿色高质量低碳发展

什么是“无废城市”？国务院办公厅2018年12月印发的《“无废城市”建设试点工作方案》（下称《方案》）明确：“无废城市”是以创新、协调、绿色、开放、共享的新发展理念为引领，通过推动形成绿色发展方式和生活方式，持续推进固体废物源头减量和资源化利用，最大限度减少填埋量，将固体废物环境影响降至最低的城市发展模式。

就“无废城市”建设而言，绍兴是个特例。2019年4月，绍兴市被国务院确定为全国11个“无废城市”建设试点之一，且是浙江省唯一一个试点。试点时限为两年，即2019年1月至2020年12月。绍兴制定的是推进全省全域“无废城市”建设工作方案。无疑是承担了为全国其他城市和浙江全省开展“无废城市”建设试点提供重要借鉴的使命。为什么会选择绍兴？

一方面，绍兴有基础。《方案》明确，“优先选取国家生态文明试验区省份具备条件的城市、循环经济示范城市、工业资源综合利用示范基地、已开展或正在开展各类固体废物回收利用无害化处置试点并取得积极成效的城市。”多年来，浙江努力践行“绿水青山就是金山银山”理念，全域推进污染防治，实施“五水共治”“蓝天保卫战”“清废净土”等一系列行动，生态环境质量持续提升，群众生态满意度不断提高，自然生态体系不断优化。2018年，绍兴工业固废的利用处置率达到99.94%，在全国都不多见，农业废弃物处置、建筑垃圾源头减量也在全省处于领先水平。

另一方面，试点需是具有代表性、带动作用比较强的城市。作为一个东部发达地区中等城市，绍兴地区的固体废物主要来自工业领域和生活领域，工业固废、生活垃圾、建筑垃圾、危险废物、农业废弃物五大类固废均有涵盖，产生量大且门类齐全，颇具样本价值。

同时，素有“酒缸、酱缸、染缸”之称的绍兴，长期倚重传统产业，也以传统产业闻名中外。2009年被确定为全省工业转型升级试点，2017年又被确定为全省传统产业改造提升试点城市，以试点为契机推动绿色发展，是

绍兴的主动作为。

可以说，“无废城市”理念与绍兴的发展诉求不谋而合，与绍兴整体发展思路和战略布局高度契合。

在绍兴试点的基础上，2020年，浙江省在全国率先推进省域层面“无废城市”建设。2022年生态环境部发布的《“十四五”时期“无废城市”建设名单》中，浙江11个设区市全部入围，成为全国唯一“无废城市”设区市全覆盖的省份。

在这一过程中，作为本身主打印染产业，又承担了越城区印染企业“跨域整合”的柯桥来说，更是重任在肩。2010年，柯桥区开始谋划印染产业集聚升级，搬迁至滨海工业园；2014年，滨海工业园被列入第四批国家级园区循环化改造示范试点；2016年，柯桥区印染产业转型升级被列为省级试点……

《柯桥区全域“无废城市”建设实施方案（2022—2025年）》就高标准打造“无废柯桥”，提出了四项基本原则。①聚焦短板，五废共治。②数字驱动，智慧管理。③严守底线，除险保安。④共建共享，全民参与。并提出了“实现固体废物全过程闭环管理，高标准打造‘无废柯桥’”的总体目标。

2023年12月，第四批全省生态环境系统共同富裕最佳实践名单公布，“柯桥区深化全链条治理 实现固废源头减量”入选，全市唯一。

一、全链无废印染，加快传统产业绿色转型

印染产业是柯桥区的支柱产业、富民产业、优势产业，更是全区打造现代化产业体系的基底。多年来，作为制造业强区，柯桥区一直不遗余力致力传统产业绿色转型，并且在印染污泥资源化利用和无害化处理等方面，积累了丰富经验。

1. 优化产业布局，提升源头减量水平

早在2014年，正在加速推进印染产业集聚提升工程的滨海工业园区抢抓机遇、积极申报，被列入第四批国家级园区循环化改造示范试点。

国家级循环化改造示范试点园区是以污染预防为出发点，以物质循环流动为特征，以社会、经济、环境可持续发展为最终目标的国家级示范区域。根据实施方案，园区循环化改造试点期限5年，以印染产业集聚提升工程为核心任务，以集聚搬迁印染企业循环化改造及园区污染防治基础设施建设项目作为重点支撑。

柯桥区域内，从2010年算起，历时8年，经过一期、二期和三期项目的整合集聚和改造提升，原来散布在各乡镇的212家印染企业，整合成了108家，统一集聚在滨海工业区（蓝印时尚小镇），并于2018年底全部顺利投产，形成了全国生产规模最大、产业链最完整、市场销量最大、设备最先进的纺织印染产业集群。柯桥区印染企业国际先进设备比重达到60%以上，自动化配料系统、智能化管理系统、机器人、无水印染等一大批高端装备、工艺、技术得到逐步应用，染色设备平均浴比由1∶10提高到1∶5。印染行业亩均税收由集聚前的7.5万元/亩提高到20.04万元/亩，单位能耗增加值则由411.52元/吨标煤提高到813.59元/吨标煤。

彼时，在蓝印时尚小镇版图上，“4块留白区域就是今后5大印染组团要落户的位置。”2019年9月的一天，越城区经信局有关人士面对墙上的“柯桥区滨海工业区印染承接地块区位示意图”，喜忧参半，从他的语气中，明显感觉到责任和压力。

2018年11月出台的《绍兴市区印染化工电镀产业改造提升实施方案》明确，到2020年农历年底，基本完成袍江区域印染企业集聚退出工作，印染企业往滨海工业区集聚。截至2019年8月，越城区印染企业组成的五大印染组团，均与柯桥区签订了落户协议。

2020年，以蓝印时尚小镇印染集聚企业为实施核心的滨海工业园区国家级循环化改造试点建设，全面完成并顺利通过国家验收。至此，滨海工业园区循环化改造示范试点实施方案中的6大类31项指标基本完成，68个循环化改造重点项目全部完工，累计完成投资43.24亿元；园区循环经济产业链关联度达到85.72%，工业增加值增长121%，资源产出率提高113%，四大污染物排放总量下降62%，成功探索出一条集群发展、协同共生、绿色循环、共建共享的高质量循环化发展道路。

2022年7月31日下午，鸿大印染组团投产暨袍江印染企业原厂区关停退出仪式在浙江鸿仁纺织印染有限公司举行。作为最后投产的印染组团，鸿大的投产标志着柯桥区承接越城区印染企业整合集聚工作取得收官之战的胜利，同时也是推进全市印染化工产业改造提升工作的一个里程碑。

截至2024年1月，全区有印染企业110家，其中，国家高新技术企业数量达到97家，比例达88.2%。

【案例】2018年，对于柯桥区印染工业协会来说，具有里程碑意义

2018年，对于区印染工业协会来说，具有里程碑意义。7月26日，柯桥区印染行业协会六届二次理事会召开，立下了“力争通过3年努力，将柯桥印染打造成真正的全球印染高地”的目标。

2018年，站在新的起点，柯桥一方面要做好“跨域整合”迎接越城区印染企业的准备，有效承接越城区的印染企业；另一方面既要做好柯桥区域内的印染企业集聚收官，也要推进全域印染行业改造提升。是形势向好的一年，也是攻坚克难的一年。

“2002年，因为印染染料没达到美国环保标准，一笔100万美元的货款收不回来，打了水漂。”提起这档事，作为当时已连续10年在印染行业内外贸销售额全国第一的永通集团当家人李传海来说，“这个教训给我们敲了警钟，倒逼我们印染企业更新设备、注重环保、遵循国际标准。”

身兼浙江省印染行业协会会长和柯桥区印染工业协会会长的李传海，一头是企业，一头是行业。他认为，协会要发挥好“大家庭”的作用，也要发挥企业间的牵头统领作用。

按照省生态环境厅要求，在借鉴2018年柯桥区打赢蓝天保卫战行动计划等文件资料基础上，区印染工业协会起草了《关于实施柯桥区印染行业废气治理规范的通知（试行）》。由区印染工业协会与区质监局联合起草《绿色印染要求通则》团体标准，该标准以产业提升、品牌提升、绿色发展、创新发展为导向，结合柯桥区产业实际对节能、安全、环保、管理、产品质量

等5方面提出综合要求，对纺织印染产业工作场所有害因素职业接触限值进行了规定，部分技术指标严于国家强制性标准GB 4287—2012《纺织染整工业水污染物排放标准》。

2018年3月1日，《绿色印染要求通则》团体标准正式推广实施。

2. 推广绿色制造，跃升产业发展能级

“十三五”以来，我国开始推动绿色制造体系的建立。2018年出台《绿色工厂评价通则》，并在全国范围内进行“绿色工厂”的创建工作。

绿色工厂是制造业的生产单元，是绿色制造的实施主体，属于绿色制造体系的核心支撑单元，侧重于生产过程的绿色化。通过加快推进“绿色工厂”的创建，可以协同实现“无废城市”建设目标。柯桥建立了包含上游的聚酯、化纤原料，中游的织造染整，下游的服装、家纺和轻纺市场等一条完整的产业链和市场产销体系。产业链环环相扣，如何通过上游纤维原料建立起绿色环保体系，从源头减少向下游的碳足迹输出，对推动纺织全产业生态链绿色发展至关重要。

发展循环再利用化学纤维是我国纺织行业实现可持续发展的重要途径，也是柯桥区部分纺企探索转型升级的重要方向。

【案例】“吃”下废旧塑料瓶，“吐”出再生环保丝

一条条自动化生产线正开足马力高速运转，一条条机械臂有条不紊地进行着装配作业……走进绍兴诚邦高新纤维科技有限公司，国际一流水平的柔性化纤维生产线、自动化打包流水线、智能立体仓储等设备，让企业实现智能化、数字化、柔性化、高科技化纤绿色生产。

细看，机器“吃”下经过粉碎清洗后的废旧矿泉水瓶、可乐瓶，再经过分解、聚合、造粒、熔融等工序，“吐”出来的是一根根比头发还细的纤维丝。然后，自动化打包运输流水线会将一批批装箱完毕的化纤产品搬运至指定位置，销往全国各地。

纤维是柯桥纺织创新发展的动力之源，浙江兴发化纤集团有限公司作

为一家集研发、生产、销售于一体的专业化纤供应商，是柯桥纺织行业迎合环保浪潮的弄潮儿之一。2018年，兴发集团整合两家工厂转型升级，新建绍兴诚邦高新纤维科技有限公司，并成长为柯桥纺织时尚产业的领航企业。

从原料采购、生产流程到先进智能设备，诚邦高新都按照高标准高要求安排。公司引进德国巴马格和日本TMT柔性化纺丝线、德国EFK假捻机等国际先进设备，建设自动打包流水线、智能立体仓储，集成ERP信息技术、MES制造执行系统和能源管理系统，实现了工艺在线设计、质量在线控制、能源在线监控、物流在线运输，全方位打造智能化数字化的现代化企业，被列为浙江省“五个一批”制造新模式示范项目、省中小型科技企业、绍兴市智能工厂。

公司从硬件到软件进行了全方位脱胎换骨的转型升级，并通过了GRS（全球回收标准）认证，投身于环保再生纤维的生产。其中，绿色再生系列产品已推出再生色纺丝、再生阳涤复合、再生高弹、再生包覆丝、再生阳离子、再生全消光、再生中空FDY等纤维品类，通过回收利用废旧塑料瓶，经由物理方法制成再生聚酯切片，再加工制成再生环保纤维，较好地替代了来源于石油的原生聚酯产品，从源头上减少了对能源的消耗。

目前，绿色再生系列产品已经成为兴发的一大特点，该类产品销量占全部产品的20%左右，2019年以来每年均实现同期大约20%的增长。

2023年4月，浙江省生态环境厅公布了浙江省全域“无废城市”建设最佳实践案例，“柯桥区城市生物质固废和建筑垃圾协同资源化项目”上榜，是绍兴唯一入选的案例。

柯桥区通过前置审批、中期提升和末端淘汰，推动企业在设备、工艺、产品、管理等全链环节应用先进绿色工艺，生产绿色产品。截至2023年11月，共淘汰落后设备2000多台，每米印染布附加值提高15%以上，培育4家国家级、3家省级绿色工厂认定企业，1个国家绿色制造系统集成项目，2个国家绿色供应链企业，10个国家级绿色设计产品。

值得一提的是，事实上，柯桥区同样在引导当地其他产业，如建筑、医药、化工等行业企业全方位向节能、低碳、绿色制造转型。其中，柯桥区是浙江省的传统建筑强区，也是浙江省推进建筑产业现代化的示范区，装配式建筑建造的比例位居全省前列。

近年来，柯桥区全力推进建筑节能领域向国际先进接轨，依托建筑强区深厚底子和新型建筑工业化先发优势，全面加快绿色建筑工作。通过产业引导、规划布点、政策倾斜、资金奖励、要素保障、市场推介等主要手段，支持建筑业在节能领域同国际接轨，不断做大做强。与阿里巴巴“互联网+采购”平台、筑脸网、安信保险代理机构开展深度合作，帮助区内企业与日本大和、德国西伟德、荷兰艾尔科瑞特及中国建科院、中铁集团、三一集团等国内外知名企业进行深度合作。如浙江元筑住宅产业化有限公司2018年成功收购了荷兰的艾尔科瑞特公司，跨入高端机械装备的制造领域，开始进入装配式建筑行业的产业链前端。与此同时，积极推动“基地化”应用推广，助力宝业、精工、元筑等龙头企业合理布局产业基地，做大装配式建筑市场业务。

2023年初，省建设厅、省财政厅联合公布了2022年度建筑领域碳达峰碳中和工作考核结果，柯桥区获评全省建筑节能与绿色建筑工作优秀县（市、区），为全市唯一。

【案例】累计获鲁班奖43项，这个建筑企业了不起！

“宝业又拿鲁班奖了！”2023年12月10日，中国建筑行业工程质量的最高荣誉奖，2022—2023年度中国建设工程鲁班奖在京揭晓。由柯桥企业宝业集团承建的绍兴市公安局业务技术用房、瑞丰银行大楼两项工程荣获鲁班奖。截至目前，宝业已累计获鲁班奖43项。

“我们建筑垃圾源头减量，宝业功不可没。”区建设局相关负责人介绍，宝业装配式建筑项目已具备完整的装配式建筑研发设计、生产制造、采购施工、运营管理的EPC工程总承包能力和工业4.0版智能制造基地的规划布局、生产设备的研发设计及生产制造能力，建有34个建筑工业化制造基地，在建和完工的装配式项目达5000万平方米，广泛应用于公建设施、地下管廊、绿色科技房产、美丽乡村和保障房建设等领域，并出口海外市场。

“早在2015年，宝业集团便参与设立中美建筑节能基金，实施装配式建筑施工项目。”宝业集团建筑能耗碳排研究院工作人员介绍，“该项目不仅减少了建筑施工过程中的扬尘，而且可以更加便捷地使用节能材料，可减少建造用水量36%以上，节省木材近70%，减少材料浪费20%以上，减少建造垃圾约71%，减少建造综合能耗30%以上，取得低碳环保优势。”

宝业集团是柯桥建筑业高质量发展的一个缩影，也是柯桥建筑业谋变突围寻发展的生动实践。目前，作为柯桥区加快提升现代建筑业绿色低碳智能化融合发展水平的重点项目之一，由宝业集团主导打造的中国建筑节能研究检测中心正在全速推进中。项目建成后，将填补我国在建筑节能数据采集、基线确定、监测评价等方面的空白，推动我国从20世纪80年代沿用至今的建筑节能标准K值向国际标准Q值转变。

走进宝业集团建筑能耗碳排研究院的“足尺寸、全天候”实验室，可以看到一栋两层高的“楼中楼”，这栋被检测建筑以宝业自身开发的“百年宅”科技房产项目产品为蓝本按1∶1的比例建设。该幢实验楼用于测量节能数据，可模拟出我国不同地区的各种气候条件，由此得出室内外平均温度、热损失功率、室内外温差等数据，以此方式先后对其进行毛坯主体、外墙粉刷（含屋顶保温）、内保温、地暖安装、精装修等各个阶段全过程的能耗Q值检测。“此次研究应用的‘百年宅’低碳技术在使用功能上比传统建筑节能53.9%，并且把我国从20世纪80年代沿用至今的K值计量，提升到整体能耗的Q值计量。”宝业集团建筑能耗碳排研究院院长裘水富介绍，如果该技术应用能在全国范围内大面积推广，将大大降低房地产建筑业能耗占全社会能耗的比例，也将大大降低我国能源对外的依存度。

2023年12月22日，中国节能协会颁布2023年节能协会创新奖获奖结果，由宝业集团研发应用的“百年宅低碳技术与住宅能耗Q值技术研究及应用”荣获“节能减排科技进步奖”一等奖，这也是唯一一家获得一等奖的浙江企业。

3. 完善处置链条，动态清零印染污泥

2018年7月22日起，柯桥区启动污泥“消库清量”行动，即根据废水许可排放量，对全区所有印染企业先实行废水许可排放量临时减产限排15%、30%。因印染污泥，引起印染企业减产限排，在柯桥尚属首次，目的就是倒逼企业转型升级。

“虽然这是我区首次启动污泥‘消库清量’行动，临时减产限排，但解决印染污泥问题已迫在眉睫了。”李传海说。

2018年上半年，全区印染企业数虽然减少了一半，但其中的85家企业每日产污泥量就达1400吨。这是个什么概念？一般而言，印染废水产泥系数在0.4%左右，但市环保局柯桥分局摸排中发现，全区印染企业废水产泥系数超过0.4%以上的企业达50%，其中产泥系数超过1%的有4家。

在印染污泥动态清零及处置监管推进过程中，柯桥区紧抓“无废城市”建设契机，搭建“无废城市”信息化平台，实现污泥产废企业基础信息全量管理，包含企业视频监控、运输车辆GPS轨迹、车载视频等数据获取及展示，支持贮存量满库、合同超期预警等。应用“互联网+执法+信用”的监管成果，通过监控调度、风险预警、管理服务等功能，实现对印染污泥数字监控、靶向督查。

由此，柯桥区建立起产废企业固体废物统一收集链条，指定收运单位，专业指导危废仓储，信息维护清单化，以“线下属地自查和交叉抽查”结合“线上超库存预警”模式严管固废收运全链条，打造“新产污泥限期清运、库存污泥陆续清零”的动态清理新模式。2023年，共转运处置印染污泥80多万吨，其中当年污泥综合利用率100%。

污泥综合利用率100%，得益于柯桥区另辟蹊径，锚定污泥无害化处理和资源化利用，加大污泥发电开发力度，成效明显。

【案例】80万吨污泥“变”成了2.6亿度电

2023年的夏天，又进入了用电高峰期，各地都在千方百计增加电源保障电力供应，集聚了印染企业的滨海工业园区却“家中有粮，心中不慌”。

这个“粮”，就是污泥发电。

众所周知，城市污泥是城市环境管理的重要问题之一，而柯桥尤甚，不但城市污水处理厂有大量水处理后的污泥产生，还有大量的印染污泥难以处置，给环境治理和生态保护带来巨大压力。

对此，柯桥水务集团、绍兴公用事业集团与浙江能源主力军浙能集团旗下的浙能兴源节能科技公司合作，建设浙能绍兴滨海污泥清洁化处置示范项目，以破解污泥处置消纳难题，推动污泥资源化开发。

“为了把湿哒哒的污泥变成燃料，我们在设备要求和选用上费了一番心思，”兴源节能相关负责人介绍说，“项目一共投资了7.92亿元，除了一台日污泥处置量为国内同类型最大的高温高压循环流化床锅炉，我们还配套了一台抽凝式汽轮发电机组，一个800吨/日的污泥蒸汽干化系统和一个1700吨/日的污泥压榨系统。”

针对污泥燃烧产生二次污染，项目采用了浙能集团开发的火电超低排放技术，把原先适应大型燃煤火电厂的烧煤和烧天然气一样清洁的超低排放装置小型化，在国内率先应用在同类污泥环保处理装置上。

项目的成绩令人欣喜，投入运行两年来，至2023年7月，已累计减排二氧化碳约30.6万吨，减排二氧化硫约700吨，减排氮氧化物约860吨；累计处置污泥80余万吨，发电约2.6亿千瓦时，供蒸汽52.6万吨。同时，根据专业测量，项目烟气污染物排放远低于同类型锅炉国家标准，其中颗粒物和氮氧化物限值仅为国标的1/6，二氧化硫限值仅为国标的1/3，保证资源化的污泥发出清洁电。

二、全链资源协同，推进减污降碳废物转化

全链资源协同，推进减污降碳废物转化，主要体现在引进节能减排工艺、创新资源协同转化、推动基层能量循环3个方面。

1. 引进节能减排工艺

推广应用能源梯级利用、无水印染、新型物理整理、低盐或无盐活性染

料连续轧染等技术，减少水气治理过程产生固废；建设侧熔盐储能项目，使用零碳环保蒸汽代替天然气，每年可发电3200万千瓦时、提供蒸汽量42万吨，节约标准煤7.75万吨、减排二氧化碳约14.5万吨；建立节能低碳最佳实践案例库，至2023年11月，已向省级报送500万元以上节能减碳技改项目60个，列入省生产制造方式转型示范项目计划项目库名单（绿色化方向）17个。

2. 创新资源协同转化

成功运行国内唯一城市建筑垃圾和生物质固废协同资源化项目，将建筑垃圾、园林农业废弃物等通过中、高温热解，高效转化为生产生活所需的燃气、工业蒸汽和生物质碳等再生能源。该项目建成以来，至2023年11月，共协同处置废弃物70余万吨，资源化率达90%以上，固定和减排二氧化碳27.15万吨、二氧化硫1802吨、氮氧化物555吨，成功入选浙江省2022年度全域“无废城市”建设最佳实践案例。

【案例】润昇说，固废是放错了地方的资源和宝贝

“城市建筑垃圾也好，生物质固废也罢，这些都是放错了地方的资源和宝贝。”在浙江润昇新能源有限公司的展厅，“润昇新能源”城市建筑垃圾和生物质固废协同资源化项目负责人指着柜架上玻璃瓶内装着的再生骨料和生物质炭说道。

走进公司处理生物质固废的生产车间，只见在总控制室的精密调控下，整条生产线上的机器设备正在高效运行。该负责人介绍，被传送上履带的秸秆、稻壳、树枝、木屑、园林废弃物、建筑废木板、废木料等生物质固废，经过粉碎、烘干、热解、汽化等环节后，转化为城市生产生活所需的高热值的生物质燃气或饱和蒸汽及品质优良的生物质炭。

通过生物质高温快速热解技术，实现资源化、能源化利用。以从建筑垃圾中分选出的1吨废弃生物质为例，可被转化为0.3吨~0.4吨生物质炭，以及1.5吨~2.5吨工业蒸气，项目整体资源化利用率达90%以上。并且，在整

个生产过程中，没有液体污染物产生和排放，气体排放均符合国家气体污染物排放标准。

“这样的资源化处置水平、能力和规模在国内处于领先地位。可以说，在绿色节能降低碳排放方面，以‘润昇新能源’为代表的许多企业已成为行业新的风向标。”市生态环境局柯桥分局有关负责人说。

在这里，“变废为宝”的故事每天都在发生着。按计划，整个项目若全部达产，可实现节约标煤3万吨，减排二氧化碳21.6万吨、二氧化硫1020吨和氮氧化物315吨。

作为国内唯一城市建筑垃圾和生物质固废协同资源化项目，与国内现有的单一建筑垃圾资源化项目相比，将建筑垃圾和生物质固废协同处置，有效解决了建筑垃圾处理高耗能、综合利用率低的难点和痛点，开拓了一条城市固废协同减量化、无害化、资源化的新路。

3. 推动基层能量循环

将农村可腐烂垃圾和秸秆收集后，经反应池、堆肥发酵池集中堆肥后，产生的有机肥料返还村民还地育肥，实现垃圾低碳处理、能量循环利用。以试点村王坛镇蒋相村为例，自“肥料银行”运行以来，累计处理农业秸秆和生活厨余垃圾135吨，生产有机肥料40.5吨，初步形成一条“有机肥—有机茶园—有机生态休闲旅游”为一体的绿色产业链。

【案例】“肥料银行”赋能“无废村庄”

一大早，王坛镇蒋相村的蒋文芹就忙开了，挨家挨户到村民家“串门”。作为村里的一名保洁员，她的串门很受欢迎，村民们把打包好的可分解生活垃圾交给她，按交出去的重量，过段时间，可以拿到对应重量的有机肥。

这个流程好比“肥料银行”。村民作为堆肥场的“储户”，可以凭借平时“储存”的生活垃圾，到“堆肥试点房”兑换高价值有机肥料。

“垃圾分类和清理蒋相村每年都需要花费大量人力物力，我自己就有十几年家庭版堆肥的经验，所以想尝试‘变废为宝’，但大批量的垃圾堆肥没有经验，不敢轻易推广。”2022年1月，蒋相村被评为全省首批低（零）碳试点村，村党总支书记蒋婉芬肩上的担子更重了。她自掏腰包建了块试验场地，买来设备对生活垃圾、农业垃圾堆肥的比例、时间、方法进行试验，形成了一套可操作的试验数据。随后，经村两委商议，“肥料银行”正式运营了。

如今，每天都有保洁员挨家挨户上门收集厨余垃圾、菜叶果皮笋壳等易腐垃圾，运到阳光垃圾堆肥房进行处理，经过3个月左右的发酵，这些垃圾就会变成黑色有机肥，供应蔬菜、水果基地施肥使用。

自从“肥料银行”建设以来，村里的生活垃圾少了，种出的有机农产品多了。在村里的“环肥研卉巾帼志愿服务队伍”带动下，村民们还纷纷用富余的有机肥料种植庭院花卉，家家户户的庭院也更美了，来乡村旅游的人也更多了。蒋相村也成功创建为“无废村庄”，被评为全省首批低（零）碳试点村。

三、全链数智赋能，保障固废治理全程闭环

近年来，柯桥区一手抓好工业固体废物源头减量，一手挖掘固废剩余价值，实现资源利用最大化。同时，对标对表“无废城市”建设指标体系，整体推进固废治理体系和治理能力现代化，打出一套行之有效的组合拳，全链数智赋能，保障了固废治理全程闭环。

1. 通过平台互联整合，提高数据联动性

统筹整合省、市、区固废领域信息系统数据，在柯桥“数智蓝网”生态环境监管集成平台打造“数智无废”子场景，将固废源头、运输和处置三端数据连接，形成全周期流程管理，各环节数据实时更新、可管控，填补固废无法溯源的空白，目前，共完成约1500家企业的近20万条数据整合。

【案例】工地扬尘智慧监管，你打卡了吗？

随着春节假期结束，柯桥区建设工程逐渐进入复工复产阶段，建设工地扬尘管控“8个100%”落实到位了吗？

2023年2月，区蓝天办联合区建设局开展扬尘管控联合专项检查。10日，在对区政府、妇保院两个国控站点“核心区”的检查中，检查组发现一处工地存在主要道路积土泥泞、场内裸土未覆盖完全等问题比较突出，根据《柯桥区建筑市场主体和人员从业行为监督管理办法》，开出了新年第一张罚单，分别对施工单位、项目经理、监理单位和总监进行扣分处理，并要求施工单位对相关问题彻底整改后复工。

专项检查只是柯桥区扬尘管控双闭环管理的一个环节。建筑工地扬尘污染是个监管难点，事实证明，仅仅靠落实企业治尘主体责任是不够的。就工地扬尘管控，《柯桥区环境空气质量提质进位三年行动方案（2023—2025年）》明确：“建立完善国控站点周边重点管控工地清单。建筑工程、拆迁工程、道路工程等施工工地落实‘8个100%’扬尘防控长效机制，定期清洗工地围挡并保持工地周围环境整洁。”并在要求加大重点工地日常巡查频次（每天2次）的同时，明确须“在建工地扬尘监测和视频监控‘应装尽装’并与主管部门联网。”

作为“绍兴蓝天”扬尘管控数字化试点，2022年开始，柯桥区在全市率先试点工地扬尘数字监管模式，将全区137个建筑面积5000平方米以上或工程造价1000万元以上的项目纳入了第一批工地扬尘数字化监管名单，分别由23个道路扬尘微站进行监督。

按照规定，施工单位须每日两次在“浙里办”的“数智治气”模块上传扬尘管控“8个100%”图片，“打卡”次数不足的建设项目平台将自动告警，并列入重点巡查名单。此外，柯桥分局还会定期督促工地负责人，落实主体责任。严格按照施工现场100%封闭围挡、工地主要道路100%硬化、工地裸露砂土100%覆盖等“8个100%”进行扬尘管控。

“我们采用了‘线上告警，线下巡查’的双闭环模式，工地扬尘在线监测系统发现PM2.5超过设定阈值时将自动告警，由项目负责人处理、提请主管部门审核认定后办结销警。”区蓝天办相关负责人介绍，“针对‘告警率高、打卡率低’的工地，我们还将进行重点巡查。”

工地内部湿法作业、裸土采用防尘网覆盖、运输车辆冲洗和密闭……每天上下午，柯桥分局工作人员打开“浙里办”APP，都能在平台上看见在建工地上传的相关照片。2023年上半年，平台累计打卡9423次，产生告警41条，6个工地被通报并给予行业行为扣分。

扬尘综合治理的效果立竿见影。2023年上半年，柯桥区空气质量同比上年大幅改善，空气质量优良率和PM2.5浓度改善率排名在全省90个县市区中名列前十。其中空气质量优良率为86.2%，同比改善5个百分点，改善率排名全省第十；PM2.5浓度为34ug/m3，同比改善8.1%，改善率排名全省第七，PM2.5浓度绝对值排名全省进位13位。

2. 通过职能风险预警，提高环境安全度

设置污泥贮存仓库超量预警、合同超期预警和联单运作等环节设置阈值，通过视频监控、物联网定位、二维码识别等技术，对重点环节实时监测，异常触发预警后由平台派单交办、企业核实回复、属地和部门处理并反馈平台，形成全链闭环。上线以来，截至2023年11月，已累计闭环处置预警信息588条，2023年，全区涉固废信访投诉案件同比下降62.5%。

3. 通过赋码标签管理，提高办案精准率

以工艺、排放量、正面清单等标签对企业实行“e企码”管理，增设柯桥特色赋码规则8条，完成对柯桥区110家印染企业赋码领码工作，红黄绿码分级管理。2023年1—11月，通过“线上问线索+线下强执法”双线运作，共办理5件污染源自动监控超标案件、8件涉危险废物管理案件，合计处罚金额250万元。

2023年8月，省美丽浙江建设领导小组办公室正式公布通过2022年度全域“无废城市”建设评估设区市和县（市、区）名单，柯桥区位列其中，被授予全域“无废城市”建设“清源杯”，成为全省获评的36个县（市、区）之一，提前实现了《柯桥区全域“无废城市”建设实施方案（2022—2025年）》提出的“到2025年，全面完成‘十四五’时期‘无废城市’建设任务并通过省级全域‘无废城市’建设评估”的目标。

第二节　“千万工程”持续深化，“共富星村”群星闪耀

“千万工程”是浙江推动城乡区域协调发展的龙头工程。从根本上来看，“千万工程”是一次发展理念、发展模式的变革重塑。

2003年7月，中共浙江省委举行第十一届四次全体（扩大）会议，提出面向未来发展的八项举措——八八战略。作为浙江生态省建设的有效载体，“千万工程”从整治环境入手，与“八八战略”中的“进一步发挥浙江的生态优势，创建生态省，打造‘绿色浙江’”一脉相承。在推进“千万工程”过程中，浙江并未就环境抓环境，而是综合运用统筹发展的方式，不仅为农村带来生态革命，更带来发展方式与生活方式的革命。柯桥区因地制宜，走出一条具有辨识度的共同富裕“柯桥路径”。

一、“五星3A”创建，赋能乡村振兴

2023年5月，中共浙江省委办公厅、浙江省人民政府办公厅联合印发《关于2022年度实施乡村振兴战略实绩考核结果的通报》，柯桥区获全省实施乡村振兴战略实绩考核优秀等次（位列绍兴市第一），被授予“神农鼎·铜鼎”，这是省域内首次开展评选，也是目前全省乡村振兴领域的最高荣誉。

“以‘五星3A’为抓手，全面推进美丽乡村建设，努力走出一条具有柯桥特色、高质量发展的乡村振兴之路。”这是柯桥区委在2018年10月10日召开的乡村振兴·“五星3A”推进暨省美丽乡村建设示范县创建工作部署会上，定下的工作目标，“希望把柯桥的乡村，都建成‘看得见青山，望得见绿水，留得住乡愁’的美丽新农村样板。”

2017年，党的十九大报告首次提出实施乡村振兴战略，明确实施乡村振兴战略，“要坚持农业农村优先发展，按照产业兴旺、生态宜居、乡风文明、治理有效、生活富裕的总要求，建立健全城乡融合发展体制机制和政策体系，加快推进农业农村现代化”。

2017年，柯桥乡村全面开展“五星达标、3A争创”行动。“五星达标”

指发挥党组织核心引领作用，党建、富裕、美丽、和谐、文明“五星”联创，“3A争创”指建设达到国家3A级旅游景区标准的美丽乡村。

2018年，柯桥“五星3A”推进，提出“三年强村计划”，进一步细化“五星达标、3A争创”各项举措，旨在通过基层实践探索，为乡村振兴提供一份“柯桥方案”。

二、“千万工程”迭代升级，“共富星村”是载体

时间进入2021年，柯桥区入选新一轮全国农村改革试验区试验项目，参与探索党组织领导下的社会组织参与乡村治理机制改革新路，而且是绍兴市唯一入选的改革试验项目。此时，柯桥区共有336个村（居、社区），其中行政村214个。3年来，围绕柯桥区农村基层党建“五星达标、3A争创”工作规划，已成功创建五星达标村214个、3A级景区化建设示范村25个，成功创建景区镇8个、省级美丽乡村示范镇9个、市级美丽乡村示范镇15个。

也就是在2021年，5月20日，党中央、国务院正式印发《关于支持浙江高质量发展建设共同富裕示范区的意见》，如何在这项工作中领跑，成了柯桥区委区政府的“大考”。

2022年6月，柯桥区的“共同富裕基本单元——共富星村”项目入选全省高质量发展建设共同富裕示范区第二批试点改革探索类名录，成为该批次绍兴市唯一入选区（县、市）。

对于“共富星村”，《绍兴柯桥区构建乡村建设标准体系全力打造共富星村试点实施方案（2022—2024年）》中是这样表述的：共富星村是“千万工程”的迭代升级，是可感可及的共同富裕乡村形态的全新探索，也是推动农民农村共同富裕从宏观到微观落地的重要载体。

从“可感可及”和“从宏观到微观落地”的表述，不难看出，这是一个着眼于提升百姓幸福感、获得感的“小切口、大工程”。

这里的“星”，主要涵盖了3层含义。一是建设具有柯桥辨识度的美丽乡村，打造形成柯桥美丽乡村星空中最耀眼的一批明星；二是迭代升级“五星达标、3A争创”的“五星”，由原来的“五星”扩展为富裕星、创业星、文明

星、健康星、智慧星、和睦星、畅行星、美丽星、平安星、党建星，形成“十星闪耀”星标评价体系；三是紧扣柯桥“国际纺都、杭绍星城”战略定位，在广大乡村打造美丽而又富裕的“星村”，实现城市、小城镇、乡村的协调发展。

一方面，明确“找跑道、定目标、建体系、抓改革”的总体要求；另一方面，确定“一年顶层设计、两年示范引领、三年制度成熟”的三步走计划。

2022年，突出顶层设计，集中力量率先建设8个“共富星村”，迭代完善形成“共富星村”建设十大标准体系，即“富裕乡村、众创乡村、学悦乡村、健康乡村、优享乡村、和睦乡村、畅通乡村、诗画乡村、平安乡村、党建乡村”十个方面定性定量相结合的建设标准。在“十大标准”基础上，以“专精尖”特色为标准先导，建立村（居）特色培育分值模块，将特色“共富”模式总结提炼作为建分立值、评分定星、考评考核的重要量化依据。

在满星达标要求基础上，持续壮大星村梯队规模，更加注重“拉长补短”这一目标引领，形成“共富星村”个性特色和独特魅力。设定“资源禀赋挖掘”“生态效益开发”“两进两回引导”“公共服务提升”“后发快进赶超”五条特色创建跑道，丰富更多领域差异化的“星村”风采。

如何实施？“由各镇（街）根据村（居）创建基础和创建意愿，择优上报年度创建计划，原则上每个镇（街）当年创建村（居）数量控制在1~3个；我们在镇（街）上报基础上，审核形成年度创建计划。”柯桥区共富指导中心党组书记、主任韩峰介绍说，“创建验收具体由区共富办牵头，由区共富指导中心、农业农村局组织相关部门和相关领域专家开展综合验收结果认定。每个创建村（居）每年只有一次综合验收机会。”

“我们计划到2024年累计建设‘共富星村’达标村60个左右，实现全区村（居）创建达标覆盖面达到30%以上，形成一批全省全市可示范、可复制、可推介的强村富民小切口柯桥经验。”韩峰补充说，从最有实效、最易复制、最有辨识度等角度出发，细化充实特色星村“标准化图景”，构建形成有层次、有类别、有厚度、有借鉴价值的“柯桥经验矩阵”，从而闭环“经验做法—实践总结—试点操作—模式巩固”的创新链条，真正实现“一地创新、全域推广”。

按照推进计划，2022年集中力量率先建设8个“共富星村”，至年底，柯岩街道叶家堰居，齐贤街道齐贤村，湖塘街道香林村，兰亭街道谢家坞村，漓渚镇棠棣村、九板桥村，平水镇王化村、剑灶村，这8个首批村全部五星满星验收通过。

“要说有什么秘笈，还是党建。”柯桥区委组织部相关负责人说道。

【案例】“金牌书记”沈建利的“共富秘笈”

沈建利是柯桥区首批五位“金牌书记”之一，而齐贤村又是首批8个“共富星村”之一。作为齐贤街道齐贤村党总支书记、村委主任，沈建利的“共富秘笈”是9个字——强党建、强治理、强经济。

省善治示范村、省民主法治村、全国乡村治理示范村……齐贤村下辖7个自然村，有村民3802人，是典型的城乡结合部村庄。这些荣誉的取得，和齐贤村不断创新治理模式不无关系。

齐贤村党群服务中心楼有3层高，但是所有村干部都在一楼集中办公。“在基层就是要直面老百姓，我们集中在一楼办公，群众来了就不用跑上跑下找人，小事当场办，大事也拖不了。”沈建利的办公桌就在靠窗的一角，他说，连着便民中心办公，便于收集民情民意，村民有什么想法也可以直接跟他说。

齐贤村有远近皆知的3个“一”。

一本册子：《村民意见征求表》。齐贤村坚持每年年初向每户村民发放《意见建议征集表》，并将征集上来的意见建议整理后装订成册，作为村里一年的建设和努力方向。解决一个问题，就是办成一件实事，村干部很有成就感，老百姓对村里的信任度也越来越高。

一个日子：每周四上午的“村民说事日”。根据事件性质和矛盾程度不同，村里有针对性地邀请党代表、人大代表、政协委员和乡贤等，现场接受村民的咨询、投诉，解决矛盾纠纷。自从这个平台建起来后，不少问题得到了及时有效解决，齐贤村基本上做到了小事不出村。

一张报纸——《新村齐贤》。齐贤村从2015年开始，坚持每季度出版一期《新村齐贤》，并发放到每家每户手中，让老百姓及时了解村庄近期的大事小事，同时老百姓也通过报纸对村干部的工作进行了监督。这张村报，增进了村干部和老百姓之间的了解和信任。

齐贤村还有个远近皆知的“周末剧场”。每个周六晚上7点，村里的文化礼堂里总会被各地赶来的百姓挤得满满当当的，要是来晚一会儿，可能连站的地方都没有了。

齐贤村文化礼堂率先成立全市首个文化礼堂公益基金，被评为浙江省“五星级”文化礼堂。村里还把旧猪舍、仓库改造成“城市书房”，又响应村民需求，建设家宴中心、体育公园、红领巾广场等，为村民营造一个学习与休闲融为一体的良好环境。

近年来，齐贤村打造龙山星火党建共同体，以红色独支精神为指引，因地制宜推进城乡融合发展，推动乡村振兴。2022年村级年集体经营性收入达到1050余万元，远远超出富裕乡村500万元的评分标准。

沈建利致力“强党建、强治理、强经济”，使得齐贤村呈现出“干群齐心、环境优美、富裕和谐”的新面貌。

2022年10月8日，2022年国家乡村振兴示范县创建名单公示，柯桥区名列其中，成为全市唯一入选的区县（市）。

2022年，柯桥区328个村集体经济组织平均经营性收入达到356万元，其中214个行政村平均经营性收入339.6万元，增长21.8%，全面消除100万元以下的相对经济薄弱村。农村居民人均可支配收入增长7.4%，首破“五万元”大关，超过余杭区跃居全省第一，城乡居民收入比缩小至1.599。

三、以“共富星村”试点建设为载体，全域打造“千万工程”示范带

2023年，柯桥区迭代升级“共富星村”建设十大标准3.0版本，第二批35个创建村全面推进。同时，以“共富星村”试点建设为载体，全域打造“千万工程”示范带。

2023浙江省委一号文件提出，以“千万工程”统领宜居宜业和美乡村建设，把提高县城承载能力与深化“千万工程”结合起来，在城乡融合中提

升乡村建设水平。全面绘就“千村引领、万村振兴、全域共富、城乡和美”新画卷，是浙江深化新时代“千万工程”的目标和抓手。2023年9月，柯桥首批8条稽山鉴水“千万工程”示范带——鉴湖渔歌带、兰渚雅韵带、蓝印小镇带、临杭印象带、水乡记忆带、古越宋韵带、稽山舜源带和湖光山色带正式亮相。

“稽山”指的是会稽山，“鉴水”指的是鉴湖水，“稽山鉴水”意指全域创建。首批8条示范带是全区16个镇街、29个重点村社与8家来自多个行业的重点骨干企业，共同创建的。在政府的主导下，示范带不仅串连起美丽乡村，也串连起了乡镇街道和社区，还串连起了项目和企业。

“千万工程”美丽乡村示范带创建、“共富星村”试点建设是一项系统性长期性工程。示范带创建过程伴随着共富星村的推进，在既有美丽乡村与“五星3A”全域提升的基础上创建。截至2022年底，全区基本建成鉴湖渔歌、水乡记忆、会稽诗路、山阴兰桂、钱杨印象5条党建示范带建设，累计创成省级美丽乡村示范镇12个、省级未来乡村5个、省级美丽乡村色精品村36个、五星3A先行村9个、3A示范村36个、五星达标村241个。具体推进中，实行区领导挂联、部门联系和驻村驻企指导员联动等机制，按照“地域相近、特色鲜明、治理有效”选点要求和坚持“微改造、精提升”创建原则，结合全市“千万工程”“枫桥经验”融合参观路线，通过串点连线，将择优选取的29个党建引领作用明显、乡村治理效果显著、资源禀赋独特、整治建设成效明显的美丽乡村（“共富星村”、未来乡村、未来社区）和重点骨干企业，打造成首批8条兼具文化旅游特质、城乡风貌展示、充满共富成色、具有柯桥辨识度、全省引领性“千万工程”的县域样板——稽山鉴水“千万工程”示范带。

2023年10月，“兰渚雅韵带”被纳入全国学习运用“千万工程”经验现场推进会[①]线路。10月11日，中共中央政治局委员、国务院副总理刘国中到位于“兰渚雅韵带”上的谢家坞村专题调研，并对驻村指导员制度助推乡村发展工作表示肯定。

① 2023年10月13日，全国学习运用“千万工程”经验现场推进会在杭州召开。

【案例】谁是“兰渚雅韵带”上最亮的那颗星？

“吸引游客约5万人次，同比增长约7倍”是2023年中秋国庆假期兰亭街道谢家坞村的小确幸，村党总支书记陈志芳说，示范带拓展了该村的接待能力。

谢家坞村位于兰亭街道西南部，由娄家坞和谢坞两个自然村合并而成，兰亭湖景观大道把两个自然村紧密相连。湖边，风车、游步道环绕，不时有白鹭蹁跹而来，沿湖走上一圈，令人心旷神怡。

全面绘就“千村引领、万村振兴、全域共富、城乡和美”新画卷，千万工程向“千村未来、万村共富”迭代升级。“兰渚雅韵带”途经兰亭、漓渚、福全西南三镇，全长约24公里，串联谢家坞村、浙江西大门新材料股份有限公司、九板桥村、棠棣村、锦坞村等参观点。对标“千村引领”，“点位”是稽山鉴水“千万工程”示范带的基石，这些参观点中，谢家坞村、九板桥村、棠棣村都位列柯桥区首批8个“共富星村”，其中，谢家坞村是柯桥区唯一荣获2023年度省级未来乡村创建成效优秀等次的村。

2003年，“千万工程”在浙江启动，驻村指导员制度在原绍兴县兰亭镇发轫，谢家坞村是首个试点村。

20年来，谢家坞村持续发挥驻村指导员制度赋能“千万工程”的乘数效应，书写出业兴村强、民富人和、美丽宜居的“兰亭新序”，先后获得全国文明村、全省首批红色根脉强基示范村、省先进基层党组织等荣誉称号，成为深入践行“千万工程”的生动案例。

“兰渚雅韵带”按照“山水染雅韵，花香醉兰渚”的定位，重点展示中部丘陵地带的书法、花木、园艺特色，凸显“设施农业+农旅融合”产业特色。

谢家坞村毗邻著名书法圣地兰亭风景区，山水环绕、风光秀丽。通过环境提升，兰亭湖犹如一颗明珠镶嵌在村中央，环湖新建起了游步道、彩虹桥、风车、水车等景观设施。每逢周末和节假日，远近的客人纷至沓来，他们或在文化礼堂看书法家挥毫泼墨，或在水岸边打卡、露营、体验麦田热气球，还可以在雾耕科技大棚参观设施农业……

雾耕科技大棚是谢家坞村2022年引进的农业项目，大棚的外形设计为鸟巢的样式，成了村里的一景，也是研学游活动的场地。大棚采用“公司+股份经济合作社+农户”的机制，由每位村民入股1000元，村经济合作社为大股东，第三方公司运营，形成现代农业科技类“共富工坊”，实现村、农户、公司多赢。2023年进行首次分红，每位股民分红523元，村集体则增收120万元。2023年，谢家坞村集体经营性收入接近700万元，是2003年的20多倍，村民人均年收入也由当时的约7000元增长到6万多元。

谁是“兰渚雅韵带”上最亮的那颗星？无疑，谢家坞村算一个。

值得一提的是，伴随着“兰渚雅韵带”的创建，柯桥区“书香兰渚”县域风貌区成功入选2023年度第三批城乡风貌样板区名单。

县域风貌区是指美丽城镇、美丽乡村串珠成链的区域，代表县域的形象，也是柯桥数年美丽城镇建设的大集成。围绕“越地盛境·书香兰渚”形象定位，“书香兰渚”创建范围约21.2平方公里，以绍大线—兰渚大道为风景串联廊道连接兰亭和漓渚两个镇街，谢家坞村、棠棣村、九板桥村、棠一村、兰亭湖、稻香黄贤田园、花香漓渚田园综合体……这些美丽乡村和特色资源要素都涵盖在“书香兰渚”这张“答卷”上，呈现出山水林田串珠成链的整体景象，是绍兴城市南部山水文化休闲带的“重要窗口”。同时，通过全面提升整体景观风貌、综合服务水平、基础设施支撑能力、区域品牌实力，结合活动共创、游线共融、设施共建、镇村共富四大行动，打造书香文旅盛景、共富产业盛境。

第三节　“三生”融合，打造“国际纺都、杭绍星城”

如果说柯桥的“星村”是一颗颗闪耀的小星星，那么，柯桥就是一座“国际纺都、杭绍星城”。

2024年1月5日，浙江省住房和城乡建设厅公布了2023年全省现代化美丽城区建设名单，柯桥区作为绍兴唯一城区和全省其他5个城区榜上有名。

2022年2月20日，柯桥区第二届人民代表大会第一次会议召开。“主动融入绍兴现代化网络大城市建设，加快构建更加现代化、更具开放度、更有时尚味、更富竞争力的‘国际纺都、杭绍星城’，率先高质量发展建设共同富裕示范先行区，努力为绍兴率先走出争创社会主义现代化先行省的市域发展之路贡献更多柯桥力量。”出现在政府工作报告中。

之所以有这样的底气，是柯桥多年来的生态文明建设奠定了一定的基础，同时，也是柯桥拔高标准、加压奋进的大格局、大气魄、大手笔。

一、营商环境，激活一座城

2023年，柯桥获评2022年度企业家幸福感最强区。

一座城市的竞争力如何体现？营商环境尤为关键，而优越的营商环境，不是一蹴而就的。

2022年夏日的一天，浙江鸿大印染集团有限公司向市生态环境局柯桥分局首次申领排污许可证，没想到从正式受理到办结仅用时3个工作日，创造了排污许可证申领的“柯桥速度”。

“鸿大印染”（即“立新组团”）是从越城区搬迁至柯桥经开区蓝印时尚小镇的五大印染组团之一。为确保五大印染组团早日投产，柯桥经开区设立了服务保障工作专班，为每个组团配备了1位项目联系人全程跟踪，全力推进供水、供电、供热、供气、排污等配套工作，并对印染组团项目规划、竣工、消防等验收工作进行全程服务指导。如此快速的办证体验，让鸿大印染感受到了高效便利的柯桥服务。

2023年12月，浙江省人民政府办公厅下发《关于命名第七批省级特色小镇的通知》，蓝印时尚小镇成功上榜，成为柯桥区首个时尚类省级特色小镇。

蓝印时尚小镇的前生却很不时尚，是一片荒无人烟的茫茫海涂。故事从“海涂六九丘”说起——

2022年，绍兴市公布了第三批地名文化遗产名录，并且第一次将近现代重要地名列入地名文化遗产名录，这个近现代重要地名便是柯桥区海涂

“六九丘”。

1967年，在曹娥江河口淤积了大片滩涂，导致三江闸的排涝出现困难。同时，绍兴县（今柯桥区）人多地少的矛盾越来越突出。1968年，绍兴县成立了围垦海涂指挥部。当年12月，随着一声令下，约4万青壮年浩浩荡荡地开进了海涂，以扁担、土筐、铁耙、农船、木杠、绳索为工具，开启了绍兴县围垦海涂的大幕。

据当时的围涂工作负责人回忆，冬春之交，几万人在雪天就着雪花吃冷饭，没有怨言；围涂急着要用石头，但运石船过不来怎么办？干部和群众自发背着石头走几里路到塘外去抛石……如果遇到围堰抢潮施工，与潮水进行肉搏战，必须冒险才能完成堵口。一车石头抛下去，瞬间被冲得没了影；有时遇到潮涌，不但没能围堰，原先围的坝体也被冲刷掉两三米……

从1969年实施“六九丘”围涂至1985年，绍兴县先后组织围垦人员40多万人次。1988年，水利部门及海涂围垦指挥部科技人员开始探索机械围涂作业，在九一丘围涂工程中成功应用，结束了人工挑筑海堤的历史。

围涂工程的浩大、围涂过程的漫长、民众参与的广泛，历练了几代柯桥人。2007年7月10日，绍兴县最后一处围涂工程——口门丘西片围涂工程竣工，宣告历时40年的治江围涂历史终结，共开展19次围涂工程，围成海涂14.32万亩，占全县总面积近1/10。在当年9月召开的庆祝治江围涂40周年报告会上，绍兴县正式将“围涂精神”的核心内涵概括为“尊重科学、艰苦奋斗、团结拼搏、百折不挠”。

海涂围垦承载了绍兴县跨越式发展的希望所在。2002年6月27日，滨海工业区在围垦海涂上挂牌成立，总规划面积100平方公里，包括原海涂开发区48平方公里和马鞍全镇。2016年，依托滨海工业区，围绕“绿色高端、世界领先”发展目标的蓝印时尚小镇开始建设。小镇总规划面积3.5平方公里，实际以印染集聚区12.3平方公里全域建设。

在浩浩荡荡的围垦大军以“围涂精神”向海涂要未来的同时，一支浩浩荡荡的供销大军以“四千精神”为发展创出另一片天地。

在轻纺产业和市场迅速发展的背景下，1986年8月10日，绍兴县万名乡镇供销员自发组织的群众团体——县供销工作者协会成立。9月19日，协会向全县1.3万余名乡镇供销员发出关于开展以“五比五看”为主要内容的社会主义劳动竞赛的倡议书，要求全县供销员继续发扬“千家万户、千方百计、千山万水、千言万语”的“四千精神”，鼓足实劲，迎战困难，为完成和超额完成县委提出的任务而努力奋斗。这是首次正式提出“四千”精神的概念。1987年2月5日，全县四级干部会议上召开，正式将“千辛万苦、千方百计、千山万水、千言万语”定为“四千精神”。

2020年9月27日，一场特殊的离退休老干部见面会在柯桥区举行。浙江省原省长沈祖伦带领曾在绍兴工作过的老领导回到柯桥，忆过去、看变化、话发展，充分肯定了绍兴柯桥近年来发展取得的成绩，并寄语柯桥广大干部继续发扬“靠作风吃饭”优良传统，努力实现更大发展。

交流中，沈祖伦对绍兴柯桥干部的优良作风印象深刻。他说，有好作风就有好干部，有好干部才有好作为，绍兴柯桥近几年来取得的成绩，离不开“靠作风吃饭”的优良传统。不论是“围涂精神”还是“四千精神”，都是绍兴柯桥干部担当使命、励精图治、奋勇争先的宝贵精神财富。希望绍兴柯桥的广大干部继续坚持和弘扬好“靠作风吃饭”的优良传统，把优良作风转化为干事创业的动力，奋力书写高质量发展的新篇章。

【案例】5年51期！营商环境没有最优，只有更优

2023年11月7日下午，柯桥第51期“政企面对面”外商投资创业专场交流活动举行。

现场，来自9个国家和地区的11位外商代表和3位侨商代表，与相关部门负责人、金融机构代表面对面交流，介绍了各自企业发展的情况，分享了在柯桥工作生活的经历，讲述了当前遇到的困难和问题，并围绕主题，就产业发展、基础建设、环境优化、要素保障、双招双引等方面提出意见建议。

区委主要领导不时与大家交流，当场对有关问题予以回应，并要求相关部门做好汇总梳理，在会后进一步深入对接、靠前服务，精准及时解决好创

新创业中遇到的各类问题，全力打造更加优质的投资兴业环境。

“政企面对面”是柯桥区进一步优化营商环境、全面助力经济高质量发展的一张金名片。2018年12月起，柯桥区创设“政企面对面”载体，每月确定不同行业主题，由区主要领导召集相关分管区领导和部门主要负责人，邀请相关企业家代表进行面对面沟通。

5年51期，对话企业家705人次，收集各类问题建议750件，办结率超95%，推动出台22个专项政策，惠及行业企业1.5万余家……

如何做到的？怎样落实？柯桥区委组织部相关负责人介绍说：“我们主要从3方面落实，创新建立企业诉求闭环长效办理机制。”

一是服务下沉，企情“即时掌握”。

依托驻企服务员、行业协会和区、镇两级两新工委力量，以“点、线、面”结合全方位收集企业经营状况和发展困难，为“政企面对面”交流提供最新话题素材。

“点”即驻企服务“点对点”下沉。柯桥区是驻企服务员工作机制做得最早最实的地区之一。坚持每年从区级机关部门退职未退休副科级及以上干部和优秀年轻干部中选派驻企服务员，近3年已累计选派驻企服务员4600余人次下沉企业了解需求。

“线”指的是行业协会“线对线”收集。充分发挥区企业家协会、印染工业协会等重点行业协会政企间桥梁纽带作用，由行业协会当参谋，及时宣传解读惠企政策，持续跟踪解决企业上市过程中的难题。2020年以来，柯桥区已有5家企业上市，其中主板上市4家。

“面”就是两新工委“面对面”跟进。柯桥区、镇两级两新工委充分发挥职能优势，分为7大片组密集走访企业，依托工青妇等群团组织，深入车间收集问题，区委两新工委根据不同企业家群体需求，先后开设女企业家、青年企业家、人才企业、政协委员等专场，政企互动实效性显著提升。

二是现场办公，需求“能办即办”。

坚持主要领导领衔，强化现场办公解决，倒逼职能部门优服务、转作风、提效率。

现场办公提效能。将企业发展中“部门最难解决、企业最需解决、反映最强烈最普遍”共性问题作为活动主题，先后举办“重大项目落地”“抢抓亚运经济、发展体育产业”等热门专场。创新企业实地“家访”形式，真正实现“现场办结”，投融资、政策扶持、能耗指标、行政审批、规划调整等尖锐难题被各个击破。

轮值倾听不落空。建立“主要领导轮值、部门组团服务”规则，确保每期活动至少1名区四套班子主要领导轮值，根据活动主题，邀请相关区领导，经信、发改、行政审批等职能部门和镇街“一把手”以及2家金融机构参加，确保问题当场有部门接单落实。截至目前，区级领导累计出席171人次，部门主要负责人出席606人次。

问题领办不推脱。按照“能立即解决的现场解决，不能立即解决的现场认领，暂时难以解决的现场解释”原则，由分管区领导牵头督办，平均每年相关部门召开面上问题协调会50余次，小范围碰头会约200次。针对与会代表提出的关于化工园区规划集聚的意见建议，分管区领导会同经信局多次调研，已出台《柯桥区“十四五”化工产业发展规划》。

三是闭环管理，问题“件件落实”。

聚焦理顺“问题由谁交办、责任由谁落实、效果如何评价”等问题，建立3项工作机制，以真落实赢得企业真满意。

清单交办机制。活动结束1个工作日内向相关部门下发问题与建议办理工作函，告知领办问题、工作要求、时间节点等事项，每一事项明确牵头单位，落实专人负责。

督办销号机制。实行“每周电话提醒、每月跟踪督查、不定期情况汇报”，以钉钉子精神强化跟踪督办，确保问题解决不拖沓、不积压、不敷衍，每一事项平均办结时长7个工作日。

跟踪回访机制。实行办理质量“双评价”，注重企业用户评价，把企业满意作为事项办结和成效评价的重要标准。区委组织部联合区委两新工委成员单位随机开展企业回访，了解职能部门办理实效和工作作风，将问题落实情况报送区主要领导，并纳入所在单位领导班子政治建设考核内容。

不仅有“政企面对面”，还有“亲清直通车·政企恳谈会”，还有“乡贤恳谈会”……

目前，柯桥乡贤已在全国各地成立15个异地商会（联谊会）、50个乡贤驿站，以及分布在七大洲四大洋的56个海外乡贤驿。他们化身地瓜藤蔓，沿着一带一路结成贸易带来友谊，沿着水上唐诗之路成就新时代的丝路柯桥。

值得一提的是，近年来，柯桥区党委政府高度重视乡贤工作，积极创新机制举措，拓宽联系桥梁，丰富联络纽带，引导乡贤资金回流、项目回归、信息回传、人才回乡，并于2022年2月15日启动“老绍兴回归工程”。

在“老绍兴回归工程”启动暨第一批重大项目集中签约仪式上，20个重大项目进行现场集中签约，涵盖新材料、泛半导体、生物医药、智能装备、现代纺织、文化旅游、总部平台等领域。其中100亿元以上的有3个，均为乡贤投资、引进项目。在随后举行的2022第二届柯桥乡贤大会暨重大招商项目签约仪式上，又有31个重大招商项目集中签约，总投资427.6亿元，其中大多为“老绍兴回归工程”项目。在2023第三届柯桥乡贤大会上，杭绍临空示范区、兰亭度假区、柯桥经开区（金柯桥科技城）等柯桥区五大发展平台，分别牵手杭州、昆明、北京等五大异地商会和阿联酋、新西兰、日本等五大海外绍兴同乡会，共同签署了“聚贤力 向未来”战略合作框架协议，后续3方将在信息互通、资源共享、项目招引、人才引进等方面进行协同合作，进一步激活海内外乡贤资源。

人文环境是营商环境软实力的重要体现，是营商环境优化提升“一号改革工程”的重要内容之一，也是营商环境中最基本、最深沉、最持久的力量。“围涂精神”和“四千精神”，不仅是柯桥人勇立潮头的精神密码，也是柯桥营商环境最生动的注脚。

二、国际纺都，水润一座城

早在2003年，柯桥就明确提出“打造国际纺织中心，建设江南水乡名城”的城市发展战略。

柯桥是浙东唐诗之路上的明珠，在区域面积1066.02平方公里的土地上，水网密布，河湖众多，南部会稽山脉峰峦叠翠、溪涧溅珠；中部平原河湖密布、石桥参差；北部三江汇流、一畴平展。境内共有河道884条，总长度1682.957公里，水域面积达77.5776平方公里，形成了“七山二水一分田”的地貌格局。水系主要由曹娥江流域的运河水系和小舜江水系构成，另有小部分属钱塘江流域的浦阳江水系。

清“三河”、集聚升级印染产业、提升断面水质、全面开展污水零直排工程、修复水生态……一张蓝图绘到底，一任接着一任干。2021年5月，柯桥区以全市第一的优异成绩再夺浙江省“五水共治”（河长制）工作优秀市县“大禹鼎”银鼎，这已是第三年捧回“大禹鼎”银鼎。

可是，作为全省工业用水量最大的县级行政区，柯桥纺织印染业产能占全省60%以上、全国40%以上，随着工业不断发展，水资源相对紧缺已成为制约全区经济社会高质量发展的瓶颈。

2022年以来，柯桥区以首批国家典型地区再生水利用配置试点城市建设为契机，通过扩大污水收集纳厂能力、构建再生水高效处理体系、完善再生水管理配套设施等手段，全面提升水资源节约集约利用水平，实现再生水工业利用规模每日15万吨，目前，全区生活污水处理能力已达到每日30万吨，再生水利用率达到23%。

截至2023年底，柯桥区已创建成功大小坂湖、鉴湖江、瓜渚湖、浙东古运河、滨海大河、三江大河等14条美丽河湖，水乡美景已成为柯桥区生态的“金名片”。

就柯桥而言，如何用好一方水，还有更高层面的追求，那就是建设产城共兴、水城共融、生态宜居的“国际纺都”。新时代富春山居图城市样板“水韵纺都”便是其中一个典型案例。

【案例】水韵纺都：新时代富春山居图城市样板

2022年，柯桥区以“国际纺织中心+江南水乡名城”两大要素为资源特质，打造具有鲜明辨识度的“水韵纺都”。

“项目投资2.45亿元，重点打造纺织文化、商业休闲特色节点，让时尚

山水相映的鹅湖水库　陶琦／摄

元素和历史文化有机融合。”轻纺城建管委相关负责人介绍道，作为城市中心窗口，事实上“水韵纺都”是一个城市更新项目。柯桥水韵纺都特色产业风貌样板区聚焦“全球轻纺创新引擎、新江南诗意城区典范、魅力生活城市中心”三大建设目标，以创高点、塑中心、兴风貌为路径，全面实现样板区内风貌整治提升。

“水韵纺都”位于柯桥主城区内，南临鉴湖旅游度假区，北融柯桥中都市发展区，总面积约416公顷。项目规划范围中，柯桥古镇、瓜渚湖与浙东运河，这些元素代表着绍兴水乡传统特色的城市风貌，轻纺城市场则代表了作为柯桥金名片的特色产业风貌。依据主要现状城市功能与特色，将规划区域分为水乡文化、轻纺产业、城市生活三大区块，通过瓜渚湖与浙东古运河将3个城市区域串联形成柯桥城市风貌整治提升行动的城市样板区。

2023年1月，浙江省城乡风貌整治提升工作专班公布2022年度“新时代富春山居图城市样板区”名单（浙江省首批，共计25个），柯桥水韵纺都特色产业风貌样板区上榜。

两年来，柯桥区全面推进城乡风貌样板区建设，相继出台了《柯桥区城乡风貌整治提升行动实施方案》《柯桥区城乡风貌整治提升工作专班组建方案》等制度，成立领导小组，组建专班推动，联动开展城乡风貌整治提升。柯桥区未来社区、城乡风貌两项工作获省政府督查激励，全市唯一，城乡风貌整治提升工作连续两年考核优秀。

截至2023年12月，柯桥区已累计创成5个省级风貌样板区，分别是两个县域风貌区——舜源古忆、书香兰渚；1个传统风貌样板区——鉴湖渔歌；一个特色产业风貌样板区——水韵纺都；1个城市新区风貌样板区——金柯桥魅力纺都。其中，“鉴湖渔歌”继“水韵纺都”后，上榜2023年第二批“新时代富春山居图城市样板区”。

三、杭绍星城，休闲一座城

“柯桥是有中国特色的江南水乡，也是国际知名的纺织之都，正是凭借这些优势，柯桥的运动休闲产业发展迅速、后来居上，最终形成了自己的特色和品牌。”在2019年5月13日举行的“世界休闲城市”荣誉牌授予仪式现场，世界休闲组织秘书长克里斯蒂娜对柯桥表示充分肯定。

2018年12月21日，世界休闲组织正式认定“柯桥区（中国绍兴）荣获2018年度世界休闲城市奖项”，柯桥区成为世界上继加拿大里士满市之后获此殊荣的第二座城市，柯桥也成为我国第一座获此殊荣的城市。

休闲不仅是一种个体生活状态，一种观念，更是一种文化，一种产业。如何支撑起“世界休闲城市”？柯桥锚定打造更具魅力、更具柯桥辨识度的文化强区、旅游强区。如何打造？——全域旅游。

了解柯桥的全域旅游，可以下面的这段介绍加深印象：2023年初，浙江省文化和旅游厅官网公布了浙江省3A级景区村庄名单（2017—2022），数据显示，柯桥区已成功创建3A级景区村合计45个。2023年底，浙江省文化和旅游厅发布《关于拟认定2023年浙江省4A级以上景区城、5A级景区镇（乡、街道）和金3A级景区村庄的公示》，柯岩街道叶家堰居上榜浙江首批“金3A”。而在这之前，早在2021年初，柯桥区已是首批省3个5A级景区城之一。这一成绩的取得，标志着柯桥区全域旅游创建迈出了历史性的一步。

柯桥景区城以柯桥街道、柯岩街道、华舍街道、湖塘街道四个街道为范围，汇集了大运河、古纤道等众多文物，项羽、贺知章、陆游等曾在此旅居，人物延绵两千余年，是著名的水乡、桥乡、酒乡、书法之乡、戏曲之乡、名士之乡。

景区城处在吴越文化的核心。以水为媒是景区城的主轴：治水英雄大禹在此“会稽”天下诸侯；东汉马臻太守筑建的鉴湖，把“会稽大泽”变成了鱼米之乡，成为柯桥的母亲湖；流经柯桥的世界文化遗产浙东古运河，采石迹地柯岩、羊山景区等无不与水利工程有关。从东晋王羲之的《兰亭序》、梦游浙东“唐诗之路”的李白、到“联姻”水文化的鲁镇，无不与“酒水”有缘。柯桥又名笛里，源自柯桥的传奇柯亭笛、古琴曲广陵散等，为景区城的历史承载作了背书。

景区城水面7平方公里，鉴湖水酿酒，乌篷船载客，开启“丝路”柯桥的缤纷生活：有商务旅游为主题的中国轻纺城及服装服饰市场；有瓜渚湖、大小坂湖两大湖泊公园；有安昌、柯桥、鲁镇三大水乡古镇；有古鉴湖、古运河两条水上游线；还有环鉴湖室内外并举的东方山水乐园、乔波冰雪世界、浙江国际赛车场、鉴湖高尔夫球场等“酷玩”休闲产业的集聚。

鉴湖原名镜湖，相传因黄帝铸镜于此而得名。鉴湖岸边有一座石碑，上书的“镜湖”二字出自乾隆手笔，陆游名句“千金无须买画图，听我长歌歌镜湖”镌刻于牌坊两侧。

在这座景区城中，作为柯桥对外展示文旅产业的一张名片，鉴湖旅游度假区于2023年1月经文化和旅游部正式确定为国家级旅游度假区。

鉴湖旅游度假区位于鉴湖的核心区域，拥有着深厚的文化沉淀、纯净的自然山水和绝佳的区位优势。度假区内有柯岩·鲁镇景区、大香林·兜率天景区、乔波冰雪世界、东方山水乐园等景区和黄酒小镇、酷玩小镇等2个省级特色小镇；拥有鉴湖高尔夫球场、浙江国际赛车场、绍兴鉴湖直升机场以及长达十多公里的鉴湖游步道、绿行骑道。

如今，鉴湖旅游度假区内以重大文旅项目为主线的“产业网”脉络逐渐清晰，四季全域旅游格局已经打开——整个度假区形成以休闲度假、体育运动为特色，融古越文化等观光旅游于一体的旅游产品体系。2023年，鉴湖旅游度假区全年完成投资约30亿元，预计完成融资约133亿元；全年预计接待游客约350万人次，旅游总收入约39亿元。

绿水青山就是金山银山，让“赏山水”变成“玩山水”，柯桥在供给端需求端“软”“硬”兼施、协同发力，实现主客共享。

同时，家门口的公园实现“10分钟健身圈”自由，“金边银角”转化为体育场地潜力区，城乡绿道网成为城市出行“慢系统”……这些与周边自然风光相得益彰的“运动细胞”可感可及，实现了从宏观到微观的落地。

【案例】傅大爷：家门口的绿道，走起！

“老傅，又去坂湖公园走路了？”

“是啊！人家外地人都特地到这里走走，就在我家门口，不走白不走。”

“说起来，这条绿道，我走了有七八年了。”傅大爷的家就在坂湖公园附近，他说，一天不走绿道，就好像一件必须做的事没有做，心里空落落的。

坂湖公园是一个生态型休闲健身运动公园，群贤路把公园分成了南北两区，南望是大坂湖，北看是小坂湖。“2013年，坂湖公园动工建设，不少市民提出，一定要建环湖步行道和自行车道。”傅大爷说，“公园正式开放后，铺着彩色沥青的环湖自行车道让我们很惊喜。”

公园总面积约为40.1公顷，视野开阔，秋林夕照、香杉动影等十个主题景区组成“坂湖十景”。自行车绿道4.5米宽，总长约5.5公里。以自行车、环湖步行、慢跑、篮球、儿童运动等健身运动为主，兼顾草坪休憩、绿堤看湖、花溪观鱼等休闲、游憩功能。

2022年，随着柯桥坂湖宜居城市新区风貌区的启动，坂湖公园绿道再次迎来智慧化升级。如今的坂湖公园绿道，全长6公里，其间设有智慧大屏、智慧识别杆、AI语音管家、智慧灯杆等设施，为跑步者提供了一个更智慧、更健康的运动环境。智慧绿道落成后，成了市民喜爱的网红打卡点。

如果说贯穿城市与乡村的机动车道是“快行系统”，那么绿道就是以绿化为特征、供市民休闲的“慢行系统”，为市民提供了“慢生活”的空间。

逛公园时，绿道就在四周；沿河散步时，绿道就在脚下；骑着单车时，绿道便在车轮下……如今的柯桥，“推窗即见景、出门可踏青”的理想生活，不在图纸上，不在书本里，正是在眼前，在脚下。

据区建设局编制的《柯桥三湖慢行系统规划》，以柯桥中心城区瓜渚湖、大小坂湖、鉴湖和浙东古运河、新开河、大坂湖直江、瓜渚湖直江构成“三湖四河”核心慢行系统网络，通过优化绿道选线、设施布局完善、重要节点打造等，逐步连线成网、联网成片，加快构建“成网好用”的慢行交通系统。加快推进三湖绿道建设，连通瓜渚湖直江与大坂湖直江，串联三湖，形成沿滨水大环线及若干微循环，在建设中考虑5分钟绿道生活圈，逐步实现居民步行5分钟能到达“三湖四河”主干慢行系统。

“建设城市慢行系统，一方面体现了向绿色、自然、健康回归的生活理念；另一方面，四通八达的慢行系统，有助于市民感知城市，能进一步提高市民对城市的归属感和认同感。”区住房和城乡建设局相关工作人员介绍，截至2023年10月，柯桥城区已完成慢行步道超过50公里。

近年来，柯桥区充分发挥“世界休闲城市”“国家体育产业示范基地”“首批浙江省体育现代化区”等资源优势，造浓体育氛围、统筹运动资源、丰富活动载体、培育特色品牌，全力推动运动休闲事业适应城市发展。截至2023年10月，全区共有各类体育运动场地3527个，人均体育场地面积3.56平方米，位居全市第一、全省前列；拥有中国体育旅游精品景区、省级运动休闲旅游示范基地、精品线路和优秀项目16个，数量全市第一；全年组织各类省级及以上品牌体育赛事600余场，并实现16个镇街全覆盖。

四、文化自信、发展自信：打造“国际纺都、杭绍星城”

近年来，柯桥频频提及“领跑”“标杆”“示范”等关键词。

文化自信不仅是一个国家和民族的精神支柱，也是国家软实力的重要组成部分。文化自信是柯桥过去实现发展的人文基因和精神密码，也是柯桥未来发展最基本、最深沉、最持久的力量。

2019年8月2日，由柯桥区委区政府主办的“老绍兴·金柯桥”城市品牌发布会在上海国际会议中心举行。

“老绍兴·金柯桥”蕴含着源远流长又独具辨识度的地域文化和由此产生的地域精神。柯桥区前身是“中国县域经济十强县”之一的绍兴县，有着2500年的历史，不仅是首批国家历史文化名城，更是享誉国际的“世界布市”，有着“金柯桥”的美誉。“老绍兴·金柯桥”之于柯桥人，还有着更多的精神元素：名士辈出的文脉、绍兴老酒的陈香、历久弥新的“围涂精神”“四千精神”……

2022年1月12日召开的中共绍兴市柯桥区第二次代表大会提出，全力打造现代化“国际纺都、杭绍星城”，持续稳固全国“十强区”地位并努力争先进位，奋力在社会主义现代化建设新征程中争一流当标兵。

提出打造现代化“国际纺都、杭绍星城”的战略定位，不仅传承了“老绍兴·金柯桥”的历史根脉，更彰显“开放包容、时尚创新”的城市品格，彰显这座城市的文化自信、发展自信。

围绕这一奋斗目标，柯桥区将在综合实力、城市建设、营商环境、共富先行、党建统领五个方面发力。其中，就城市建设而言，目的是实现城市能级迭代跃升，柯桥区《2023年政府工作报告》明确提出，打造“全国一流临空智造区、杭绍同城合作创新区、绍兴未来城市实践区”。

“在城市综合优势上，无论是交通区位、还是公共配套，柯桥甚至比杭州的部分区（县、市）更明显。”2024年2月23日，柯桥区委副书记、区长袁建在区政府二届五次全体（扩大）会议上的讲话中强调，“我们要坚持融杭发展的优先战略，以‘不在杭州、胜似杭州’的理念和决心，全界面全方位加快融杭。”

【案例】一天连发6条规划公示，条条关乎杭绍临空示范区！

2023年11月20日，柯桥区人民政府网连发了6条规划公示：

杭绍临空示范区QQ-02-02管理单元（南钱清区块），规划将打造成为高品质光电信息产城融合示范区；

杭绍临空示范区QQ-02-03管理单元（凤仪区块），规划将打造成为高品质光电信息产业示范区；

杭绍临空示范区QQ-06-02管理单元（智创城区块），规划打造以公共服务和居住生活为主要功能的临空城市会客厅；

杭绍临空示范区QQ-05-01管理单元（三西区块），结合总规及各项专项方案，优化道路交通，完善地块功能布局，搭建光模块产业链条，打造以产业为基础、融入城市生活功能、产业要素与城市协同发展的创新型产业园区；

杭绍临空示范区QQ-06-01管理单元（星隆城区块），就道路交通、水系等做了优化调整；

杭绍临空示范区YXQ-01管理单元（南畈园区区块），规划将打造高品质工业组团，集商业商务、工业邻里等公共服务设施，以精密制造、创新研发为主要功能打造临空智能制造核心。

2021年5月，列入浙江省“十四五”规划纲要的《杭绍临空经济一体化发展示范区绍兴片区》发展规划正式出炉，意味着杭绍两地全面深入合作进入一体化新阶段，绍兴市以柯桥区为“桥头堡”，迎来了深度融杭发展的最佳机遇期。对柯桥区来说，更是前所未有的历史性发展机遇。

2022年10月9日，杭绍临空经济一体化发展示范区绍兴片区揭牌。按照“一个平台、一个主体、一套班子、多块牌子”的体制架构，遵循优化、协同、高效的原则，与绍兴市柯桥区综合设置管理机构，实行统一管理、统一规划、统一招商、统一协调。

临空经济，是指由于航空运输的巨大效应，促使航空港相邻地区及走廊沿线地区出现生产、资本、贸易、人口的聚集，从而形成的多功能经济区域。临空经济是新时代经济的“蓝天赛道”，逐渐跃升为提升城市能级的新引擎。

杭绍临空经济一体化主要的支撑点是杭州萧山国际机场。据《浙江省人民政府关于同意设立杭绍临空经济一体化发展示范区绍兴片区的批复》，绍兴片区规划面积115平方公里，空间范围包括华舍街道、钱清街道和杨汛桥街道的全部区域，辐射带动夏履镇。

绍兴片区也是杭绍临空示范区中山水要素最多元、环境品质最好的地区。“以片区化开发理念，大力实施产城人立体化、复合式开发，打破片区行政区划限制，推动临空片区整体拆迁、成片建设，强化交通路网内畅外联，不断优化完善高端配套，实现高水平生产生活生态相融共生。”区委副书记、政法委书记，杭绍临空示范区绍兴片区党工委副书记陈利华表示，通过3年左右时间，力争把绍兴片区打造成为全省具有一定影响力的“临空智创城、杭绍光电谷”。

没错！这是一个聚焦三生（生产生活生态）融合、优化空间布局的发展格局——绍兴片区空间总体规划为“一核两廊三片”。“一核”即临空智创城，重点布局集成电路、生物医药、高分子材料等高端临空产业；“两廊”为人才融杭生态走廊、西小江人文生态走廊；“三片”，指若干功能片区，如光电信息产业片、融杭数智产业片、生态廉养休闲片等重点区块。

板块规划频出，崛起势不可挡。这是一次空间重塑、产业升级的契机，也为柯桥现代化“国际纺都、杭绍星城”建设提供了新的重要增长极，更是十四五期间绍兴重要的产业发展平台。

“十四五”时期是我国在全面建成小康社会基础上开启全面建设社会主义现代化国家新征程的第一个五年。面向未来，从现在到2035年，我国的发展全局是基本实现社会主义现代化。在这个发展全局中，构建新发展格局居于什么地位，是一个必须深刻认识、准确把握的重大问题。

20年前，浙江大地以农村生产、生活、生态的“三生”环境改善为重点，启动“千村示范、万村整治”工程。多年来，柯桥扎实推进中国式现代化县域实践，持续推动“八八战略”走深走实，从“星村”到“星城”，从过去向未来，走出了一条生产发展、生活富裕、生态良好的文明发展之路。

未来已来！2024年是中华人民共和国成立75周年，是实施“十四五”规划的重要一年，也是柯桥打造现代化“国际纺都、杭绍星城”的关键一年。柯桥正以“图强争先、领跑竞跑”的姿态，奋力打造共同富裕和中国式现代化县域样板，在“勇当先行者、谱写新篇章”中再创现代化“国际纺都”新辉煌！

潮玩柯桥古镇　姚加峰／摄

附　录

大　事　记
（1979—2022）

绍兴市柯桥区的大事记，绕不开“绍兴”这个地名。从秦汉时代起，置会稽郡，唐代时称越州，至南宋赵构改为绍兴府，这也就是“绍兴”地名的由来。绍兴县（现柯桥区）历史悠久。新石器时代，境内就有人类繁衍生息。传说时期，有舜生姚丘、大禹治水故事。春秋战国，是勾践立国称霸基地。秦行郡县，始改大越为山阴县。至南朝陈时，析为山阴、会稽两县，同城而治，直至清末。民国建元，撤府建县，合二为一，统名绍兴。1983年，实行市管县体制，市、县并设，同驻一城。2001年，绍兴县治从绍兴市区迁至柯桥镇，柯桥镇分设为柯桥、柯岩2个街道。2013年，“撤销绍兴县，设立绍兴市柯桥区，以原绍兴县（不含孙端镇、陶堰镇、富盛镇）的行政区域为柯桥区的行政区域”。

梳理柯桥大事记，可以看到柯桥如何从一个农业大县、资源小县，成为全国十强县，并跨入全国十强区的历史脉络。如今，在这片1066平方公里的土地上，111万柯桥人民正奋进在努力打造共同富裕和中国式现代化县域样板的新征程上。

1979年

4月，由联合国粮农组织18个部长级成员组成的考察团到红山公社考察水土保持工作。【相关链接】1982年8月18日红山公社文山大队代表浙江省在全国第四次水土保持工作会议上作题为《一个综合治理保持水土的典型》专题报告。1983年5月5日文山大队被全国水土保持工作协调小组评为全国水土保持先进单位。

8月24日，中共中央政治局委员、全国政协副主席彭冲一行到绍兴县视察工作。

11月14日，国家水产总局在绍兴县召开全国网箱养鱼现场经验交流会。会上，绍兴县介绍在外荡推广网箱养鱼的做法和经验。

全国劳动模范　全国先进工作者

12月，阮社公社永进支队莫金水获全国劳动模范称号。【相关链接】至2022年，绍兴市柯桥区共有全国劳动模范（全国先进工作者）13人。全国劳动模范：莫金水，绍兴第二纺织厂职工马仕秀（1989年12月），绍兴县工业设备安装公司赵关根、中国轻纺城瀚海拍卖公司王永良（1995年4月），绍兴第二医院大内科主任秦丰明（2000年4月），富盛镇农民倪长兴、鲁迅中学校长许吉安（2005年4月），柯岩街道河塔村党支部书记高永清、浙江宝业建设集团副总工程师王烈铨（2010年4月），浙江新中天控股集团有限公司副总经理、总工程师、技术中心主任洪桂焕（2015年4月）。全国先进工作者：绍兴第二医院医生宋汉章（1989年12月），县人民法院董友泉（1995年4月），绍兴小百花艺术传承中心党支部书记吴凤花（2015年4月）。

12月，富盛公社上旺大队因发展农业生产成绩突出受到国务院嘉奖。

1980年

1月29日至31日，绍兴县第一届归侨侨眷代表大会召开。【相关链接】2020年8月14日柯桥区第一次归侨侨眷代表大会召开。

9月21日，柬埔寨西哈努克亲王偕夫人到绍兴县访问。

10月27日，万国邮政联盟官员索马亚鲁率西欧和非洲15个国家的邮政官员到绍兴县考察农村邮政通信工作。

1981年

撤县建市 恢复绍兴县建制

3月31日，省委省政府决定撤销绍兴县，建立绍兴市（县级），中共绍兴县委改称中共绍兴市委；同时撤销绍兴县革命委员会，建立绍兴市人民政府。【相关链接】1983年7月27日恢复绍兴县建制，绍兴县人民政府驻绍兴市城区。9月20日省政府办公厅下发通知明确绍兴县管辖范围为鉴湖、皋埠、马山、齐贤、钱清、柯桥、漓渚、平水、越南、海涂10个区，柯桥、安昌2个镇和61个公社（乡）。

9月24日，举行纪念鲁迅诞辰100周年大会。

历次党代会

12月13日至16日，中共绍兴市第五次代表大会召开。【相关链接】1984年6月18日至22日中共绍兴县第六次代表大会召开，之后于1987年4月24日至28日、1990年4月5日至9日、1993年3月29日至4月1日、1998年2月22日至25日、2003年2月26日至3月1日、2006年12月28日至30日、2012年1月6日至8日，分别召开第七次至第十三次代表大会。于2016年12月28日至31日、2022年1月12日至13日分别召开中共绍兴市柯桥区第一次、第二次代表大会。

1982年

2月8日，国务院批准绍兴市为全国第一批24个历史文化名城之一。

3月至10月，第三次全国人口普查。截至1982年7月1日零时，全市总人口为1107176人，其中女性543189人，占49.06%；男性563987人，占50.94%。

政协历届一次会议

6月8日至15日，绍兴市政协三届一次会议召开。【相关链接】1984年9月7日至12日绍兴县政协四届一次会议召开，之后于1987年5月24日至30日、1990年5月4日至9日、1993年4月22日至26日、1998年3月24日至29日、2003年3月19日至23日、2007年2月5日至8日、2012年2月8日至11日，分别召开县政协五届至十一届一次会议。于2022年2月19日至22日召开柯桥区政协二届一次会议。

6月21日至24日，绍兴市文学艺术工作者第一次代表大会召开。【相关链接】2020年11月5日柯桥区文联举行第一次代表大会。

共青团历次代表大会

8月19日至22日，共青团绍兴市第八次代表大会召开。【相关链接】1984年12月2日至5日共青团绍兴县第九次代表大会召开，之后于1987年12月9日至12日、1990年12月6日至9日、1993年12月7日至9日、1996年12月16日至17日、1999年9月16日至17日、2002年9月12日至13日、2005年11月8日至9日、2009年3月9日至10日、2012年10月11日至12日，分别召开共青团第十次至第十八次代表大会。2018年12月26日共青团绍兴市柯桥区第一次代表大会在区行政中心举行。

9月，绍兴市防疫站被卫生部授予全国计划免疫先进集体称号。

历次妇女代表大会

10月25日至28日，绍兴市第九次妇女代表大会召开。【相关链接】1985年5月17日至19日绍兴县第十次妇女代表大会召开，之后于1988年9月21日至23日、1993年9月22日至25日、1998年9月17日至18日、2003年9月24日至25日、2008年12月16日至17日、2013年12月18日，分别召开第十一次至第十六次妇女代表大会。2018年12月29日绍兴市柯桥区第一次妇女代表大会举行。

10月28日，国务委员兼国防部部长张爱萍一行到绍兴市考察兰亭、沈园等地。

工会历次代表大会

11月12日至15日，绍兴市工会第十次代表大会召开。1985年12月10日至11日绍兴县工会第十一次代表大会举行，之后分别于1988年12月7日至12日、1993年11月25日至27日、1998年11月25日至26日、2003年12月24日至26日、2009年3月3日至4日，召开工会第十二次至第十六次代表大会。2019年11月25日柯桥区工会第一次代表大会召开。【相关链接】2008年5月绍兴县总工会被国家人力资源和社会保障部、中华全国总工会评为全国工会系统先进集体；2009年3月全国总工会表彰全国工会基层组织建设创新工作单位，绍兴县总工会获一等奖，是浙江省唯一获此荣誉的单位。

12月，钱清小商品市场建成。是改革开放后绍兴县最早有棚顶的固定市场。

1983年

4月，市委市政府在管墅乡开展政社分设试点，恢复乡人民政府，建立乡人民公社委员会管理经济工作，各大队改建为村民委员会。8月13日县委制定《关于政社分设工作的意见》并落实。

7月初，市政府与浙江工学院建立长期科技协作关系。

1984年

1月，绍兴县农村储蓄达11024万元，比1978年增长近7倍。是全省第一个农村储蓄“亿元县”。

2月15日，中共中央政治局委员、全国人大常委会委员长彭真一行到绍兴县视察。

9月3日，浙江省第一所县级乡镇企业干部学校——绍兴县乡镇企业干部技术学校正式开学。

历届人民代表大会

9月8日至13日，绍兴县七届人大一次会议召开。之后于1987年5月25日至30日、1990年5月5日至10日、1993年4月22日至27日、1998年3月25日至31日、2003年3月20日至24日、2007年2月6日至9日、2012年2月9日至12日，分别召开八届至十四届人大一次会议。【相关链接】2017年2月20日至2月23日、2022年2月20日至23日，分别召开柯桥区一届、二届人大一次会议。

9月28日至10月1日，举办首届全县农民运动会。

10月1日，《绍兴经济报》正式发刊。【相关链接】1992年1月1日《绍兴县报》创刊，《绍兴经济报》停刊。

11月，华舍乡乡镇企业总产值达到1.03亿元，成为全省第一个“亿元乡”；夏履乡乡镇企业总产值达到1159万元，成为全省纯山区乡中第一个“千万元乡”。

1985年

6月1日，中国少年先锋队绍兴县第一次代表大会召开。

9月9日，召开全县庆祝全国第一个教师节大会。

围涂精神

10月21日至28日，时隔8年后绍兴县重启围垦海涂工程。【相关链接】从1969年1月8日实施“六九丘”①围涂至1985年，绍兴县先后组织围垦人员40多万人次。1990年2月开展九〇丘春围海涂机械化突击堵口工程，首次从筑堤到堵口全部采用机械化作业。至2007年按省政府制定的规划线完成，共开展19次围涂工程，围成海涂14.32万亩，占全县总面积近1/10。2007年9月绍兴县召开庆祝治江围涂40周年报告会，正式将“围涂精神”的核心内涵概括为“尊重科学、艰苦奋斗、团结拼搏、百折不挠”。2011年

① 2022年，绍兴市公布了第三批地名文化遗产名录，并且第一次将近现代重要地名列入地名文化遗产名录。柯桥区海涂六九丘上榜。

12月，“绍兴县口门治江围涂工程”完工，标志着绍兴县成为杭州湾沿岸最先完成标准海塘建设的县（市、区）。

11月7日至14日，绍兴县举行首届职工运动会。

12月，世界卫生组织考察团到绍兴县考察肠道寄生虫病防治工作。

1986年

4月，全国职业教育现场会在柯桥纺织技校召开。会上，绍兴县介绍开展职业教育的先进经验。

4月，绍兴县拉舍尔经编机装备及其织物系列产品开发被国家科委列入国家“星火计划”。

11月13日，绍兴县纺织工业科学研究所成立。

1987年

1月5日，于1984年11月动工兴建的由世界粮食计划署援建的二七〇〇工程绍兴县项目基本竣工。

2月23日，绍兴县柯桥区被国家科委列为国家“星火计划”柯桥纺织密集区。

5月12日，豆姜乡红江村建设工程被国家科学技术委员会、城乡建设环境保护部列为1987—1988年全国村镇建设“星火计划”，成为江南水乡建设示范村。

9月8日，中共中央政治局委员、书记处书记、国务院副总理乔石到绍兴县视察。

10月30日，绍兴县首届文化节开幕。

1988年

全国重点文物保护单位（9处）

1月，古纤道被国务院确定为第三批全国重点文物保护单位。2014年，古纤道（钱清板桥至柯桥街道上谢桥段）成为世界文化遗产点。【相关链接】

截至2022年底，柯桥区共有各级文物保护单位（点）168处。其中，全国重点文物保护单位（9处）：1988年1月第三批，古纤道；2001年6月第五批，印山越国王陵；2006年5月第六批，王守仁墓、徐渭墓；2013年3月第七批，柯岩造像及摩崖题刻、舜王庙、绍兴越国贵族墓群、大运河（柯桥区段）、绍兴古桥群（太平桥、融光桥、接渡桥）。省级文物保护单位（10处）：马鞍遗址、鉴湖遗址·大王庙、善庆学校旧址、绍兴古桥群（西跨湖桥）、绍兴会稽山古香榧种植园——稽东古香榧林、羊山造像及摩崖石刻（含石佛寺）、虹明桥、鉴湖官塘、姚长子纪念碑与万安桥。

绍兴精神

1月，县委在全县范围内开展关于“绍兴精神”的大讨论。大讨论为期10个月。10月24日《绍兴经济报》发表评论员文章，提炼出“绍兴精神”的基本内核为“勤、智、韧、创”。

2月27日至28日，中国人民银行行长陈慕华一行到绍兴县考察信用联社和绍兴平绒总厂。

2月，始于1987年初的颁发居民身份证工作结束，全县应发证708246人，实发证664576人，发证率93.83%。

3月18日，国务院批准绍兴县为沿海经济开放区。

3月28日至30日，绍兴县名特优产品暨进出口商品展销会在厦门举办。

4月8日，绍兴第一印染厂与中国纺织品进出口公司浙江省服装分公司、绍兴对外贸易公司联合建立中国纺织品进出口公司浙江省服装分公司绍兴县工贸联营厂。是浙江省第一家纺织、印染、服装一条龙的外向型企业。

4月14日至15日，省委书记薛驹一行到绍兴县考察富盛镇倪家婆村和柯桥轻纺机械厂、县第二纺织厂。

5月，世界银行卫生考察团到绍兴县第二医院、柯桥人民医院、华舍镇卫生院和西蜀阜村保健站，考察县、区、乡、村四级医疗卫生事业发展情况。

6月25日，绍兴县消费者协会成立。

8月24日，民盟绍兴县总支重新组建。

9月9日，绍兴县被国家教委、财政部评为全国教育工作先进县。

10月1日，浙江省最大的轻纺产品交易场所——绍兴轻纺市场正式开业并举办轻纺物资大型交易会。省政协主席商景才出席开业典礼。

重振“四千精神”

11月3日至5日，县委七届五次全体（扩大）会议提出重振“四千精神”。【相关链接】1986年9月19日绍兴县向1.3万余名乡镇供销员发出关于开展以“五比五看”为主要内容的社会主义劳动竞赛的倡议书，要求发扬“千家万户、千方百计、千山万水、千言万语”的精神。

是年，绍兴县首次进入全国十大财神县名单，位列第十。之后又分别于1989年、1991年、1993年、2003年入列全国十大财神县。

1989年

5月5日，县委县政府召开纪念绍兴解放40周年报告会。

5月6日，县委县政府出台《关于1989年度县长奖励基金奖励对象的意见》，首次设立县长奖励基金，褒奖在社会主义物质文明和精神文明建设中取得显著成绩的单位和个人。

农村教育综合改革“柯桥实验”

5月，全国农村教育整体改革重点项目经验交流研讨会在绍兴县召开。7月，绍兴县被国家教委正式确定为全国农村教育综合改革实验县。【相关链接】1987年9月绍兴县柯桥区被浙江省教委定为农村教育整体改革试验区，进行“基础教育与人的社会化——大面积提高农村基础教育质量的实验研究”教改实验（柯桥实验）；10月，“柯桥实验”入列“七五”计划全国教育科研项目。1990年7月28日至31日“柯桥实验”第一轮研究成果通过专家鉴定，8月进行“经济较发达地区农村教育模式研究”（第二轮）。1996年4月19日全国教育科学“八五”规划重点课题“柯桥实验”研究成果在柯桥镇通过全国教育科学规划领导小组等部门的鉴定。

从“绍兴东风酒厂”到“会稽山绍兴酒股份有限公司”

6月7日，绍兴东风酒厂召开首届股东代表大会，正式成立董事会。【相关链接】1992年绍兴东风酒厂被批准为国家大型工业企业，2005年12月更名为“会稽山绍兴酒有限公司”，2007年9月更名为“会稽山绍兴酒股份有限公司”，2014年8月25日公司在上海证券交易所挂牌上市。1985年8月绍兴东风酒厂生产的花雕酒获巴黎国际美食及旅游产品展销会金奖，1988年12月“会稽山”牌加饭酒、花雕酒和元红酒等5个品种在首届中国食品博览会上荣获金奖，1992年7月“会稽山”牌加饭酒在第四届国际酒类及饮料博览会上以黄酒组最高分获金奖，1998年9月25日“会稽山”牌黄酒成为人民大会堂唯一指定的国宴黄酒品种。1999年5月16日“会稽山”商标被国家工商行政管理总局列为首批国家重点保护商标，2005年6月23日被认定为中国驰名商标。

6月，绍兴县司法局被中宣部、司法部评为全国普法工作先进集体。【相关链接】2001年4月绍兴县被评为全国“三五”普法先进县。

7月9日，省委副书记、省长沈祖伦到绍兴县考察海涂资源开发、机械化围涂和商品粮基地建设的情况。

8月27日至29日，省委副书记、省长沈祖伦到绍兴第一印染厂考察，并召开座谈会了解乡镇企业和当前经济工作的情况。

11月15日，省委书记李泽民到绍兴县柯桥区，与部分乡镇企业骨干厂厂长围绕贯彻中央治理、整顿方针和乡镇企业当前面临的新情况、新问题进行座谈。

11月26日，农工党绍兴县总支重新组建。

12月4日至6日，绍兴县在柯桥镇举办大规模的商品交易会。12月5日省委副书记、省长沈祖伦考察商品交易会，提出要继续搞好工业结构、产品结构的调整，乡镇企业要靠联营增加出口，靠出口提高企业素质。

1990年

1月6日，省委副书记、省长沈祖伦到钱清镇召开部分村党支部书记座谈会，就工矿企业的形势教育作出指示。

2月9日，绍兴县启动第四次人口普查。11月18日结束并公布。截至1990年7月1日零时绍兴县总人口893051人，其中女性452597人，占50.68%；男性440461人，占49.32%。

2月15日，民建绍兴县支部重新组建。

3月，东浦镇、胜利乡富强村分别被建设部评为全国村镇建设文明集镇、文明村庄。

4月30日，钱清供销社获全国总工会颁发的“五一劳动奖章”。

6月8日至10日，绍兴县商品展销会在广州市举行。

7月，省委副书记、省长沈祖伦到绍兴县考察，走访部分纺织企业，并召开分管企业镇长座谈会。

10月27日，民革绍兴县支部重新组建。

10月，绍兴县举行为期4天的台湾同胞、港澳同胞、海外侨胞联谊会。

11月19日，绍兴轻纺市场荣获全国文明集贸市场称号。

11月30日，国务委员、国家科委主任宋健带领参加全国第五次“星火计划”南方片会议的300多位代表，参观绍兴县第二丝织厂、绍兴轻纺市场和绍兴县经编机械厂。

12月17日至19日，绍兴县残疾人联合会第一次代表大会召开。

12月30日，绍兴县成为全省第一个实现通信现代化的县。

1991年

1月22日，绍兴县柯桥纺织职业技校被国家教委评为1990年全国职业技术教育先进单位。

2月23日，绍兴县地方志编纂委员会成立。【相关链接】1999年8月12日《绍兴县志》首发。2006年1月9日绍兴县史志办公室获评首批全国方志先进集体。

4月2日，奥地利议会议长哈塞尔巴赫一行到绍兴县考察豆姜乡红江村。

4月6日至9日，全国农村电网技术改造与技术进步工作会议在绍兴县召开。

5月11日，民进绍兴县总支委员会成立。

李瑞环到绍兴县视察

5月20日至21日，中共中央政治局常委、书记处书记李瑞环一行到绍兴县视察轻纺城市场。

7月1日，全县党员干部大集会庆祝中国共产党成立70周年。

7月，全县教育工作会议宣布从1991年起全县62个乡镇全部实施九年制义务教育。

8月11日，联合国粮农组织考察团一行12人考察豆姜乡红江村。

9月17日至19日，全国政协科技兴农视察团到绍兴县视察科技兴农和吨粮田工程建设工作。

10月22日至24日，绍兴县首届台属代表会议召开。

江泽民到绍兴县视察

10月25日，中共中央总书记、国家主席、中央军委主席江泽民到绍兴县视察，听取关于绍兴县农村社会主义思想教育情况的汇报。省委书记李泽民、省长葛洪升等陪同视察。【相关链接】1995年5月15日中共中央总书记、国家主席、中央军委主席江泽民到绍兴视察，先后走访绍兴县部分国有大中型企业和乡镇企业，听取关于中国轻纺城发展情况的汇报。中共中央政治局委员、上海市委书记黄菊，中共中央政治局候补委员、书记处书记温家宝等陪同视察。2003年10月15日，中央军委主席江泽民一行到绍兴县视察柯岩鲁镇景区。省委书记习近平、省长吕祖善等陪同视察。

10月29日，绍兴县荣获全国文化工作先进地区称号。

11月14日至15日，省委书记李泽民到绍兴县调研，实地考察华舍镇的吨粮工程建设和豆姜乡红江村的“两个文明”建设情况。李泽民在华舍镇考察时指出，要树立大农业观念，农林牧副渔全面发展，种养加结合，粮食生产要在三熟制不动摇的基础上，调整作物结构，提高米质，提高效益。

是年，绍兴县工农业总产值首次突破百亿元，达到115.4亿元，连续8年名列全省第一。

1992年

1月18日，绍兴县汽车仪表总厂、绍兴汽车油泵厂、齐贤纺织机械厂、绍兴金属压延总厂、绍兴麻棉纺织总厂、绍兴第一印染厂、绍兴县丝绸一厂被农业部授予全国先进乡镇企业称号。

4月，绍兴海涂机械化蛋鸡场竣工投产。是全省最大的商业机械化养鸡场。

5月2日，农业部公布1991年度全国机电产品出口创汇额超500万美元乡镇企业的名单，绍兴电视机厂位列第七，是全省第一家机电产品出口创汇额超1000万美元的乡镇企业。

李鹏到绍兴县视察

5月6日，中共中央政治局常委、国务院总理李鹏到绍兴县视察，参观书法圣地兰亭等地。

5月8日至10日，绍兴县采用拍卖形式筹集资金建设市场对东交易区的152间门面的6年租赁权进行公开拍卖。这是国内市场营业房租赁权的第一次拍卖。

撤区扩镇并乡

5月19日，全县撤区扩镇并乡工作结束。撤销鉴湖、皋埠、马山齐贤、钱清、柯桥、漓渚、平水、越南、越北10个区；原管辖的25个镇37个乡调整为22个镇、3个乡，分别为柯桥镇、齐贤镇、皋埠镇、钱清镇、马山镇、斗门镇、鉴湖镇、东浦镇、孙端镇、福全镇、马鞍镇、平水镇、安昌镇、王坛镇、华舍镇、湖塘镇、兰亭镇、稽东镇、杨汛桥镇、漓渚镇、富盛镇、陶堰镇和平江乡、夏履乡、稽江乡。

5月29日，全国政协副主席王恩茂一行到绍兴县考察绍兴轻纺市场和浙江合成纤维总厂。

全国第一家以“中国”命名的专业市场——中国轻纺城

全国第一家由大型专业市场改组而成的规范化股份制企业

6月1日，经国家工商行政管理局批准，绍兴轻纺市场更名为浙江绍兴中国轻纺城。这是全国第一家以“中国”命名的专业市场。【相关链接】1984年7月1日由县工商行政管理局和柯桥镇政府共同投资15万元建成柯桥轻纺产品市场。1986年县委县政府决定扩建一个新的轻纺市场，1988年10月1日绍兴轻纺市场正式开业。1992年1月8日东交易区建成开业，成为全国规模最大的纺织品批发市场。1992年9月12日绍兴县举行新闻发布会宣布以柯桥轻纺市场为起点兴建一个现代化的中等城市——中国轻纺城。1993年3月25日中国轻纺城改制为股份有限公司，5月9日中国轻纺城发展股份有限公司正式成立，是全国第一家以大型专业批发市场为基础组建的股份制企业。1994年4月28日中国轻纺城北交易区建成，1994年9月8日中国轻纺城西市场工程建成开业。1994年11月2日绍兴中国轻纺城发展股份有限公司正式被国务院列为全国百家现代企业制度试点单位，成为全国第一家由大型专业市场改组而成的规范化股份制企业。1997年1月17日，浙江中国轻纺城集团股份有限公司股票在上海证券交易所以上网定价的方式发行，2月28日“轻纺城”股票正式挂牌上市。

6月19日，省委书记李泽民考察绍兴轻纺市场，听取市场负责人对市场建设、培育和发展情况的汇报，对市场所创造的良好社会效益和经济效益给予肯定；同时要求绍兴轻纺市场进一步搞活流通，促进经济发展，争取成为全国一流的集贸市场。

6月30日，绍兴县被正式确定为浙江省第一个90年代社会主义新农村建设试点县。1999年7月16日成为省首批14个新农村建设达标县之一。

7月6日，国务院发展研究中心、国家统计局、中国统计信息报社公布中国农村综合实力百强县（市）名单，绍兴县名列第八位。

8月4日，中国国际贸易促进会绍兴县支会、中国国际商会绍兴县商会成立暨第一届会员代表大会召开。

8月25日，《会稽湖风景旅游区总体规划》通过评审。

10月5日，绍兴大越股份有限公司成立。是全省流通领域首批规范化股份制试点单位之一，标志着绍兴县经济体制改革迈出新的一步。

11月4日，绍兴县人才市场正式挂牌成立。是全省首家人才市场。

12月29日，林业部批准绍兴县林场建立兰亭国家森林公园。1997年6月16日正式开园。

1993年

3月27日，九三学社绍兴县基层委员会成立。

3月，中国第一家大型专业市场报《轻纺城报》创刊。

5月10日，全国人大常委会副委员长陈慕华一行考察中国轻纺城和社会主义新农村建设示范村之一的兰亭镇联合村。

5月15日，中共中央政治局委员、国务委员兼国家体改委主任李铁映到绍兴县考察中国轻纺城。

5月15日，绍兴县粮食总公司举办浙江省首次县（市）级粮食产销订货会。

5月27日至30日，第五届全国信用联社深化改革研讨会暨绍兴县信用联社成立6周年庆祝大会在绍兴县召开。【相关链接】1987年5月31日浙江省首家农村信用合作联社——绍兴县信用合作联社成立，2005年改制为浙江绍兴县农村合作银行，2011年1月18日改制为绍兴县瑞丰银行，2021年6月25日登陆上交所主板。是浙江省首家上市农商银行。

5月28日，省委副书记、省长万学远一行到绍兴县考察杭甬高速公路绍兴段建设工地。

6月18日，全国政协副主席杨汝岱到绍兴县考察中国轻纺城，称中国轻纺城是“中国市场经济的先驱”。

6月21日，省委书记李泽民一行考察浙江合成纤维总厂，认为该厂是全省乡镇企业的“排头兵”，已经达到国际同行业的先进水平，代表了乡镇企业的发展方向。

6月23日，全国政协副主席钱正英一行到绍兴县考察，参观中国轻纺城和浙江合成纤维总厂。

8月9日，绍兴县成立全国第一家县级商标事务所。

8月17日至18日，绍兴县和浙江大学科技经济协作洽谈会召开，双方签署《建立科技经济协作关系意向书》。

8月18日，绍兴县举行中国轻纺城经营户大会。首次提出中国轻纺城的发展目标——兴商建市，兴市建城。

8月25日至28日，绍兴县经济贸易恳谈会在香港美丽华酒店举行。

9月7日，日本日中经济贸易中心考察团一行考察中国轻纺城。

9月8日，绍兴县体委被国家体委评为全国群众体育工作先进单位。

9月16日至18日，绍兴县被国家计生委评为全国计划生育工作先进县。

9月28日，浙江省物资系统首家规范化股份制流通企业——浙江金桥股份有限公司正式成立。全国人大常委会副委员长吴阶平到场祝贺。

9月，绍兴县被省政府正式评为吨粮工程建设达标县。

10月11日，世界银行环境工作专家一行4人考察鉴湖水系、东风酒厂、中国轻纺城。

10月23日，中国人民银行行长李贵鲜一行考察中国轻纺城。

10月28日，位于绍兴县漓渚镇的绍兴花卉市场建成营业。

11月18日，绍兴县财政局被评为全国财政系统先进集体。

胡锦涛到绍兴县视察

11月22日至23日，中共中央政治局常委、书记处书记胡锦涛到绍兴县考察转换经营机制和党建工作的情况，并视察中国轻纺城。省委书记李泽民、省长万学远等陪同考察。

12月11日，全国人大常委会副委员长李锡铭一行到绍兴县视察浙江合成纤维总厂和中国轻纺城。

12月24日，绍兴县纪念毛泽东诞辰100周年文艺晚会举行。

12月30日，绍兴县文化馆被文化部评为全国标准文化馆。

1994年

1月6日，中共中央政治局委员、国务院副总理李岚清考察中国轻纺城。省委副书记、省长万学远等陪同考察。

4月7日，参加中国“星火计划”国际研讨会的18个国家的100余位代表到国家级“星火计划”示范区——杨汛桥镇参观。

4月28日，中共中央政治局委员、书记处书记、中宣部部长丁关根一行到绍兴县考察，听取关于加强社会主义“两个文明”建设的汇报，并参观书法圣地兰亭。

4月28日，浙江天汇时装大都会在中国轻纺城奠基。是浙江省规模最大的时装交易市场。

4月28日，柯桥经济开发区正式成立。2012年11月7日晋升为国家级经济技术开发区。

5月4日，绍兴县青年联合会成立。

5月12日，县委县政府印发《绍兴县社会主义精神文明建设纲要（1994—2000年）》。

5月，绍兴县被民政部授予全国民政工作先进县称号。

6月8日至9日，省委书记李泽民到绍兴县考察农村工作，对绍兴县大力推进农村土地适度规模经营和积极搞好乡镇企业经营机制转换工作予以肯定。

6月17日，中共中央委员、中央统战部常务副部长、全国工商联党组书记蒋民宽一行考察中国轻纺城、浙江龙图蛇业公司和绍兴小小企业总公司。

6月25日，国家商标局审定中国轻纺城统一商标。该商标以市场为注册人，供经营者共同使用，开全国先河。

7月15日，绍兴县被省政府命名为首批6个建筑之乡之一。

7月22日，中国轻纺城商会正式成立。

8月22日，民革绍兴县总支成立。

9月2日，绍兴县鲁迅中学举行落成暨开学典礼，省委书记李泽民等到场视贺。【相关链接】10月3日省委副书记、省长万学远考察鲁迅中学，对绍兴县创办鲁迅中学表示充分肯定。

9月21日，浙江省地方专业产品质量监督检验总站纺织品检测站在绍兴县纺织工业科学研究所建立。是全省乡镇企业系统中唯一一家省级纺织品检测站。

9月至10月，绍兴县计算机职业高级中学、杨汛桥镇职业技校被国家教委评为全国农村教育综合改革先进单位。

10月9日，全国人大常委会副委员长陈慕华一行视察中国轻纺城。

10月21日，清华大学、北京大学等37所直属重点高校党委书记、校长一行到绍兴县考察。

10月27日。绍兴县成为全国6个农村城市化试点县之一。是浙江省唯一入选的县。

10月30日，全国政协副主席孙孚凌到绍兴县视察中国轻纺城。

10月，马鞍镇市桥村小区被国家科技委员会和建设部批准为国家重大科技产业工程2000年小康型城乡住宅示范小区。

11月12日，中日合资绍兴索密克汽车配件有限公司成立。

11月17日，新加坡绍兴县经贸洽谈会在新加坡濠景大酒店举行。

温家宝到绍兴县视察

12月8日至9日，中共中央政治局候补委员、书记处书记温家宝一行到绍兴县视察中国轻纺城、马鞍镇寺桥村和兰亭镇联合村，了解绍兴县市场建设、农村工作和农业生产情况。【相关链接】2001年8月13日，中共中央政治局委员、书记处书记、国务院副总理温家宝到绍兴县了解经济相对发达地区农业综合开发、农业结构调整和土地使用权流转情况，先后走访钱清镇凤仪村现代农业园区、杨汛桥镇庙上村和柯桥镇新风村。温家宝强调指出，土地是农业农村问题的核心，不能小看；要使土地使用权流转持续健康发展，关键是要保持第二、第三产业的发展。国务院副秘书长马凯、国家粮食局局长聂振邦等随同视察。2008年11月21日，中共中央政治局常委、国务院总理温家宝到绍兴县视察浙江华联三鑫石化有限公司和宝纺印染有限公司，了解企业解困发展情况。省委书记赵洪祝、省长吕祖善等陪同视察。2011年10月3日至4日，中共中央政治局常委、国务院总理温家宝一行到绍兴县，先后视察中国轻纺城、绍兴轻纺城创意园、绍兴县汇金小额贷款公司等，并召开座谈会。温家宝指出，金融机构要把规范经营、防范风险与搞好对企业的服务有机结合起来，积极支持中小企业转型升级、科技创新；有关部门要认真研究，采取具体措施规范金融秩序，切实加强对中小企业的金融服务。省委书记赵洪祝，省委副书记、代省长夏宝龙等陪同视察。

12月12日，北京大学校长吴树青、清华大学党委书记方惠坚等20多所国家重点大学领导参观绍兴县计算机职业高级中学。

12月16日，在首届全国县（市）科技实力擂台赛上，绍兴县以综合科技实力第五名的成绩跻身全国科技实力强县行列，列浙江省所有参赛县市首位。

1995年

1月4日，绍兴县第三建筑工程公司承建的上海市宝山区体委训练房获1994年度中国建筑工程最高奖——鲁班奖，是绍兴县建筑企业首次获得该奖项。

2月15日，绍兴县柯桥纺织技术密集区被农业部列为全国首批50家乡镇企业示范区之一。

2月26日，绍兴县成立全省首家国有土地资产运行所。

3月1日，绍兴县被全国绿化委员会授予“全国造林绿化百佳县”称号，马山镇红江村被评为全国造林绿化千佳村。

4月11日，绍兴县被列为8个全国小城镇户籍制度改革试点县之一。

4月17日，绍兴县小百花越剧团获全国文化先进集体称号。【相关链接】2008年3月绍兴县小百花艺术中心获全国三八红旗集体称号。2015年3月2日柯桥区小百花越剧艺术传习中心演员部荣获全国五一巾帼奖状、全国工人先锋号称号。

4月19日，全国政协副主席孙孚凌到其祖籍所在地绍兴县平江乡同康村视察。

4月20日，全国政协副主席钱正英一行到绍兴县视察马鞍镇新农村建设，称赞是全国农村奔小康的典范，要求进一步搞好村级医疗保险和村容村貌等工作，并提出发展印染业要注意污染问题。

5月4日，绍兴县人民检察院被最高人民检察院授予集体一等功。

5月6日，绍兴县与美国宝山集团有限公司举行项目合作签字仪式。

5月19日，省长万学远一行到杭甬高速公路绍兴县段施工现场检查工作。

6月8日，绍兴县海外交流协会成立。是浙江省第一个县级海外交流协会。

6月27日，绍兴县代表全省37个达标县接受卫生部等国家五部委联合组织的初级卫生保健达标中期评审，7月1日召开情况反馈会，宣布绍兴县初级卫生保健工作达到国家标准。【相关链接】2003年1月17日绍兴县被评为全国农村初级卫生保健工作先进县。

7月7日，中国轻纺城人才市场正式开业。是国内首家股份制人才市场。

9月1日，省委副书记、省长万学远带领省级有关部门负责人到绍兴县考察浙江小小企业总公司、浙江华能综合发展有限公司等企业和马鞍镇寺桥村以及鉴湖水系，并召开企业家座谈会听取关于科技进步的情况汇报。

9月20日，全国人大常委会副委员长倪志福视察中国轻纺城，详细了解市场交易、“三产”发展、农村城市化等情况。

9月30日至10月4日，由绍兴县与新华社摄影部联合举办的《今日绍兴》大型图片展在北京中国革命博物馆中央大厅展出。全国人大常委会副委员长陈慕华、王光英、程思远为图片展剪彩。

国家级非物质文化遗产代表性项目

10月12日至17日，绍兴莲花落《“傻瓜”闪光》在第二届中国曲艺节上夺得由中国曲艺节组委会首次设立的创作、表演、音乐设计、伴奏四项

“牡丹大奖”。该奖为全国曲艺界的最高奖。2013年10月10日绍兴莲花落《追新郎》在第二届中国曲艺之乡曲艺大赛中获金奖。是浙江省唯一一个金奖节目。【相关链接】国家级非物质文化遗产代表性项目：2006年5月20日（第一批），绍兴莲花落；2008年6月（第二批），绍兴宣卷；2021年5月（第五批），绍兴舜王庙会。

11月9日，全国人大常委会原副委员长叶飞到绍兴县视察中国轻纺城。

11月24日，柯桥镇被民政部命名为全国最佳乡镇。

12月11日，绍兴县档案局（馆）被国家档案局授予全国档案系统先进集体称号。

12月16日，浙江省首家国有农垦企业股份合作制试点——绍兴县神洲垦业有限公司成立。

12月31日，绍兴县在全省率先实现“村村通电话”。

1996年

1月17日，全国政协副主席孙孚凌到绍兴县视察政协工作。

1月25日，绍兴县创建全国科技工作先进县通过国家级验收。

2月27日，国家环保局批准绍兴县为浙江省唯一一个全国生态示范区建设试点县。2000年3月入列首批33个（浙江3个）国家级生态示范区之一。

3月18日，县委县政府印发《绍兴县社会主义精神文明建设九五规划（1996—2000年）》。

3月18日，县委印发《中共绍兴县党建工作五年规划（1996—2000年）》。

4月16日，浙江省首家县级慈善总会——绍兴县慈善总会正式成立。【相关链接】2017年4月1日柯桥区慈善总会第一届会员代表大会召开。2022年11月24日柯桥区慈善总会第二次会员代表大会发布全市首个区域慈善品牌——乐善柯桥；12月6日《2021年浙江城市慈善发展指数报告》发布，柯桥区以总分82.42分排名全省区（县、市）第一。

4月17日，全国政协副主席孙孚凌到绍兴县检查指导政协工作，提出绍兴县政协组织要在农业的改革、科技的推广等方面再做一些深层次的调查研究，为实现“两个转变”作出新的贡献。

4月18日至22日，绍兴县举办中国（绍兴）服装纺织面料及纺机交易会。

5月13日至14日，省委书记李泽民一行到柯桥、钱清等地专题调查了解企业转制、加强集体资产管理和保值增值的情况。

6月11日，中共中央政治局委员、国务院副总理钱其琛到绍兴县了解旅游业发展情况，实地参观兰亭景区。省长万学远等陪同考察。

6月24日，中共中央政治局委员、宁夏回族自治区人民政府主席白立忱一行到绍兴县考察中国轻纺城。

7月20日，民建绍兴县总支成立大会召开。

8月26日，县档案馆成为全省第一家省一级档案馆。

9月25日至28日，举行首届县机关运动会。

10月26日，省委副书记、省长万学远一行到绍兴县考察轻纺城浙大职训中心、县职教中心，对绍兴县重视发展职业教育，实施教育强县战略予以肯定。

10月28日，中国轻纺城对市场摊位的物业管理实行电脑网络化。在全国同类工业品要素市场中属首家。

夏履镇　浙江省第一个省级生态镇　中国非织造布名镇

10月31日，夏履镇被省环保局确定为浙江省第一个省级生态镇。1997年4月24日联合国环境署正式批准夏履镇为全球环境五百佳，是1996年中国唯一入选单位。【相关链接】2009年8月2日，夏履镇被中国产业用纺织品行业协会授予中国非织造布名镇称号；2011年11月18日，中国产业用纺织品集群创新发展论坛在绍兴县举行，夏履镇获中国非织造布名镇技术创新先进集群称号。

11月3日，中共中央政治局委员、国务院副总理姜春云到绍兴县考察中国轻纺城和东浦镇中华鳖集团，对绍兴县经济和社会事业发展给予充分肯定。省委书记李泽民等陪同考察。

11月25日，绍兴县成为全省第一个建制镇县。

12月11日，中国十强县（市）文艺精品展演开幕式暨文艺晚会在绍兴县举行。

12月28日，绍兴县污水治理工程正式投入运行。工程日排污能力15万吨，占全县工业污水总量的75%左右。

12月30日，国家技术监督局公布1995年度全国消灭无标生产试点县（市）验收结果，绍兴县是全国第一批通过验收的单位。

1997年

1月21日至23日，韩国潭阳郡友好访问团一行到绍兴县访问考察，双方就缔结友好交流合作关系达成协议。

1月，绍兴县被国家教委评为“两基”（基本普及九年制义务教育、基本扫除青壮年文盲）工作先进县。

3月3日，绍兴县被中央社会治安综合治理委员会、人事部评为全国社会治安综合治理先进集体。

3月25日，拉美议会秘书长内伊·洛佩斯率领拉美议会代表团一行到绍兴县参观考察浙江亚太轻纺集团和中国轻纺城。

4月15日至17日，全国劳动用人制度改革与劳动监察工作会议在绍兴县召开。

5月16日，省委副书记、代省长柴松岳带领省政府有关部门负责人到绍兴县考察浙江日月首饰集团、中国恒柏集团和浙江南方集团等乡镇企业。柴松岳强调，乡镇企业要加强管理，艰苦奋斗，勤俭办厂，调动广大职工的生产积极性。

轻纺城“二次创业” 确立“国际纺织之都、现代商贸之城”战略目标

5月19日，全国人大常委会副委员长费孝通考察夏履镇、杨汛桥镇和中国轻纺城。费孝通指出，中国轻纺城不仅规模大，而且发展潜力大，发展“二次创业”前景广阔。【相关链接】1998年5月24日县委县政府拟定中国轻纺城“二次创业”的基本思路，提出用5年时间把中国轻纺城建设成为中国乃至国际的纺织品交易中心、信息中心、技术开发中心和价格发布中心。2006年4月8日《关于进一步做大做强中国轻纺城的若干意见》出台，确立“国际纺织之都、现代商贸之城”战略目标，组建中国轻纺城建设管理委员会。

6月4日至6日，全国纺机行业研讨会在绍兴县召开。绍兴县介绍全县经济发展情况，华能精工集团作典型发言。

6月10日，绍兴县被国务院妇女儿童工作委员会授予全国儿童工作先进县称号。

6月25日，绍兴县与浙江省科委签订创省级CAD计算机辅助管理示范县合同，标志着以实现现代化管理为目标的计算机应用工程在全县推行。

7月4日，绍兴县命名首批跨世纪学科带头人，同时成立县人才开发基金。

8月27日，绍兴县被全国爱卫会评为“八五”期间农村改水先进县。全县受益人口74万，农村自来水覆盖率83.7%。

9月1日，绍兴县越崎中学正式开学。由中共中央政治局常委、全国政协主席李瑞环题写校名。校内建有孙越崎纪念馆。【相关链接】2000年10月21日孙越崎科教基金第九届颁奖仪式在越崎中学举行，全国政协副主席孙孚凌出席仪式并为越崎中学落成剪彩。

9月5日，柯桥镇被建设部命名为首批全国小城镇建设示范镇。

9月16日，来自印度、孟加拉、斯里兰卡、泰国、印度尼西亚、瑞士、尼日利亚、肯尼亚、斐济9个国家的官员和教授到绍兴县考察皋埠、夏履等地的生态建设情况。

9月16日至10月13日，绍兴县举办文化艺术节。

10月5日，全国人大常委会副委员长费孝通到马鞍镇视察县建特种水产养殖场。

10月21日至23日，全国乡村城市化试点县（市）工作会议在绍兴县召开。

10月28日，中国轻纺城纺机市场正式开业。

10月，绍兴县卫生防疫站被卫生部评为全国计划免疫先进单位。

10月，皋埠镇上将村凤凰山发现春秋战国时期越国古墓，出土石器、青铜器、玉器、木器、陶器等珍贵文物80余件。

12月22日，省委副书记、代省长柴松岳率省有关部门负责人到绍兴县考察污水治理工程中心泵站的运行情况。

1998年

2月13日，由中共浙江省委宣传部、绍兴县人民政府和浙江电影制片厂联合制作的电影《周恩来——伟大的朋友》举行首映式。

3月28日，柯桥至成都专列从中国轻纺城火车站发出。是全国首次推出的直达行李包裹快运业务。

6月29日，《绍兴县小舜江工程移民安置方案实施意见（试行）》提出将库区内王坛、平水2个镇11个自然村的5674人搬迁至马山、斗门、齐贤等13个镇的113个安置点。一期移民动迁安置于同年11月30日结束，二期于1999年8月31日基本完成。

9月10日，绍兴县柯桥中学西藏班落成开学。2000年2月2日被国务院评为全国民族团结进步模范单位。【相关链接】2004年5月25日全国最大的教育援藏项目之一——浙江省绍兴县西藏民族中学落成。

9月19日，钱清轻纺原料市场被国家经贸委授予1998年全国生产资料十大市场称号。2007年10月中国轻纺城钱清原料市场上榜中国社会科学院评出的中国十强创新市场（位列第二）。

9月21日，省委副书记、省长柴松岳一行到绍兴县考察旅游业，实地了解印山越国王陵的发掘、保护、开发等情况。柴松岳强调，既要开发旅游资源，更要开发旅游产品，真正把旅游资源优势转化为产业优势。11月，印山越国王陵修复工程动工。2000年9月28日正式对外开放。

10月13日，绍兴县环保局被人事部授予人民满意的公务员集体称号。

10月22日至26日，中国十强县——绍兴商品展销会在广西壮族自治区东兴市举行，中国轻纺城东兴分市场挂牌成立，这是轻纺城在外地开办的第一家分市场。【相关链接】1997年1月11日至13日中国十强县——绍兴纺织面料展示会在深圳举行。1998年4月2日中国十强县——绍兴农产品展示暨项目恳谈会在上海举行；11月15日中国十强县——绍兴经济发展恳谈会在北京举行，会上，12位专家学者被聘为县政府顾问，县政府与北京理工大学、中国纺织科学研究所分别签订共建产学研基地和科技经济合作协议。

10月30日，全国CAD应用培训网络杭州中心中国轻纺城网点在绍兴县职教中心成立。这也是全省首家县级网点。

10月30日，新疆维吾尔自治区党委书记王乐泉率自治区党政班子考察团一行，到绍兴县考察中国轻纺城和浙江金舟集团等乡镇企业。

11月3日至5日，全国政协副主席孙孚凌到绍兴县视察，先后走访中国轻纺城、越崎中学、绍兴中华鳖集团有限公司，对绍兴县的农村教育农业龙头企业发展情况等进行调研，并参观印山越国王陵、柯岩风景区。

11月17日，全国水土保持示范工程揭牌仪式在福全镇迪埠村举行。是浙江省首个、全国首批水土保持综合治理示范工程之一。1999年5月竣工。【相关链接】1999年5月绍兴县被水利部、财政部确定为全国水土保持生态环境示范县；2001年1月成为浙江省首批国家级水土保持生态环境建设示范县之一。

11月29日，以中共中央政治局委员、上海市委书记黄菊为团长的上海市代表团一行，到绍兴县考察社会和经济发展情况。省委书记张德江，省委副书记、省长柴松岳等陪同考察。

12月17日，绍兴县改革开放二十周年十大成就评选揭晓。十大成就为：农业农村改革推进深化、乡镇企业异军突起、中国轻纺城欣欣向荣、大交通格局全面构筑、科教兴县成就突出、水利事业突飞猛进、金融事业大发展、旅游事业蓬勃发展、治污工程谱写新篇章、新闻战线空前活跃。

1999年

1月3日，新华社浙江分社公布：绍兴县1998年财政总收入达到10.4亿元，成为浙江省第一个财政收入超10亿元的县。

1月，绍兴县被列为全国首个纺织行业CAD应用示范县。

3月2日至3日，尼日尔共和国驻华大使博扎里·赛义杜到绍兴县进行友好访问，《中国绍兴县与尼日尔共和国经济合作意向书》正式签订。这是绍兴县首次与一个国家签订经济合作协议。

4月8日，绍兴县被民政部授予全国村民自治模范县称号。

新世纪绍兴形象

4月25日，县委印发《关于在全县开展"新世纪绍兴形象"大讨论活动的意见》，活动至10月22日基本结束。归纳出新世纪绍兴形象是实力更强，环境更美，风气更正；新世纪绍兴人形象是求实、勤奋、聪明、文明；新世纪班子形象是团结、廉洁、高效、务实；新世纪企业形象是诚实、守信、创新、高效；新世纪环境形象是碧水蓝天共存，人与自然和谐。

4月26日，绍兴县与俄罗斯符拉迪沃斯托克市缔结为经贸合作市县。

5月1日，古巴共产党中央政治局委员、国务委员会副主席何塞·拉蒙·马查多一行到绍兴县参观访问。

5月29日，绍兴县中国轻纺城集团股份有限公司与杭州新中大计算机系统有限公司共同投资组建浙江省最大的软件企业——杭州新中大软件有限公司。

6月8日，浙江省规模最大、设施最好、功能最全的乡镇敬老院——绍兴县柯桥夕阳红中心敬老院建成并投入使用。

6月，绍兴县国税局福全税务所被国家税务总局、共青团中央授予1998年度全国税务系统青年文明号。

7月1日，省政协主席刘枫一行到绍兴县考察教育工作，实地察看县职教中心教学设施。刘枫指出，要在巩固公办教育的基础上，大力发展民办教育，动员社会力量参与办学；要大力发展职业技术教育，为地方经济建设培养更多的实用型人才。

7月2日，中国轻纺城市场被国家经贸委确定为首批35家重点联系市场之一。

8月12日，省委书记张德江一行到绍兴县调研发展效益农业情况，先后视察中日合资绍兴御茶村茶业有限公司和漓渚镇花卉基地，对绍兴县发展效益农业表示肯定。

9月9日，县委县政府召开专题会议部署“双创”工作——创建省级文明城市和国家卫生城市。【相关链接】2004年1月8日，上榜浙江省创建文明城市工作先进县（市、区），2005年成功创建国家卫生县城。

10月7日，中国轻纺城进出口商品交易区正式开业，标志着轻纺城的战略定位开始由国内市场为主转向国内国际两个市场并举。

10月14日，绍兴县举办首次农业科技招商洽谈会。

11月，绍兴县第一个通过了浙江省首批教育强县试点验收。

12月27日，《1999—2010年安昌镇古镇保护规划》出台。规划将安昌镇建设定位为具有水乡特色的旅游性历史文化名镇。【相关链接】1991年10月安昌古镇成为首批浙江省历史文化街区、村镇（同批还有柯桥古镇）。2000年1月22日绍兴县举办首届安昌古镇腊月风情节，此后每年举办。2005年7月18日安昌古镇被中央电视台评为中国魅力名镇，9月被评为全国第二批历史文化名镇。2010年12月17日被中国民间文艺家协会命名为中国师爷文化之乡，中国师爷文化研究基地同时建立。2021年11月发布的《绍兴市柯桥区安昌历史文化名镇保护规划》目标为以“年味古镇·地道安昌”为形象定位，打造生活着的千年水乡古镇。

是年，绍兴县国内生产总值2028629万元，成为全省第一个国内生产总值超200亿元的县（市），其经济总量连续15年位居全省各县（市、区）第一。

2000年

1月8日，中国轻纺城科技中心和中国轻纺城会展中心建成并投入试营业。

1月21日，绍兴县被建设部授予全国村镇建设先进县称号。

1月，绍兴县水产技术推广站被农业部评为1999年度全国农业技术推广先进集体。

2月16日，省委书记张德江一行到绍兴县考察印山越国王陵。

2月24日，浙江纵横集团与韩国岭南大学举行轻纺技术合作签约仪式，成为绍兴县首家与国外大学联合走科技开发之路的乡镇企业。

3月17日，浙江远东化纤集团、绍兴纺织机械集团被国家科委评定为国家级重点高新技术企业。

3月25日，中国轻纺城科技园区创立暨纺织技术市场开业仪式在柯桥经济开发区举行。全国政协副主席孙孚凌出席仪式。

4月3日，中国农科院茶叶研究所绍兴名茶培训中心在稽江镇成立。是浙江省首个由国家科研机构在茶区建立的培训中心。

4月19日，全国政协副主席万国权一行到绍兴县视察印山越国王陵。

4月23日，中国科学院院长路甬祥到绍兴县考察高新科技企业——浙江稽山企业集团亚美生物化工有限公司，对稽山企业集团在把高科技研究成果转化为市场产品方面作出的努力予以充分肯定。

4月30日，由绍兴市和绍兴县合建的绍兴污水处理厂在马鞍镇海涂开工建设，12月31日建成并试运行。该污水处理厂为全国单体容量最大的工业污水处理项目。

5月12日至14日，国家纺织工业局、绍兴市纺织丝绸行业管理办公室和绍兴县政府共同举办加入世界贸易组织对中国纺织服装流通的影响和对策研讨会。

5月28日，全国政协副主席赵南起到绍兴县考察市场建设情况，对绍兴县依托市场办企业、产业升级拓市场的做法表示肯定。

6月，绍兴县被中共浙江省委评为全省首批农村基层组织建设工作先进县。

8月1日，省委副书记、省长柴松岳一行17人到绍兴县考察海涂标准海塘建设情况。

9月8日，中共中央政治局委员、全国人大常委会副委员长田纪云到绍兴县考察经济社会发展情况。省委副书记、省长柴松岳等陪同考察。

9月16日，中共中央政治局委员、国务院副总理吴邦国到绍兴县考察中国轻纺城和柯岩风景区。省委书记张德江、省长柴松岳等陪同考察。

10月22日至24日，王坛镇首次在舜王庙举办舜越文化旅游节暨农特产品交易会。此后每年举办。

10月31日，绍兴县与浙江大学签订4项科教合作协议，建立科教全面合作关系。

10月，中国轻纺城北联托运市场正式投入使用。

11月1日，绍兴县正式启动第五次全国人口普查，2001年4月12日公布。截至2000年11月1日零时，绍兴县总人口791797人，其中男性392831人，占49.61%；女性398966人，占50.39%。

11月2日，绍兴县在日本举办绍兴农业推介招商暨农产品展示会。此举开创了浙江省县级政府在境外进行农业招商的先河。

11月8日，县文明委制定并印发《绍兴县农村社会主义精神文明建设规划（1999—2005年）》。

11月，绍兴县被国家体育总局授予全国体育先进县称号。

12月30日，绍兴县“九五”期间重点工程——总投资2.37亿元的“五路一桥”工程全部完工。“五路”指轻纺城东环线、轻纺城西环线、104国道钱清至柯桥段、谢秋公路、绍甘线；“一桥”指的是绍兴县首座城市立交桥——中国轻纺城公铁立交桥。

2001年

1月10日，如期完成省委省政府1997年下达的3年期标准海塘建设任务。这是绍兴县历史上投资最大的水利基础工程，防御洪潮标准提高到百年一遇。

国家AAAA级旅游区（6家）

1月11日，绍兴县柯岩风景区被国家旅游局授予首批国家AAAA级旅游区。【相关链接】2018年5月29日绍兴酷玩小镇·东方山水乐园被批准为国家AAAA级旅游景区，加上之前获批的绍兴柯岩风景区、绍兴兰亭风景区、绍兴县大香林乡村休闲旅游区、绍兴安昌古镇旅游区、绍兴市乔波冰雪世界旅游区，柯桥区已拥有6家AAAA级旅游景区。

1月20日，绍兴县被省信息产业厅确定为全省首批信息化试点县（市）之一。

2月9日，绍兴县轻纺科技中心研制成功全国首台数控印花激光制网机。

3月9日至13日，绍兴县十一届人大四次会议审议批准县政府提出的《关于绍兴县国民经济和社会发展第十个五年计划纲要（草案）》。

3月18日，绍兴县公安局交警大队柯桥中队被公安部表彰为创建平安大道先进集体。

3月19日，科技部在绍兴县召开全国生产力促进中心工作现场会。10月，绍兴县纺织生产力促进中心被科技部认定为国家级示范生产力促进中心。

打造国际纺织中心，建设江南水乡名城

3月23日，位于柯桥镇鉴湖路的新行政中心正式运行，并举行揭牌仪式，绍兴县人民政府驻地正式迁址柯桥②，结束绍兴县多年来“有县无城”的历史。【相关链接】2002年10月18日，县委常委会提出“北工中城南闲”的城市建设新思路。“北工”着眼于打造国际纺织品制造中心和现代化工业新城；“中城”致力于营造国际纺织品贸易中心，推进城市化；“南闲”构筑柯岩、鉴湖、香林“三景一体”的旅游景区大板块，把南部建设成为休闲居住区块。2003年2月26日至3月1日召开的中共绍兴县第十一次代表大会明确提出“打造国际纺织中心，建设江南水乡名城”。

② 2000年6月绍兴县行政区划调整，鉴湖、东浦、马山、斗门、皋埠5个镇划归绍兴市越城区。同时县委县政府决定将县人民政府驻地从越城区延安路迁至绍兴县柯桥镇。

3月27日，省委副书记、省长柴松岳参观调研绍兴御茶村茶业有限公司③。

3月31日至4月1日，绍兴县举办首届会稽龙井茶文化节。

4月7日，绍兴县职教中心被教育部批准为国家级重点中等职业学校。

4月26日，科技部在杨汛桥镇召开全国可持续发展与小城镇建设研讨会。

4月，柯西经济开发区柯西工业园区被农业部命名为全国乡镇企业科技园区。

5月6日，省委副书记、省长柴松岳一行到绍兴县考察新县城建设情况。

5月19日，省委书记张德江到绍兴县考察柯桥城区的社区党建工作，充分肯定柯桥镇积极探索特色社区党建之路所取得的成果。

5月27日，全国政协副主席、中国致公党主席罗豪才一行到绍兴县考察“三农”工作，指出绍兴县发展“一优两高”农业，走产供销、贸工农一体化道路的经验值得在全国推广。

5月30日，全国首家村办电影院——杨汛桥镇中王村状元亭儿童电影院启用。

6月10日，全国人大常委会副委员长布赫考察印山越国王陵。

6月28日，绍兴县举办纪念建党80周年党史回顾展。30日召开纪念建党80周年大会。

8月4日，浙江嘉利蛋白质纤维有限公司年产万吨蛋白质纤维项目正式投产，成为全国最大的蛋白质纤维生产基地。

8月23日，全县部分镇行政区划调整工作会议召开。撤销柯桥镇、华舍镇、湖塘镇，新建柯桥街道、柯岩街道、华舍街道、湖塘街道，撤销平水镇、平江镇、王坛镇、稽东镇、稽江镇，建立新的平水镇、王坛镇、稽东镇。

9月5日，绍兴县人民对外友好协会成立。

③ 1993年，东方红茶场与日本大石茶园株式会社合资创办绍兴御茶村茶业有限公司，产品全部出口日本。

9月20日，全国人大常委会副委员长铁木尔·达瓦买提到绍兴县考察旅游事业发展。

9月25日，参加世界摄影家看浙江活动的美、法、英、德、意、日等国和我国港澳台地区的近50名摄影家，到安昌古镇采访报道。

10月11日，全国政协副主席经叔平到绍兴县考察经济发展情况和部分民营企业。

10月20日，国家审计署在杨汛桥镇召开全国乡镇审计经验交流暨理论研讨会。

10月，绍兴县被中宣部、国家计生委授予全国婚育新风进万家活动先进县称号，钱清镇被授予全国婚育新风进万家活动先进乡（镇）称号。【相关链接】2005年11月14日国家人口和计划生育委员会在北京召开2001—2005年全国婚育新风进万家活动经验交流暨表彰大会，绍兴县作为浙江省唯一的先进县（市、区）在北京领奖。

11月8日，中国轻纺城集团数码城开园。

12月10日，省委书记张德江在一份关于绍兴县开展养老保险扩面工作的内参上作出批示：绍兴县扩大养老保险覆盖面的经验很宝贵，应当认真总结推广，所取得的成绩，应当充分肯定表彰。【相关链接】1995年3月17日绍兴县被省政府列为全省3个民政社会保障试验区之一，1997年3月25日通过验收。截至2008年1月1日，全县农村老年居民全部参与养老保险或享受生活补助，实现城乡老年居民基本生活保障全覆盖。

12月12日，宋六陵古松群和西路桂花林被省林业厅公布为省第一批重点自然保护区。

杨汛桥精神

12月13日，历时3个月的“杨汛桥精神”大讨论活动结束，“永不平庸、永不放弃、永不满足”被确定为“杨汛桥精神”。【相关链接】杨汛桥镇国家级荣誉：1993年7月7日被国家科委和国家体改委正式批准为12个国家级社会发展综合实验区之一。1995年6月11日被国家体改委、建设部等11

个部委确定为全国小城镇综合改革试点镇之一。1998年3月被农业部认定为全国乡镇企业工业示范区。2002年7月10日入列科技部星火计划办公室颁布的“十五”第一批全国星火小城镇示范镇创建单位。2004年4月28日上榜国家环保总局命名的第二批全国环境优美乡镇④，是绍兴市第一个获得该荣誉的乡镇。2008年3月25日入选国家发改委第二批全国发展改革试点小城镇（平水镇同批次入选）名单。

2002年

1月17日，中共中央政治局候补委员、国务委员吴仪一行到绍兴县考察舒美特纺织有限公司、中国轻纺城，对绍兴县纺织产业、市场发展及外贸出口等工作给予高度评价。省委书记张德江等陪同考察。

4月17日，中共中央政治局委员、书记处书记、中宣部部长丁关根一行到绍兴县考察印山越国王陵。

5月26日，位于柯桥柯北新城、规划用地22.7公顷、建筑面积近40万平方米、总投资12亿元的绍兴世贸中心破土动工。

6月7日，中共中央政治局候补委员、中央书记处书记、组织部部长曾庆红一行到绍兴县调研“三个代表”教育活动，实地走访轻纺城舒美特纺织有限公司及柯岩街道新风村等。省委书记张德江等陪同调研。

6月11日，参加浙洽会的俄罗斯、法国、意大利、卢森堡、奥地利、日本、荷兰7个国家10位专家组成的考察团到绍兴县考察，先后参观中国轻纺城会展中心和纺织博物馆。

7月25日至26日，全国纺织科技成果推介及产业化对接会在绍兴县召开。

8月，绍兴县被全国爱国卫生运动委员会授予“全国农村卫生厕所普及工作先进单位”称号。

8月，绍兴县被国家发展计划委员会、国家电力公司联合授予全国农村

④ 全国环境优美乡镇：杨汛桥（第二批），夏履（第三批），齐贤（第四批），王坛、兰亭、平水、富盛（第六批）、稽东镇（第七批）。

电网建设与改造工作先进县称号。

8月，中国轻纺城被认定为全国首家诚信经营单位。

9月9日，绍兴市第一所外来民工子弟学校绍兴县蓝天实验学校正式开学。

9月22日，绍兴县首次面向全国招聘村务工作者。此举开浙江省先河。

10月11日至13日，绍兴县举办首届房地产展示交易会。

10月18日，全国政协副主席胡启立一行到绍兴县考察旅游业发展情况。

11月29日，中共中央委员、全国供销合作总社党组书记周声涛一行到绍兴县考察调研供销社改革发展情况，指出供销社要坚持为农业、农村、农民服务的宗旨，以改革促进发展。

2003年

1月7日，省委书记、代省长习近平到绍兴县考察经济社会发展情况，先后到绍兴县舒美特纺织有限公司、中国轻纺城和新未庄开展调研，听取工作汇报，全面了解绍兴县经济发展、市场建设及农民生活等方面的情况。

1月13日至14日，绍兴县在上海市举办2003年接轨上海投资贸易环境推介会。7月31日，在上海举行2003年接轨上海投资环境推介暨经贸洽谈会和农副产品展示及直销活动。

全国百强县之十强（国家统计局公布⑤）

1月，国家统计局农调总队公布2001年全国县域社会经济综合发展指数评价结果，绍兴县重返全国十强，综合排名第十。10月21日，国家统计局农调总队公布2002年度最发达100个县（市）名单，绍兴县位列全国第八。

【相关链接】2004年9月25日国家统计局公布最新测算结果，绍兴县位居第十位；2005年位列第九位（10月22日公布）。2006年9月17日国家统计局在绍兴县召开的“2005中国最发达县域经济论坛”上公布中国十强县最新排名，绍兴县位列第十。

⑤ 从1991年开始，国家统计局连续多年对县域的社会经济综合发展进行测算，这就是每年一届的全国百强县评选。2007年以后，国家统计局的“百强县”评选取消。

3月30日，中共中央政治局委员、中共湖北省委书记俞正声率湖北省党政考察团一行到绍兴县考察经济和社会发展情况。

4月4日，全国第一所高等书法艺术院校——兰亭书法艺术学院在兰亭镇举行奠基仪式。

4月10日，省委副书记、省长吕祖善一行21人到绍兴县调研工业经济，对绍兴县打造“两个中心⑥”和推动柯桥经济开发区、滨海工业区建设的举措表示肯定。

5月30日，省委书记习近平到绍兴县看守所考察基层公安工作。

6月30日，省政府确定绍兴县为全省4个农村综合改革试点县之一。

7月14日，省委书记习近平到绍兴县参加省重点项目浙江华联三鑫石化有限公司PTA奠基仪式，并考察杭州湾绍兴工业新城区规划建设情况。习近平指出，要抓住机遇，实现制造业的大发展，加快形成环杭州湾产业带。

9月16日，绍兴县成为全国率先开播数字电视的县之一。

9月28日，全国政协副主席、中国工程院院长徐匡迪一行就打造先进制造业基地到绍兴县进行专项调查。

9月28日，绍兴县举行柯岩景区鲁镇开园仪式。

11月3日至4日，省委副书记、省长吕祖善，省人大常委会副主任俞国行，省政协副主席陈昭典等一行，到绍兴县柯桥参加接待群众到访活动。当天接访活动共接访184批466人次。接待活动结束后，吕祖善主持召开总结会，提出要研究建立一个为群众排忧解难的长效机制。

12月6日至7日，2003年中国城镇建设发展论坛在绍兴县举行。

12月24日，荣获全国首批国家计生工作先进县称号。

12月26日，始于1999年12月的平水江水库除险加固工程通过浙江省水利厅的验收，彻底摘掉全省“病害”水库的帽子。水库及下游两岸的防洪能力由10年一遇提高到50年一遇。

12月，中国轻纺城国际物流中心建成开业。

⑥ 绍兴县创建“两大中心”战略规划描绘，到2007年绍兴县初步形成国际纺织品制造中心和国际纺织品贸易中心，到2012年发展成为功能完备的“两大中心”。

2004年

1月1日，绍兴县对全县种养业一律免征农业税。

1月5日，曹娥江口门大闸前期工程暨闸前大桥和绍兴县滨海大桥奠基开工。

从“驻村指导员”到“共富指导员”

1月9日，绍兴县在兰亭镇召开驻村指导员双向选择大会，首推优秀干部驻村制度，谢家坞村成为首个试点村。2月2日召开的全县党建工作座谈会要求全县各镇（街道）全面推行该制度。2月12日，省委书记习近平对兰亭镇驻村指导员工作作出批示：绍兴县贯彻省委会议精神行动快，兰亭镇实践初见成效值得肯定。3月30日，省委省政府召开电视电话会议，肯定绍兴县的尝试，要求在全省推开。【相关链接】2006年6月14日绍兴县被省委省政府通报表彰为农村指导员工作先进单位。2021年5月24日“传承·发扬”——驻村指导员制度17周年论坛在柯桥区举行，论坛上首次发布《驻村指导员工作标准》。17年来，柯桥区累计选派驻村（社）指导员17批次、5300余人次。从最初的驻村，延伸扩展到驻社和驻企，又深化到实现村级集体经济收益100万元目标的“共富指导员”。2022年5月27日柯桥区“传承发扬驻村指导员制度打造推进共富‘硬核’队伍”上榜全省高质量发展建设共同富裕示范区最佳实践（第一批）名单。

1月，柯岩街道新未庄社区、新风村，杨汛桥镇展望村，马鞍镇国庆村被省委省政府表彰为第一批省级全面小康建设示范村。

2月6日，绍兴县在平水、王坛、稽东、富盛4个山区镇实行义务教育阶段杂费全免。此举开浙江省先河。

2月20日，浙江兰亭高科有限公司的路面沥青改性、乳化关键技术获国家科学技术进步奖二等奖。这是绍兴县企业首次获得该奖项。

3月19日，绍兴县“舒美特纺织”“二印”“稽山印染”3家纺织印染企业的4种产品获万泰生态纺织品认证，获得冲破欧美纺织品市场绿色贸易壁垒的“通行证”。

3月31日，省委副书记、省长吕祖善一行到绍兴县调研春耕备耕工作，先后察看县粮食储备中心、县农资公司齐贤供应点、齐贤镇光明村和八字桥村春耕备耕现场。吕祖善强调，各地要确保各项重农政策和优惠措施准确到位，为种粮大户提供优质服务，使种粮大户放手放心种粮。

4月9日至11日，中国首届兰文化博览会在柯岩鲁镇举行。

4月20日，全国人大常委会副委员长、九三学社中央主席韩启德一行到绍兴县视察轻纺城会展中心、中国轻纺城市场、柯岩鲁镇景区，了解经济社会发展情况。

4月20日，全国政协副主席阿不来提·阿不都热西提带领全国政协统筹城乡社会发展调研组一行，到绍兴县考察柯岩街道新风村、新未庄社区，华舍街道社区卫生服务中心和马鞍镇成人教育中心等。

5月11日，中国银行绍兴县支行获全国五一劳动奖状揭牌仪式在县行政中心举行。

7月1日，新型农村合作医疗制度正式实施。至年底，全县参加新型医疗农村合作医疗的人数共535374人，覆盖率达84.2%，在全省乃至全国处于领先地位。

7月11日，绍兴县首届“人口·生育文化节”开幕式在中国轻纺城大剧院举行。

7月12日，省委书记习近平到绍兴县调研工业经济，对绍兴县落实科学发展观，主动适应国家宏观调控政策给予肯定。

7月23日，中国轻纺城联合市场奠基开工建设，标志着轻纺城市场正式进入升级、改造阶段。2006年2月15日竣工开张。

“三单式”培训　“三有一化”改革

8月10日，省委副书记、省长吕祖善到绍兴县调研大社保和被征地农民保障工作，肯定绍兴县在探索“三有一化”改革方面取得的成效，指出提高被征地农民就业技能是最可靠的保障，要下大力气搞好技能培训，切实提高被征地农民的转移就业能力。【相关链接】2月6日，绍兴县十万农民转移工程、纺织制造业熟练工人培训工程和来绍务工人员培训工程“三大培训工程”正式启动。3月22日，浙江省政府专题调研组在绍兴县召开农民转移培训工作座谈会，认为绍兴县的“三单式”（企业下“订单”、学校出“菜单”、政府来“买单”）培训及“三有一化”（被征地农民有保障、有股份、有技能和村庄社区化）改革让农民有本事好务工，为全省乃至全国推进农民转移培训工程提供有价值的经验。5月24日全国农村社区学习中心能力建设与农民培训研讨会在绍兴县举行，绍兴县在会上作以“三单式”为主要内容的农民就业培训工作经验介绍。2005年6月29日，全国农村劳动力转移培训阳光工程办公室“阳光工程服务老区特别行动”启动仪式在绍兴县举行，江西省、贵州省革命老区400名农民成为首批农村劳动力转移培训就业者。2005年，绍兴县被征地农民“三有一化”改革基本完成，覆盖率达94%。

8月17日至19日，WTO全球后配额时代中国纺织工业发展峰会在柯桥举行。全国人大常委会副委员长顾秀莲、中国世界贸易组织研究会会长佟志广及来自全国19个省区市的300多位嘉宾出席峰会。

8月27日，由文化馆、图书馆、博物馆及市民广场组成的绍兴县明珠文化广场落成。“三馆一广场”2003年初正式动工兴建，是新县城建设史上的一个里程碑。

9月8日，新世纪第一次国家级艺术盛会——第七届中国艺术节（绍兴县分会场）暨绍兴县第四届文化艺术节开幕，大型广场文艺晚会《激情飞扬》在明珠文化广场举行。

9月28日，绍兴县举办首届中国轻纺城国际汽车博览会，至10月5日结束。从2008年起，由每年一届改为每年举办春季、秋季两届汽车博览会。

11月1日至2日，绍兴县作为唯一的县级单位特邀参加由建设部和广州市政府联合主办的2004中国市长论坛，并在会上作题为《统筹城乡协调发展的新希望》的演讲。

11月7日，“百名专家绍兴行·科技对接”活动在柯桥街道举行。

11月8日，国家“863计划”项目——绍兴纺织业网络化制造应用示范项目ASP公共服务平台在绍兴县行政中心正式开通。

11月12日，第三届中国曹禺戏剧奖评论奖颁奖活动在绍兴县举行。是该奖项首次在县级城市举行颁奖会。

11月18日，由全国妇联组织发起的“美德在农家”活动示范点授牌仪式在柯岩街道新风村举行。新风村是全省唯一获此荣誉的单位。（全国仅10家）

11月19日，全国人大常委会副委员长成思危一行到绍兴县了解民营经济发展情况，先后到浙江天圣股份有限公司、轻纺科技中心实地考察，并与民营企业家代表和民建会员进行座谈。成思危对绍兴县民营经济给予高度评价，认为其走出了一条符合本地实际的发展路子。

11月，浙江日月首饰集团有限公司注册的“明牌”商标被认定为中国驰名商标，是绍兴县首个。

12月4日，浙江省宝业集团股份有限公司作为全国唯一的民营建筑企业获得全国建设人才工作先进单位称号。

12月29日，县委县政府召开全县商贸服务业工作会议，这是绍兴县改革开放后第一次专题部署商贸服务业工作的会议。2005年3月2日县府办印发《绍兴县商贸服务业发展规划纲要（2004—2010）》。

2005年

1月18日，浙江省文物考古研究所和绍兴县文保所公布杨汛桥镇寺前山遗址初步考古发掘结果。从出土文物认定，最早的文物应属于距今6000年左右的马家浜文化，这一发现将绍兴史前文化前移1000年。

首批“四好农村路”全国示范县

1月19日，自2003年7月启动的绍兴县“康庄工程”全部竣工通车，绍兴县成为全省第一个通村公路通达率100%和通村公路硬化率100%的县（市），实现“村村通公路”。【相关链接】2017年8月24日，柯桥区入选交通运输部命名的首批“四好农村路”全国示范县。

1月20日，县委县政府出台《关于开展全县“清水河道”建设的实施意见》，提出利用3年时间初步完成大规模的河道治理建设任务。2006年底实现了“三年任务两年完成”目标。

3月18日，《绍兴县南部山区发展总体规划》通过专家论证。规划范围包括平水镇、稽东镇、王坛镇、富盛镇。

3月29日，省委副书记、省长吕祖善率省有关部门负责人一行27人到绍兴县调研工业经济发展情况，听取存在问题和建议，研究对策措施。吕祖善对绍兴县提出的“做精做高纺织业、做大做强非纺业”思路及加速推进结构调整和产业升级的举措给予肯定，勉励绍兴县走新型工业化道路，促进三大产业协调发展。

3月31日，绍兴县获评首批平安创建先进县。【相关链接】2017年3月31日，柯桥区捧回首批“平安金鼎⑦”。

4月3日，全国首套60万吨PTA装置“华联三鑫”PTA项目在滨海工业区建成投产。2006年10月7日二期60万吨PTA项目实现投料生产，“华联三鑫”成为国内最大的PTA制造基地。

4月17日，全国首家轻纺专业人才市场——中国轻纺（城）人才市场成立。

4月19日，全国政协副主席、全国供销合作总社主任白立忱一行到绍兴县视察县供销超市配送中心，调研供销系统改革和供销超市便民店建设情况。

4月20日，中共中央政治局原委员、全国政协原副主席杨汝岱一行到绍兴县，参观柯岩风景区和鲁镇，对绍兴县利用文化名人发展旅游业的做法予以肯定。

4月28日，绍甘线车头至王坛段改建工程竣工并投入使用，标志着绍兴县自2003年起实施的南部山区“五线”（绍甘线车头至王坛段、车竹线、平陶线富盛段、钱夏线夏履段、平水大道）工程全部完工。

---

⑦ 2023年3月30日成功实现浙江省级平安区创建“十八连冠”，顺利夺取浙江省在平安建设方面的最高奖项——全省首批“二星平安金鼎”。

5月17日，省委书记习近平到绍兴县调研基层文化建设和农村消费安全建设工作情况，实地考察杨汛桥镇文化中心、钱清镇梅东便利店和县明珠广场。

5月18日，绍兴县公交总站落成启用。是浙江省规模最大的县级公交总站。

5月22日至30日，绍兴县经贸考察团赴韩国、日本考察，在韩国大邱和日本大阪分别举办经济贸易合作洽谈会和投资环境说明会。

5月24日，浙江欧亚薄膜材料有限公司投资17亿元的PET熔体直接拉膜4条生产线建成投产，年产薄膜48万吨，成为全国最大的BOPTE生产基地。

6月14日，绍兴县—景宁县滩坑水电站库区移民安置政府对接仪式举行。【相关链接】2006年8月14日首批滩坑移民搬迁入住仪式在孙端镇樊浦村举行。随后，景宁县陈村、大顺和金钟3个乡的1130名移民陆续迁到绍兴县马鞍、孙端、陶堰、杨汛桥、夏履、兰亭、富盛、漓渚8个镇安家落户。

6月17日，鉴湖中学举行落成典礼。

6月，绍兴县柯北第一小学⑧开展“红色网上游”主题活动。7月8日，省委书记习近平专门来信，称赞“红色网上游”活动非常有意义，希望少年队员们“牢记昨天，珍惜今天，把握明天，继承先烈遗志，勤奋学习，积极向上，努力成为有理想、有道德、有文化、有纪律的一代新人，为实现中华民族的伟大复兴作出自己的贡献”。

7月16日，绍兴市唯一一所由国家体育总局批准建成的全国青少年体育培训基地——浙江柯桥全国青少年体育俱乐部建成开放。

7月20日，绍兴县单体投资规模最大的商贸综合项目——中国轻纺城国贸中心奠基。

8月23日，首届中国大学赛艇公开赛在绍兴县平水镇会稽湖举行。

9月5日，绍兴县举办首届“民间突出人才、技能突出人才”评选活动。

⑧ 2009年8月更名为“柯桥区中国轻纺城小学”。

9月15日，全国人大常委会副委员长、九三学社中央主席韩启德一行视察印山越国王陵，并对绍兴县文物保护工作取得的成绩给予肯定。

9月16日至18日，由国家统计局农村社会经济调查总队主办的中国最发达县域经济论坛在绍兴县举行。全国人大常委会副委员长蒋正华到会讲话，省委书记习近平为论坛致信祝贺。其间，举行“绍兴县·中国民营企业家峰会”。

10月14日，全国百所院校人才智力博览会在绍兴县举行。

10月22日，绍兴永利印染有限公司研发的YL定型机废气处理系统通过省级验收，填补国内空白。

10月26日，柯岩街道新风村被中央文明委授予全国文明村镇称号。此为首批，是全市唯一获此称号的村。

11月2日，绍兴县公安局被公安部表彰为全国公安机关集中接待处理群众来信来访先进单位。

11月22日，中共中央政治局委员、国务院副总理吴仪到绍兴县考察农村消费安全工作，指出绍兴县的农村消费安全工作，要在建立巩固长效机制的基础上，充分发挥示范作用，形成带动辐射，逐步在全省推广。省委副书记、省长吕祖善等陪同考察。

11月，国务院公布2005年国家级科技型中小企业技术创新基金。绍兴县有7个项目入列，数量居浙江省各县（市、区）之首。

12月1日，由绍兴县文化馆、图书馆、博物馆和文保所合并组成的县文化发展中心成立。此举为全省首创。

贾庆林到绍兴县视察

12月14日，中共中央政治局常委、全国政协主席贾庆林到绍兴县视察，听取关于绍兴县跳出“三农”抓“三农”、统筹城乡兴“三农”的工作汇报，并深入新未庄社区了解农村出现的新变化。贾庆林充分肯定绍兴县新农村建设取得的成就；指出实施“三有一化”改革，是为老百姓办了一件实事；新未庄社区建设起点高、成效大，居民老有所养、病有所医、安居乐业，是社会主义新农村的典范。省委书记习近平等陪同视察。

12月21日，首届长三角地区农办主任会议在绍兴县召开。

国家卫生县城 全省首批文明县

12月27日，绍兴县县城被全国爱国卫生运动委员会授予“国家卫生县城”称号。【相关链接】2009年1月20日，在全国精神文明建设工作表彰大会上，绍兴县县城获第四批“全国创建先进城市（区）”称号。2012年2月9日，绍兴县被省委省政府命名为全省首批文明县。

12月30日，全县印染行业定型机废气污染专项整治动员大会就全面开展蓝天行动进行部署。

12月31日，绍兴县水利局被人事部、水利部评为全国水利系统先进集体。

12月，齐贤镇被浙江省体育局评为全省首批体育强镇。

2006年

1月4日，绍兴县公布第一次全国经济普查主要数据。全县共有从事第二、第三产业的法人单位6455家，产业活动单位7067家，个体经营户44510家。

1月4日，首次召开全县慈善工作会议。会议提出“建立留本冠名慈善救助基金，支持慈善事业发展”的号召，有21家企业负责人当场认捐“冠名基金”2.2亿元，并由25家企业联合发起建立留本冠名慈善救助基金的倡议。

1月10日，中共绍兴县委十一届九次全体（扩大）会议审议通过《绍兴县国民经济和社会发展第十一个五年规划（建议）》。

1月10日，首届长三角最具投资价值县市评选揭晓，绍兴县在10个当选县（市）中名列第三。

3月8日，浙江新风热电厂与萧甬铁路有限公司合作建设的宁绍运煤新干线正式启动，此举开创全国民营资本注资参与铁路运输的先河。

4月，绍兴县被省政府表彰为全省首批11个渔业先进县（市、区）之一。

5月2日，中共中央政治局委员、国务院副总理曾培炎到绍兴县视察。

5月12日，“全国十强县浙江绍兴县网上人才智力博览会”开通仪式在北京人才市场举行。包括清华大学、北京大学、浙江大学、复旦大学等187所高等院校网站在内的200余个重点人才网站共同参与博览会。

5月26日，绍兴县延长山林承包期工作启动。全县山林承包期再延长50年，至2055年。

5月30日，全国纺织产业集群工作会议在绍兴县召开。绍兴县在会上介绍抓好集群工作，转变经济增长方式，实现产业升级的经验。

5月31日，商务部在绍兴县组织召开“走出去”战略座谈会。

6月28日，县委召开纪念中国共产党成立85周年暨总结先进性教育活动大会。

6月28日，县委县政府印发《绍兴县建设文化强县实施规划（2006—2010年）》。

新时期绍兴县精神

7月14日，县委办印发《关于进一步提炼弘扬新时期绍兴县精神的意见》，启动提炼弘扬新时期绍兴县精神活动。活动至9月结束，提炼形成“实干创业、开放创新、和谐创优”的新时期绍兴县精神表述语。

8月3日，为保护学生而英勇牺牲的平水镇中心小学教师祝香云，被人事部、教育部追授为“全国模范教师”称号，9月29日被民政部追认为革命烈士。

9月26日，2006中国乡村休闲旅游高峰论坛暨大香林乡村休闲旅游区开园典礼在绍兴县举行。国家旅游局致贺信。

10月22日，首届中国纺织服装品牌影响力传媒大奖颁奖典礼暨“影响·中国”中国纺织服装品牌影响力高峰论坛在绍兴县举行。会上，绍兴县被评为中国最具产业影响力的纺织城市，中国轻纺城被评为中国最具商业影响力专业市场。

全国首个通过验收的国家级县域经济信息化试点县

10月，绍兴县被国务院信息化办公室列为全国第七个国家级县域经济信息化试点地区，是浙江省唯一入选的县（市）。2008年12月4日通过验收，成为全国首个通过验收的试点县。

11月5日，中共中央政治局委员、书记处书记、中宣部部长刘云山到绍兴县考察工作。省委书记习近平等陪同考察。

11月10日，绍兴县正式创建成为省级园林城市。2008年2月，绍兴县入列建设部命名的2007年国家园林县城。

12月22日，绍兴县被文化部、国家文物局评选为2006年全国文物工作先进县。

2007年

1月11日，平原地区通小舜江水扫尾工程竣工并通过验收。实现绍兴县平原地区小舜江水的全覆盖。

1月27日，聚贤花苑举行入住仪式。是绍兴县首个人才公寓，也是浙江省最大的人才小区。

2月25日，县府办印发《绍兴县卫生强县建设与“十一五”卫生发展规划》。2010年2月，绍兴县被省政府命名为首批浙江省卫生强县。

3月，浙江省质量技术监督局批复同意浙江天圣控股集团有限公司成立全省唯一的纺织类标准化技术委员会——浙江省纺织标准化技术委员会。

4月27日，中韩（绍兴）纺织印染人才智力洽谈会在绍兴县召开。

5月26日至27日，省委书记赵洪祝、省长吕祖善一行到夏履镇莲东村走访农户，了解民情，征求意见，并召开部分市、县（市）、镇委书记座谈会，共同研究如何深化“作风建设年”活动。赵洪祝提出，当前要围绕增进感情、解决问题两方面的要求，深入开展“走进矛盾、破解难题”专项行动，解决好党员干部对群众的感情问题，进一步密切党群干群关系，解决群众困难，使群众得到实惠。要把握转变作风这一主题，坚决克服形式主义、官僚主义，树立干部良好形象。

5月28日，省委副书记、省长吕祖善到绍兴县调研，参观中国轻纺城国际贸易区、联合市场、东升路市场改造现场和浙江华联三鑫石化有限公司，了解中国轻纺城改造升级和企业生产经营情况。

6月15日，绍兴县柯桥成人教育中心被共青团中央、教育部等13家单位评为第五届全国千校百万进城务工青年培训工作先进集体。

7月9日，中国经济林协会命名绍兴县为“中国香榧之乡”。【相关链接】2013年5月9日，绍兴会稽山古香榧群（包括绍兴县稽东镇古香榧群在内）上榜第一批中国重要农业文化遗产；5月29日，绍兴会稽山古香榧群被认定为全球重要农业文化遗产保护试点单位，是世界上第一个以山地经济林果为主要特征的农业文化遗产利用系统。2017年12月26日，绍兴柯桥区⑨、诸暨市、嵊州市会稽山香榧主产区被九部委命名为首批中国特色农产品优势区。

8月21日，绍兴县十三届人大常委会五次会议审议通过《绍兴县县域总体规划（2007—2020）》。《规划》提出要将绍兴县打造成长三角南翼和环杭州湾地区的重要节点城市，浙江省率先发展的示范区和新型城市化的先行区，杭州都市经济圈的重要组成部分，绍兴中心城市的西翼副城区，并提出“一主三副两片⑩100个中心村”的县域城镇空间布局结构。

8月23日，绍兴县被国家食品药品监管局确定为首批国家级食品安全示范县（市、区）。

9月13日，第十三届中国国际化纤会议在绍兴县召开。

9月19日，绍兴县被林业部授予全国绿色小康县称号，平水镇同康村获全国绿色小康村称号。

9月23日，“大香林杯”中国围棋超级争霸赛在绍兴县开赛。

10月26日，绍兴县在上海举行2007年绍兴县商贸“三产”（上海）推

⑨ 2023年7月，柯桥区香榧产业协会申请的“稽东香榧”成为继“平水日铸”“平水珠茶”之后柯桥区第3个获准注册的国家地理标志证明商标。

⑩ 一主三副两片：“一主”指柯桥新县城，“三副”指滨海、钱杨、平水三个副中心城镇，“两片”指福全兰亭片和陶堰孙端片。

介会。

10月27日，中国社会科学院发布《中国商品市场发展报告蓝皮书》。绍兴县获中国十大市场称号，中国轻纺城获中国十大品牌市场称号，钱清中国轻纺原料市场获中国十大创新市场称号。

11月7日，绍兴县农民专业合作社联合会成立，将全县60家农民专业合作社联合起来。

11月，绍兴县永利环保科技有限公司开发的YL定型机废气处理系统被列入第一批《中国印染行业节能减排先进技术推荐目录》，绍兴地区仅此一项。

12月15日，中国首座酱文化博物馆在绍兴县平水副城正式开馆。

12月26日，在全国创建平安畅通县区工作电视电话会议上，绍兴县被授予全国平安畅通县称号。

柯桥区纺织工业创意设计基地　首批国家级示范园区

12月27日，绍兴县举办中国纺织创意产业基地发展战略研讨会，标志着绍兴县中国轻纺城纺织创意产业基地正式启动建设。【相关链接】2008年，基于打造国际性纺织创意中心的目标，绍兴市柯桥区纺织工业创意设计基地作为核心载体启动建设，2012年2月28日入列省级特色工业设计示范基地试点名单，2017年1月入围工信部第一批12家纺织服装创意设计试点园区（平台）名单，2021年12月15日成功入选第一批纺织服装创意设计示范园区（平台）名单（全国9个、全省2个）。

2008年

1月10日，中共中央政治局委员张德江考察绍兴县，实地走访浙江远东化纤集团等企业，听取关于绍兴县经济社会情况的汇报。省委书记赵洪祝、省长吕祖善等陪同考察。

1月24日，全国人大常委会副委员长、中国科学院院长路甬祥到绍兴县考察经济社会发展和企业开展科技创新等情况，对绍兴县民营企业大力发展高新技术、提升产业竞争力所取得的成绩予以肯定。

3月20日，全国旅游发展创业创新战略研讨会在绍兴县召开。

纺博会 国际性国家级纺织品专业展会

4月24日至26日，2008中国·柯桥国际面辅料博览会（春季）在柯桥世贸中心举行，是自1999年起举办中国纺织品博览会（纺博会）以来首次推出春季纺博会，从而开创了一年举办春秋两季纺博会的局面。10月25日至28日，2008中国柯桥国际纺织品博览会（秋季）在柯桥世界贸易中心举办。【相关链接】1999年4月24日至28日，'99中国轻纺城纺织品博览会在绍兴县举行，省委副书记、省长柴松岳参加开幕式，此为首届。2002年的第三届中国纺织品博览会，全国政协副主席张思卿出席开幕式并致辞。2004年11月6日至8日，中国（绍兴）国际纺织品博览会在柯桥世贸中心举行，纺博会冠名“国际”。2006年，纺博会被列为商务部内贸领域重点支持展会。2008年首次推出春季纺博会，10月9日，纺博会正式晋升为国际性国家级纺织品专业展会。至2022年升格为国家级展会的“纺博会”已举办24届。

4月24日，在品牌中国总评榜和第二届中国休闲经济发展论坛会议上，绍兴县被授予中国十佳休闲旅游名县、中国县域旅游品牌百强县（区）、2008中国最佳旅游品牌目的地称号。

5月30日，省委书记赵洪祝到绍兴县调研，并主持召开全省部分企业负责人座谈会，强调要全力支持抗震救灾，加快推进创业创新。

5月，宝业集团股份有限公司核准注册的“宝业及图”商标，被认定为中国驰名商标，这也是中国建筑行业首个驰名商标。

6月22日，全国政协副主席陈奎元带领全国政协大运河保护与申遗江调研组到绍兴县调研古纤道申遗情况。陈奎元指出，绍兴县要以创新的思路，挖掘大运河深厚的历史文化内涵，切实把申报世界文化遗产的过程变成加强大运河保护与管理的过程，推动大运河遗产的整体保护和可持续发展。

6月28日，绍兴县引进领军人才和聘请创新顾问大会在柯桥召开，会上举行浙江省轻纺人才市场成立仪式，这是全国首家省级轻纺专业人才市场。

6月28日，全国政协副主席、全国工商联主席黄孟复一行，到绍兴县视察精工钢结构集团有限公司的多晶硅结晶炉及无人直升机车间、海水淡化车间及总装车间。

7月4日，绍兴县在平水镇创办全国首家“文化慈善超市”，为贫困家庭学生免费提供学习、文化、体育等用品。随后，文化慈善超市覆盖至全县19个镇（街道）。

9月10日，绍兴县支援青川县凉水镇地震灾后恢复重建指挥部挂牌成立。【相关链接】2010年5月7日，绍兴县援建青川县凉水镇项目移交仪式暨凉水第二大桥通车典礼在凉水镇举行。至此，绍兴县全额援建青川县凉水镇的7个项目全部竣工并通过验收，总投资额1.03亿元。

9月15日，绍兴县被中国书法家协会命名为中国书法之乡。

9月18日，《绍兴县旅游发展总体规划》通过专家组评审。《规划》定位使绍兴县成为国际著名时尚商旅休闲之都。

9月19日，纪录电影《水客》在会稽山绍兴酒股份有限公司开机，是中国首部以越乡黄酒文化为背景创作的高清电影。

10月22日，第四届中国商品市场峰会在绍兴县召开。全国政协副主席厉无畏出席开幕式。会上，中国轻纺城、钱清中国轻纺原料城共同获得改革开放30年中国浙江十大功勋市场称号。

10月25日，中国纺织信息中心、国家纺织产品开发中心柯桥分中心揭碑成立。

习近平到绍兴县视察

10月30日，中共中央政治局常委、中央书记处书记、国家副主席习近平到绍兴县视察中国轻纺城东升路市场、浙江省现代纺织工业研究院。省委书记赵洪祝、省长吕祖善等陪同视察。

11月，绍兴水处理发展有限公司的污水处理三期工程投入运营，承担起绍兴市、县约100万人口和1000平方公里区域内的污水处理工作。其规模和污水处理能力都为全省第一。

12月29日，绍兴小百花越剧团创作表演的新编廉政越剧《一钱太守》在杭州剧院专场演出，省委书记赵洪祝，省委副书记、省长吕祖善等观看演出。【相关链接】2009年2月26日《一钱太守》在北京梅兰芳大剧院汇报演出，中共中央政治局常委、中纪委书记贺国强，中共中央政治局原常委、中纪委原书记尉健行、吴官正，中共中央书记处书记、中纪委副书记何勇等观看演出并接见主要演创人员。2012年2月19日至21日越剧电视连续剧《一钱太守》在中央电视台戏曲频道首播，并于2013年12月17日获第九届中国电视戏曲奖（兰花奖）一等奖。

2009年

1月6日，绍兴县被水利部、财政部授予全国农田水利基本建设先进县称号。

1月，绍兴县被省政府授予“浙江省旅游经济强县”称号。

1月21日，《绍兴县“三个一批”三年千亿计划实施方案》印发。“三个一批”指先进制造业、现代服务业、城郊型现代农业项目。方案提出3年中拟实施项目508个，总投资额1328.98亿元，计划完成投资额884.39亿元。

1月23日，省委书记赵洪祝一行到绍兴县走访企业，看望慰问一线工人。

2月20日，省委副书记、省长吕祖善一行到中国轻纺城调研经济工作。吕祖善充分肯定绍兴县企业解困重组工作取得的成效，并指出：绍兴县纺织产业有轻纺市场的依托，产业链配套完善，装备水平领先，优势明显，关键是要按照“标本兼治、保稳促调”的方针，把危机作为转机，加快转型升级步伐，扩大内外销市场，真正做强产业。

3月13日，首个中国纺织品牌展贸示范基地——绍兴轻纺贸易中心在绍兴县开业。

3月30日，中共中央政治局委员、国务院副总理张德江到绍兴县调研，强调要深入贯彻落实科学发展观，分析和判断当前经济形势，支持中小企业发展，加快经济结构调整。

3月，绍兴县被科技部正式批准为国家火炬计划绍兴纺织装备特色产业基地。

4月10日，绍兴县首个国家级研究院——国家建筑工程技术研究中心建筑工程与住宅产业化研究院在浙江宝业集团正式挂牌成立。

4月11日，绍兴县企业家协会（企业联合会）成立。

4月18日，绍兴县首届春季旅游节开幕，瓜渚湖北岸公园正式对外开放。【相关链接】9月28日绍兴县首届秋季旅游节开幕式暨乔波冰雪世界开业仪式在乔波冰雪世界广场举行。

5月8日，国内首家国家面料样品库及电子商务平台在绍兴县柯桥街道成立。

5月17日，全国政协副主席、九三学社中央副主席王志珍一行到绍兴县视察安昌古镇。

6月10日，省委书记赵洪祝，省委常委、省委秘书长李强及省直有关部门负责人到绍兴县信访局接待群众信访，随后召开信访工作座谈会。赵洪祝指出，面对新形势、新挑战，各地党委、政府要认真落实中央的决策部署，把领导干部下访工作作为实现信访工作重心下移、构建和谐社会的一项基础性工作去推进，通过抓稳定来保发展、促发展，通过抓稳定来保障民安、改善民生，通过抓稳定来促进和谐社会建设。

6月12日，绍兴县通过国家住房和城乡建设部信息中心验收组的考核验收，成为全国首个数字化城市管理试点县。绍兴县“数字城管”于2007年10月建成运行。

7月20日，省政府批复同意《绍兴县柯桥省级历史文化街区保护规划》。保护范围：西起育才路，东至笛扬路，南至104国道，北至万商路，总面积19.95万平方米。

7月24日至26日，首届中国轻纺城创意产业博览会在中国轻纺城国际会展中心举行。

9月5日至6日，“中国绍兴·铜镜与东亚古代文明国际学术论坛”在绍兴县柯桥举行。

9月12日，第十二届全国公开水域游泳公开赛暨全国第四届体育大会公开水域游泳比赛在柯桥街道瓜渚湖举行。

9月16日，绍兴县与新昌县帮扶协作交流活动暨签约仪式在绍兴县举行。双方正式建立帮扶协作关系。

9月25日，全国检察系统研讨会在绍兴县召开。县人民检察院在会上介绍绍兴县打造执法公信力的探索与实践。

9月28日至29日，全国纺织标准与质量研讨会在绍兴县召开。

10月10日，绍兴县重大工业项目奠基开工仪式在滨海工业区举行。

10月12日，县委县政府印发《关于建立县镇村三级“大调解”工作体系的实施意见》。

10月21日，绍兴县东升路市场成为全省纺织品专业市场中的首家五星级文明市场，也是绍兴市首家五星级市场。

10月25日，绍兴柯桥万达广场举行奠基仪式，2010年12月27日建成开业。是全国第一个选址县级城市的万达广场。

10月31日，绍兴县铜雕作品《兰亭序》获得国家级民间文艺最高奖项——山花奖。

11月1日，历时4年的安康寺修复重建工程完工，正式对外开放。

11月2日，绍兴县被中国民间文艺家协会命名为中国民间文艺之乡。

11月13日，浙江省首家金银制品交易市场——绍兴汇联金银制品网上交易市场在绍兴县柯桥街道成立。

11月15日，“越隆杯”首届中国高校纺织品设计大赛颁奖大会在绍兴县举行。

11月22日至25日，首届全国中老年乒乓球邀请赛在绍兴县开赛。

12月17日，中国厨卫城在柯桥经开区开业。系全球首家厨卫专业市场。

12月30日，绍兴县体育中心工程奠基。于2014年8月正式投运并举办浙江省第十五届运动会。

12月，民盟绍兴县总支被评为全国民盟盟务工作先进集体。

12月，绍兴县被确定为国家重大传染病综合防治示范区。

2010年

1月9日，于2008年6月启动建设的绍兴县滨海闸枢纽工程正式开闸运行，首次实现平原洪水向钱塘江直排，改变了绍兴县过去只能通过曹娥江排涝的历史。

1月，中国柯桥国际纺织品博览会获中国行业品牌展会金鼎奖。

4月2日，全国政协原副主席孙孚凌一行到绍兴县视察，参观越崎中学等地，并观看绍兴县教育专题片。

4月24日，绍兴县入选中国产业发展能力十强县（市、区）。

5月11日至13日，绍兴县举办首届[11]中国柯桥窗帘窗纱及布艺博览会。

5月15日，全国人大常委会原副委员长、民建中央原主席、著名经济学家成思危到绍兴县考察中国轻纺城老市场、浙江现代纺织工业研究院，并作题为《2010年宏观经济趋势与民营企业应对策略》的专题报告。

6月22日，中国轻纺城被全球中小企业联盟评为全球最佳专业市场，并被授予“全球纺织品贸易基地”称号。

滨海工业区　全国首个中国绿色印染研发生产基地

6月28日，县委县政府制定出台《关于推进印染产业集聚升级工程的实施意见》提出到2014年全县80%以上的印染产能集聚到滨海工业区。【相关链接】2002年6月27日绍兴县滨海工业区在围垦海涂上挂牌成立。2007年12月成为全国第二批循环经济试点单位。2009年8月19日中国印染行业协会四届二次理事会在绍兴县召开，滨海工业区被命名为全国首个中国绿色印染研发生产基地。2011年3月17日，5个总投资额22亿元的项目在滨海集中奠基开工，标志着绍兴县印染产业集聚升级工程进入实质性建设阶段。至2018年2月，全区212家印染企业已整合提升成108家并全部集聚到滨海工业区。2018年11月至2022年7月，越城区32家印染企业组成五大印染组团

⑪ 2023年8月1日至3日在绍兴国际会展中心（新馆）举行第十二届绍兴柯桥中国轻纺城窗帘布艺展览会。

集聚搬迁至柯桥经开区蓝印时尚小镇。2020年11月，以蓝印时尚小镇印染集聚企业为实施核心的滨海工业区国家级循环化改造示范园区[12]通过验收。

6月，绍兴县3个项目入选第一批国家创新基金项目。分别是“羊山纺机”的节能型高速电子提花机项目，“卓信机械”的低能耗、低排放、高适应性气流雾化染色机项目，轻纺城网络公司的面向纺机专业市场的现代电子服务平台项目。

7月8日至9日，全国农村精神文明建设工作调研座谈会在绍兴县召开。会上，中央文明办对绍兴县在改善农村环境面貌，提升农民素质，推进城乡统筹发展方面取得的显著成绩给予充分肯定，认为这是全国经济发达地区农村精神文明建设的先进典型。

7月15日，由绍兴市政府与国际文化交流基金共同举办的第六届世界合唱比赛开幕式暨中国绍兴建城2500年庆典晚会在中国轻纺城国际会展中心举行。中共中央政治局常委、中央书记处书记、国家副主席习近平致信祝贺，中共中央政治局委员、国务委员刘延东宣布开幕，全国人大常委会副委员长韩启德、全国政协副主席何厚铧出席开幕式。

8月，《绍兴县现代农业发展规划》提出“二园三带七区百村”现代农业空间布局结构。二园：东部现代农业综合园区和南部现代农业综合园区；三带：滨海特种水产养殖产业带，平原稻菜、畜禽产业带，山区林特产业与休闲观光产业带；七区：蔬菜产业功能区、畜禽产业功能区、水产产业功能区、茶叶产业功能区、竹笋产业功能区、干鲜果产业功能区、花卉产业功能区；百村：专业发展蔬菜、畜禽、水产、茶叶、竹笋、干鲜果、花卉七大产业的100个村。

9月8日，绍兴县中国轻纺城（韩国）推介会在韩国首尔洲际酒店举行。

9月10日，全国政协副主席兼秘书长钱运录到绍兴县考察中国轻纺城，对绍兴县以发展轻纺城市场带动纺织产业发展和柯桥新县城建设的做法予以肯定。

11月1日，绍兴县启动第六次全国人口普查工作，2011年6月24日公

⑫ 2014年6月，滨海工业区被列入国家级园区循环化改造示范试点。

布。截至2010年11月1日零时，全县常住人口103.08万人，其中男性52.64万人，女性50.44万人；常住人口中，省外流入人口36.44万人，占35.35%。

11月，《浙江省2009年城乡统筹发展水平综合评价报告》发布，绍兴县城乡统筹综合得分在全省各县（市）中连续3年排名第一，并首次跨入城乡统筹全面融合阶段。至2013年，该得分连续7年位居各县（市）首位。

12月13日，由住房和城乡建设部、国家文物局共同评选的第五批中国历史文化名镇名村揭晓，稽东镇冢斜村入选中国历史文化名村，是绍兴市首个获此称号的古村落。

12月13日，《绍兴县文物保护利用总体规划》通过初审。《规划》提出构建“一带两片四核心”的总体布局。“一带”指兰亭镇、平水镇北部、富盛镇一线组成的古墓葬带；“两片”指以古墓葬为界分为两片，北片平原地区以古民居和古构筑物为主，南片以寺庙祠堂为主；“四核心”指越文化区——以印山越国王陵为核心，南宋文化区——以富盛宋六陵为核心，水乡民居及水运文化区——以安昌、柯桥及古纤道为核心，民间信仰文化区——以王坛舜王庙为核心。

12月，国家级纺机检验中心工作站在绍兴县成立。

2011年

1月14日，绍兴县纺织出口基地被浙江省商务厅、省财政厅列为首批浙江省出口基地。

1月21日，县委十二届十次全体会议审议通过《中共绍兴县委关于制定绍兴县国民经济和社会发展第十二个五年规划的建议》。启动实施纺织产业“4个千亿”[13]计划、优势产业“5个500亿”[14]计划和新兴产业“金种子”[15]计划。

⑬ 4个千亿：力争到“十二五”末，纺织原料、印染、服装家纺织造三大产业产值和中国轻纺城市场群成交额分别实现千亿元。

⑭ 5个500亿：力争到“十二五”末，装备制造、汽车汽配、皮革塑料、新型建材、金属制品五大优势产业产值各突破500亿元。

⑮ 金种子：新能源、生物医药、住宅产业化等新兴产业总产值突破500亿元。

1月，绍兴县茶叶栽培标准化示范区项目成为绍兴县首个国家级农业标准化示范项目。

2月11日，中国轻纺城市场开发管理有限公司及下属企业签下收购全球纺织网的协议。

2月20日，全国坯布产品最丰富的一级专业批发市场——中国轻纺城坯布市场正式营业。

2月25日，绍兴县召开中国轻纺城市场大会，通告《中国轻纺城“十二五”发展规划》。《规划》提出中国轻纺城要在5年内，以打造产业升级引领区、纺织贸易集聚区、城市经济先导区为目标，重点推进规划调控、管理服务、总部经济、国际贸易、人才支撑等10项工作。

2月，中国轻纺城仓储物流中心正式运行，实现仓储、报关、物流一站式服务。

3月9日，全县农村工作会议召开，研究部署“十二”时期的新农村建设工作。会议提出以建设美丽乡村为总抓手，全面实施富裕乡村、安居乡村、洁净乡村、文明乡村四大行动。

3月17日，县委县政府召开产业投资暨招商选资动员大会。会议提出“十二五”时期绍兴县将大力实施“325”重大项目建设计划，即重点实施现代产业培育、社会民生保障、基础设施配套3项工程，力争5年完成投资额2500亿元以上，其中“三产”投资额2000亿元。

3月31日，绍兴县与高校院所共建的创新载体——绍兴县技术转移中心正式启用。浙江大学、浙江工业大学、浙江理工大学、西安工程大学、北京服装学院和绍兴文理学院6所高校首批进驻。

7月28日，全国首个网上围巾市场——网上轻纺城围巾市场正式上线。

4月20日，“充满生机的文化名城——外国驻华使领馆官员走进绍兴”活动组来到绍兴县，约旦、巴基斯坦、新加坡等17个国家的32位驻华大使、驻沪总领事及其他官员走访鉴湖—柯岩旅游度假区。

4月22日，《绍兴县平原绿化规划（2011—2015）》正式通过评审。4月28日《关于加快平原绿化推进“森林绍兴”建设的决定》出台，全面实施

“3318”平原绿化计划，即全县通过3年努力完成3.1万亩平原绿化，全区平原林木覆盖率从14.42%上升到18%以上。【相关链接】2013年柯桥区平原绿化面积达1.115万亩，累计完成平原绿化面积3.578万亩，平原林木覆盖率达18.99%。

5月10日，绍兴县绿源南美白对虾渔业主导产业示范区成为浙江省首个省级现代渔业园区。

5月11日，滨海工业区成立浙江省首个镇级食品安全保障联盟。

5月，绍兴县被评为全国科普示范县。

6月17日，省委书记赵洪祝一行到绍兴县调研，先后考察精功科技股份有限公司全球一流的太阳能多晶硅铸锭炉生产车间、宝业住宅产业化有限公司的国家级住宅产业化生产基地、浙江杭一电器有限公司的遥控器研发生产车间。赵洪祝对绍兴县企业加大科技投入、大胆创新发展的做法给予充分肯定，勉励企业加快科技创新，推动转型升级。

6月30日，绍兴县召开庆祝中国共产党成立90周年大会。

6月，绍兴县被第七届中国城市品牌大会授予全国优秀生态旅游城市、中国最佳文化旅游城市称号。

6月，中国产业发展大会发布中国产业百强县（市、区）名单，绍兴县位列第四。

7月22日至23日，全球纺织服装供应链大会在柯桥举行。

7月22日，中国纺织工业协会检测中心绍兴实验室在中国轻纺城创意大厦成立。

8月9日，绍兴县“两新”党组织党建工作推进会暨钱清镇非公企业党组织集中组建仪式在钱清镇举行。会议总结钱清镇试点经验，提出要在全县推行“村企联建、园区共建、协会统建”组建模式。

8月15日，县政府印发《绍兴县战略性新兴产业发展规划（2011—2015年）》，《规划》提出构筑“一区三带”（北部产业集聚区，临杭产业发展带、临城产业发展带、临绍产业发展带）产业空间布局，重点打造国家级高端纺织装备制造基地、环杭州湾重要的先进汽车汽配基地和新能源产业基地，努力形成新兴（优势）产业与纺织产业“双轮驱动”的发展新格局。

8月30日，绍兴县成为全省县级公立医院综合改革第一批试点县。

9月14日，国务委员兼国务院秘书长马凯到绍兴县调研信访工作，先后到县信访局、安昌镇了解县、镇两级的信访工作流程、组织网络建设等情况。马凯肯定绍兴县党政“一把手”定期接访下访，探索建立了一整套以群众工作统揽信访工作的体制、机制、方式、方法；强调要进一步做好接访工作，对于疑难信访，相关领导和部门要“批办、督办、真办”，及时有效落实解决，切实维护群众合法权益。

9月16日，县委县政府制定《关于加快发展现代服务业的决定》，提出大力推进“服务业兴县”战略。

9月25日至26日，农业部在绍兴县召开全国减轻农民负担工作座谈会。绍兴县在会上介绍经验。

10月19日，为期5天的第七届中国曲艺节在柯桥蓝天大剧院开幕。全国政协副主席、中国文联主席孙家正致信祝贺。

10月20日，绍兴县海外留学归国人士创业发展促进会（海创会）成立。

10月28日，第十届全国人大常委会副委员长热地一行到绍兴县视察中国轻纺城，要求绍兴县在继续打造全国乃至国际一流纺织品市场的同时，更加重视企业的科技创新和品牌创建，建设适应市场需求的营销渠道，提升产品附加值和市场竞争力，加快产业转型升级，推动县域经济持续、健康、较快发展。

11月16日，浙江省第一个纺织专业类中职教育集团——由绍兴县职教中心牵头组建的绍兴市纺织职业教育集团成立。

11月9日，中国社科院首次发布中国商品市场百强榜单和《中国商品市场发展报告》蓝皮书，绍兴中国轻纺城、钱清中国轻纺原料城入选中国商品市场百强榜单，绍兴县上榜2011年度浙江省十大商品市场强县（市、区），中国轻纺城东升路市场上榜浙江省十大转型示范市场。

11月28日，全国人大常委会原副委员长、全国关心下一代工作委员会主任顾秀莲一行到绍兴县调研企业文化建设以及纺织产业发展情况，实地走访浙江中设建工集团、创意大厦“原色数码印花”“意梦缘科技”等纺织创意公司，参观“网上轻纺城”，要求绍兴县继续推动纺织创意产业的发展，加快中国轻纺城市场的转型升级，推动绍兴县纺织产业整体发展，为中国纺织业发展作出贡献。

11月，“绍兴家纺”被浙江名牌战略推进委员会认定为浙江区域名牌。【相关链接】2012年9月11日“绍兴县纺织”入列浙江省产业集群示范区区域国际品牌第二批试点单位。

全国乡镇推动科学发展的成功范例——钱清镇

12月7日，省委省政府在绍兴县召开全省小城市培育试点工作现场推进会。省委书记赵洪祝，省委副书记、代省长夏宝龙出席会议并讲话。绍兴县在会上作典型发言，介绍全县推进城市化战略的举措及钱清镇省级小城市培育试点工作的进展情况。【相关链接】2009年9月钱清镇被中国纺织工业协会授予“中国纺织原料市场名镇”⑯，同年12月25日在国务院发展研究中心举办的2010年中国经济前瞻论坛上，钱清镇作为全国乡镇推动科学发展的成功范例获小城镇建设奖。2019年10月8日《人民日报》刊发中国中小城市高质量发展指数研究成果，钱清镇位列全国综合实力千强镇第33位、浙江省第4位。

12月26日，绍兴县首个外国专家工作站落户浙江省现代纺织工业研究院（浙纺院），是全省首批外国专家站之一。【相关链接】2012年12月6日工业和信息化部公布第二批国家中小企业公共服务示范平台名单，浙江省现代纺织工业研究院上榜。

12月28日，浙江中大饲料集团有限公司被农业部等国家部委认定为农业产业化国家重点龙头企业。

12月29日，绍诸高速全线通车。绍兴县东南部各镇与上海、杭州、宁波等大城市直接连通。

⑯ 同时，兰亭镇、齐贤镇分别被授予“中国针织名镇”“中国纺织机械制造名镇”称号。

2012年

2月27日，柯桥街道办事处获全国爱国拥军模范单位称号。

3月21日，省委副书记、省长夏宝龙率有关部门负责人到绍兴县考察转型升级工作，先后走访宝业住宅产业化有限公司、绍兴夏威夷风情园。在走访企业时，夏宝龙要求坚持创新发展，切实转变发展方式，全力推进转型升级。

全国首批国家知识产权强县建设示范县

3月31日，中共中央政治局委员、国务院副总理王岐山到绍兴县视察，实地走访中国轻纺城东升路市场和柯北创意大厦。王岐山指出，发展创意产业最重要的环境就是知识产权保护，要加大对知识产权的保护和仿冒盗版的打击力度，同时要缩短电脑软件版权、专利权申请时间。省委书记赵洪祝等陪同视察。【相关链接】2012年4月26日轻纺城被国家版权局授予“全国版权保护示范基地”，成为国内首个大型市场版权保护示范基地。2018年10月21日中国轻纺城花样版权登记管理保护办公室获2018年“中国版权金奖”保护奖，是浙江省首个版权保护金奖。2022年8月绍兴市柯桥区成功入选全国首批国家知识产权强县建设示范县。

4月13日，绍兴县纺织业集群正式成为全省首批13个产业集群两化深度融合试验区之一。2014年9月绍兴柯桥区上榜浙江省两化深度融合国家综合性示范区名单。

5月9日，在全国城市党刊研究会上，《绍兴县通讯》作为唯一一家县级党刊，跻身全国优秀党刊之列。

5月23日，省委书记赵洪祝到绍兴县专题调研产业集聚区建设和工业强县（市、区）发展情况，先后走访浙江远东化纤集团、浙江现代纺织工业研究院，观看绍兴县印染产业集聚升级纪略专题片，并召开座谈会。赵洪祝指出，推进产业集聚区和工业强县（市、区）建设，必须牢牢把握“高起点、高标准、高水平”的总体要求，不仅要促进工业持续增长，做大工业总量，更重要的是加快发展战略性新兴产业和改造提升传统优势产业，建立高附加值、低消耗、低排放的现代产业体系，走出一条符合实际、特色鲜明的新型工业化道路。

6月7日，全省首个综合性县级“非遗”馆——位于柯桥明珠文化广场的县非物质文化遗产馆正式对外开放。

8月4日，绍兴县赛艇运动员徐冬香在2012年伦敦奥运会赛艇项目中获得一枚银牌，实现绍兴县竞技体育奥运奖牌零的突破。

8月17日，浙江新中天控股集团有限公司被国务院表彰为全国就业先进企业。

9月17日，绍兴县举行工业、商贸旅游“双百亿”重大项目开工仪式，11个总投资额240亿元的项目集中开工。省委副书记、省长夏宝龙在夏威夷风情园项目工地宣布绍兴县工业、商贸旅游“双百亿”重大项目正式开工。

9月27日，绍兴县首届金柯桥旅游节暨“最长乌篷船队”世界纪录认证仪式在柯桥瓜渚湖畔举行。

10月8日，“2012年中国工程院院士绍兴行”科技合作活动在柯桥启动，中国工程院常务副院长潘云鹤等30多名院士及专家参加。

10月19日，由保加利亚等27国驻华使领馆官员组成的访问团到绍兴县参观访问精功集团和柯岩风景区。

10月26日，2012中国国际面料设计大赛颁奖典礼、2012中国纺织面料时尚创意盛典暨第二届“金梭奖”全国十佳纺织面料设计师颁奖典礼在绍兴县举行。

10月31日，浙江省小微企业发展工作现场会在绍兴县召开。绍兴县在会上作服务小微企业创新发展的经验交流。

10月，“平水日铸茶”被中国国际茶文化研究会授予中华文化名茶称号，这是绍兴县继“平水珠茶”后第二只获得中华文化名茶称号的产品。【相关链接】2013年8月，“平水日铸”成为绍兴县首个地理标志注册商标。

11月26日，县委县政府举行中国轻纺城中央商务区招商推介暨项目启动仪式，这是绍兴县继实施科技园、创意园、物流园建设之后又一个重要的战略项目。

11月，浙江精工钢结构有限公司企业技术中心被国家发改委等5部门认定为国家级企业技术中心，是绍兴县第一家“国”字号企业技术中心。

11月，绍兴县被农业部授予全国农村集体‘三资’管理示范县称号。

12月3日，绍兴县召开红十字会第一次会员代表大会。

12月5日，绍兴县东部生态循环农业示范区被认定为省级第一批生态循环农业示范区。

12月6日，县政府印发《绍兴县工业强县建设规划（2012—2016年）》，《规划》提出工业强县建设的主线是实现工业转型升级，建设的两大目标是建成全国纺织产业转型升级的示范基地和全球最具竞争力的纺织产业集群地，建设的三大主导产业是纺织印染、高端纺织机械装备制造和新型化纤材料。

12月11日，全县旅游发展大会提出打造长三角地区重要旅游目的地。主要目标是利用3年至5年时间，将鉴湖[17]–柯岩旅游度假区创建为国家级旅游度假区，柯岩风景区创建为国家AAAAA级旅游景区。【相关链接】2018年10月柯岩风景区顺利通过了国家5A级旅游景区景观质量省级初评。

12月21日，绍兴县上榜中国纺织工业联合会公布的“全国纺织模范产业集群”名单。

2013年

1月1日，绍兴县获评首批全国社会主义新农村建设档案工作示范县。

实现2018年较2010年“四个翻一番”目标

1月18日，县委十三届三次全体（扩大）会议提出要以党的十八大精神

⑰ 2023年初鉴湖旅游度假区被国家文旅部确定为国家级旅游度假区。

引领绍兴县现代化建设，同时提出分两个阶段[18]推进现代化建设的目标：第一个阶段是到2018年比全省、全市提前两年实现“四个翻一番”目标，即全县生产总值、人均生产总值、城镇居民人均可支配收入、农村居民人均纯收入分别比2010年翻一番。【相关链接】2010年绍兴县国内生产总值776.10亿元，人均生产总值107807元（按户籍人口），城镇居民人均可支配收入32223元，农民人均纯收入16685元。2018年，柯桥区实现地区生产总值1404.55亿元，人均生产总值207307元，城镇常住居民人均可支配收入达63768元，农村常住居民人均可支配收入为37345元。实现了“四个翻一番”。

2月1日，省委副书记、省长李强一行到绍兴县调研行政审批制度改革进展情况，先后考察县行政服务中心、县行政服务中心钱清分中心、齐贤镇光明居委会便民服务中心。李强指出，要以行政审批制度改革为切入点和突破口，进一步深化政府自身改革，全面加强政府自身建设，更好地转变政府职能，努力打造服务最优、审批最快、保障最强的服务型政府，为推进浙商兴浙和企业生产经营营造更加优良的发展环境。

3月，绍兴县被浙江省政府列入创新型试点城市（县、区）。

4月10日，全国政协副主席、全国工商联主席王钦敏一行到绍兴县调研工商联工作。

4月27日，在中国商品交易市场发展论坛上，中国轻纺城获得全国文明诚信经营示范市场、全国标准化示范市场称号。

5月15日，由欧盟资助的国际合作项目——中国纺织印染业永续发展项目在绍兴县正式启动。2017年1月13日欧盟中国纺织印染业可持续发展项目总结交流表彰大会在柯桥区召开。

6月20日，《绍兴县山区经济发展规划》通过专家评审。《规划》确定山区分区定位与产业布局为“一带一城四极”，即西南生态休闲旅游发展带，

⑱ 第二个阶段是在实现“四个翻一番”目标基础上，再经过一个时期的努力，率先基本实现现代化，为全面建成物质富裕、精神富有的现代化浙江和经济繁荣、生活富裕、风尚文明的现代化绍兴作出积极贡献。

平水新城，湖塘、夏履、兰滃和富盛4个发展极。

6月25日，绍兴县被评为全国国土资源节约集约模范县（市）。

6月，浙江省政府正式批复绍兴县为开展企业投资项目高效审批的试点县，将省经信委、发改委、商务厅等9个省级部门的13项审批事项下放到绍兴县。

7月11日，江山—绍兴山海协作产业园正式启动（合作时间首期为5年）。11月被命名为首批9个省级山海协作产业园之一。【相关链接】2018年9月11日举行第十一次联席会议，双方签订山海协作升级版协议和二期合作协议。2022年成为全省首个山海协作百亿产业园，并且连续6年获省山海协作产业协作考核一等奖。

8月22日，绍兴县获2012—2013年度中国品牌会展城市大奖。是15个获奖城市中唯一的县级城市。

8月，绍兴县正式成为首批省级电子商务示范县（市、区）。

9月22日，绍兴县与浙江工业大学合作共建的浙江工业大学之江学院举行新生开学典礼，之江学院柯桥新校区正式启用。这是绍兴县第一所全日制高等院校。

9月29日，绍兴县社会科学界联合会成立暨第一次代表大会召开。

9月，漓渚镇棠棣村入选首批浙江最美乡村。【相关链接】2020年8月26日棠棣村上榜文化和旅游部、国家发改委公布的第二批全国乡村旅游重点村名单，9月17日上榜农业农村部公布的2020年中国美丽休闲乡村[19]名单。

撤县设区

10月31日，浙江省政府发出《关于调整绍兴市部分区划的通知》，撤销绍兴县，设立绍兴市柯桥区，并将原绍兴县的孙端、陶堰、富盛3镇划归绍兴市越城区。11月8日，绍兴县撤县设区挂牌仪式在行政中心举行，绍兴市

⑲ 湖塘街道香林村上榜2022年中国美丽休闲乡村名单。

柯桥区正式成立。[20]

10月，绍兴县被省委省政府表彰为全省“千村示范、万村整治”工程先进单位。

10月，绍兴县被浙江省文化厅、省财政厅列入首批浙江省公共文化服务体系示范区名单。

12月25日，萧甬铁路柯桥区城区段高架改造工程（2009年12月27日开工建设）完工并正式通车，结束城区南北阻隔58年的历史。

12月31日，柯桥化纤面料基地入围商务部公布的第三批国家外贸转型升级示范基地。

2014年

2月14日，省委副书记、省长李强到柯桥区调研污水治理工作。

4月11日，柯桥区召开扩大有效投资工作会议暨百亿元重大项目集中开工仪式。

8月14日，省政协主席乔传秀考察浙江力博控股集团、永利实业集团，看望省政协委员骆越峰和周永利。

9月24日，全国人大常委会副委员长、全国妇联主席沈跃跃，全国妇联党组副书记、副主席、书记处书记孟晓驷到柯桥区考察服务型基层妇联组织建设工作。

2015年

5月5日，2015中国纺织创新年会·柯桥峰会在柯桥举行。这是柯桥中国轻纺城与中国纺织工业联合会首次合作举办中国纺织创新年会，也是该年会首次从北京进入地方纺织产业集群基地。【相关链接】2016年5月5日，2016中国纺织创新年会·柯桥峰会在柯桥召开。

5月13日，柯桥区人民对外友好协会成立。

⑳ 2013年11月8日之后，称“柯桥区”。

5月13日，省委书记、省人大常委会主任夏宝龙在柯桥区调研基层党建等工作。

6月2日，柯桥区举行产业转型升级基金、产业重组基金成立暨合作签约仪式，区政府分别与浙江天堂硅谷资产管理有限公司、浙江省浙商资产管理有限公司签订合作框架协议，标志着柯桥区政府产业基金正式成立。11月20日碳纤维产业基金正式完成对精功集团碳纤维产业的首轮出资，是全省县区级层面首只政府产业基金投资落地项目。

6月3日，省政协主席乔传秀调研浙江树人大学杨汛桥校区项目建设情况。【相关链接】2014年7月2日柯桥区—浙江树人大学共建浙江树人大学杨汛桥校区签约仪式在区行政中心举行。2016年9月28日一期正式投入使用，2017年8月30日二期工程开工。2018年5月8日省政协主席葛慧君一行考察浙江树人大学杨汛桥校区建设情况。2020年5月二期校园竣工并于当年7月启用。

6月8日，柯桥区举行工业、服务业“双百亿”重大项目开工仪式，15个重大项目同时在华舍街道、杨汛桥镇、柯桥经济开发区、滨海工业区等地开工建设。

7月1日，柯桥区餐厨垃圾处置中心建成投运，日处理能力100吨。是绍兴首个餐厨垃圾处理中心。

7月5日，浙江大学国际医院中医分院揭牌仪式在柯桥区中医医院举行。

7月8日，柯桥区青少年宫正式启用。

7月8日，全国政协副主席、农工党中央常务副主席刘晓峰到柯桥区考察黄酒产业发展。

7月9日，柯桥区人民政府与浙江水利水电学院举行战略合作签约仪式。

轻纺城“三次创业”实施新“611”工程——再“造”一个轻纺城

8月21日，区委区政府召开轻纺城“三次创业”发展大会。在轻纺城

“二次创业”实施“611”工程[21]的基础上，组织实施新“611”工程，着力围绕轻纺城+实体市场、时尚创意、电子商务、现代物流、会展经济、现代金融六大发展任务，用6年时间（2015—2020）推进建设100个以上项目，再“造”一个轻纺城（轻纺城市场交易额6年实现翻一番；轻纺城网上交易额达到现有实体市场规模）。【相关链接】2007年10月21日商务部授权中国轻纺城在柯桥向全球发布中国首个纺织指数——中国·柯桥纺织指数。2011年3月18日绍兴县在北京人民大会堂举行“网上轻纺城”主题新闻发布会，宣布将投资20亿元建设“网上轻纺城”；5月7日“网上轻纺城”全球招商活动正式启动，并与谷歌公司签署合作协议；6月28日“网上轻纺城”正式上线，是全国唯一的纺织品B2B网上交易市场。2015年市场群实现交易额1382亿元（其中中国轻纺城成交额和钱清轻纺原料市场成交额分别为865.83亿元和516.02亿元）。2019年中国轻纺城市场群实现成交额2000.3亿元（其中面料市场成交额1379.17亿元），同时网上市场实现交易额526.59亿元，轻纺城线上线下两个市场成交额达2526.89亿元，实现了2015年定下的再“造”一个轻纺城目标。

8月25日，中国—阿拉伯国家产能合作与投资代表团到柯桥区考察经济社会发展、对外产能合作与投资等有关情况。

8月30日，在田径世锦赛男子4×100米接力的决赛中，柯桥区湖塘街道谢震业与他的队友组成的中国队以38秒01的成绩获银牌，创亚洲田径历史。

10月11日，博鳌亚洲论坛理事长、日本前首相福田康夫和博鳌亚洲论坛副理事长、国务院原副总理曾培炎，率博鳌亚洲论坛理事会理事一行到柯桥考察。博鳌亚洲论坛秘书长周文重和巴基斯坦前总理阿齐兹、马来西亚前总理巴达维、新西兰前总理珍妮·希普利等参加考察。

[21] 2007年3月23日县委办县府办印发的《关于中国轻纺城“611”建设计划的意见》提出“611”建设的总体目标：用6年左右时间，建成高层企业总部大楼、现代商务大厦共100幢，全县第三产业增加值占GDP的比重平均每年提高1个百分点。此为“二次创业”实施“611”工程。

柯桥时尚周 中国时尚面料设计大赛 世界布商大会永久举办地

10月12日，柯桥区与深圳服装行业协会在上海举行新闻发布会，启动“深圳·柯桥时尚联盟”。10月16日为期6天的2015柯桥时尚周暨深圳时装周走进中国轻纺城活动在柯桥开幕，此为首届柯桥时尚周，之后每年分春、秋两季举办。【相关链接】2017年10月14至17日“中国时尚面料设计大赛”和“Fabrics China新锐设计师时尚创意设计邀请赛”联动，构成全新的“双百双赛”活动，成为2017柯桥时尚周的重要内容之一，此为首届中国时尚面料设计大赛。2018年9月18日至21日，三大盛会融合互动：2018柯桥时尚周（秋季）在柯桥举行、2018中国绍兴柯桥国际纺织品博览会（秋季）同期举办、2018世界布商大会于9月20—21日举办，此为首届世界布商大会，第十届全国人大常委会副委员长顾秀莲，国际纺织制造商联合会主席、非洲棉花和棉纺织工业联合会主席贾斯·贝迪等出席开幕式。会上成立世界布商大会理事会，举行“丝路柯桥·布满全球”启动仪式，确定柯桥为世界布商大会永久举办地。

10月16日，柯桥区举行第三批重大招商项目集中签约仪式，6个总投资77.5亿元的重大项目集体签约落户柯桥。

10月17日，“中国轻纺城杯”2015中国国际时装创意设计大赛颁奖典礼在柯桥举行，柯桥区第7次被授予时尚创意推动奖。【相关链接】2009年10月25日2009中国职业时装设计师创意设计大赛总决赛在绍兴柯桥举行，此为首届。

10月19日，2015“中国轻纺城杯”新丝路模特大赛浙江赛区总决赛在蓝天大剧院落下帷幕，这是新丝路赛事首次落户柯桥。

10月27日，位于柯桥的华绣科技有限公司成立绍兴首家国际院士专家工作站。

10月29日，绍兴首只科技人才类天使基金——锦聚科技人才创业创新投资基金投入运营。

11月16至17日，浙江省美丽乡村和农村精神文明建设现场会在柯桥召开。省委书记夏宝龙出席会议并讲话。省委副书记、省长李强作工作部署。

柯桥区作典型发言。

11月17日，省委副书记、省长李强在柯桥区调研住宅产业化发展情况。

11月20日，柯桥区与中信集团签署三年300亿元融资战略合作协议。正式开启金融与政府合作的“柯桥模式”。

11月22日，柯桥金秋旅游节“越之南”乡村旅游品牌暨“花满棠棣”推介仪式在漓渚镇棠棣村兰文化广场举行。这是柯桥首次以“美丽乡村”为主题推介旅游资源，柯桥区南部乡村旅游总品牌“越之南”也首度面世。

12月12日至13日，2015年第十届国际泳联花样游泳大赛在中国轻纺城体育中心游泳跳水馆举行。这是柯桥区第一次承办高规格、高级别的国际性A级赛事。

12月26日，历时8年建设的兜率天景区正式全面开放。该景区由龙华寺和兜率天宫两大主体建筑群组成。【相关链接】2013年9月26日，于2008年开始扩建的国内单体最大的皇家风格佛教寺院——龙华寺举行落成典礼。

12月31日，为期3年的柯桥区（绍兴县）大气整治重点工程之一——印染企业“煤改气”改造工程全部完成。

2016年

1月1日，柯桥城区交通拥堵指数正式上线，是全省首个发布该指数的县级城市。

1月4日，浙江省以视频方式召开扩大有效投资重大项目集中开工仪式，柯桥区滨海工业区浙能绍兴滨海热电二期工程项目现场设分会场。【相关链接】绍兴滨海热电二期工程系我国最大的绿色环保热电联产项目，2018年4月24日最后一台机组——6号机组投入运行。

1月5日，省委副书记、省长李强到浙江塔牌绍兴酒有限公司和会稽山绍兴酒股份有限公司了解企业发展现状，调研特色小镇建设情况。

1月19日至21日，柯桥区第十四届人民代表大会第五次会议审查批准《绍兴市柯桥区国民经济和社会发展第十三个五年规划纲要》。

五水共治

2月24日，省委副书记、省长李强到柯桥区调研“五水共治”工作。【相关链接】1997年9月2日省政府表彰第三届浙江省水利建设获奖单位，绍兴县成为唯一获得水利工作最高奖——大禹杯金奖的县（市），2004年11月25日再次获得大禹杯金奖。2014年开始浙江省用特制的“大禹鼎”奖励治水成绩突出的县市，2017年至2019年柯桥区连续3年捧回“大禹鼎”，2019年至2021年连续3年捧回浙江省“五水共治”工作优秀市县“大禹鼎”银鼎㉒。

3月8日，柯桥区政府与中国电信绍兴分公司《加快“十三五”信息化建设战略合作协议》签约。

3月26日，2016年柯桥区首批8个重大项目集中签约落户，包括投资120亿元的柯岩酷玩小镇、25亿元的绍兴黄酒产业基地。

4月15日，省委书记、省人大常委会主任夏宝龙赴柯桥区调研。

杭绍城际铁路

4月29日，柯桥区与国家开发银行股份有限公司浙江省分行合作对接活动举行，杭绍城际轨道交通项目银团贷款合作框架协议签约。杭绍城际铁路工程是国内第一个由区一级政府自行投资、自行建设、自行经营管理的跨地区城市轨道交通项目，是柯桥区历史上单体投资规模最大的城市基础设施项目，也是融入杭州的重大标志性交通枢纽工程。【相关链接】2016年7月22日杭州至绍兴城际铁路工程试验段开工。2021年6月28日，杭绍城际铁路（绍兴市轨道交通1号线柯桥段）通车，标志着柯桥进入一个全新的“地铁时代”。

5月3日，全国政协副主席韩启德到柯桥区考察旅游产业。

5月12日，柯桥区科技园开园仪式暨“科技与水”柯桥高峰论坛在柯桥举行。

㉒ “大禹鼎”一年一评，初次获奖为“铜鼎”，累计3次获“铜鼎”奖后再次获奖才能被授予“银鼎”。

5月26日，2016年柯桥区扩大有效投资重大项目（二季度）集中开工仪式在滨海产业集聚区钱清至滨海工业区公路工程第四标段施工现场举行，10个总投资101.13亿元的重大项目开工建设。

5月31日，省委副书记、省长李强到柯桥区检查防汛工作。

6月3日，智汇"科"桥·"千人计划"专家绍兴柯桥行活动在柯桥区举行，新兴高端产业高峰论坛同日举行。

6月28日，柯桥区委召开庆祝中国共产党成立95周年大会。

7月22日，浙江省以视频方式召开扩大有效投资重大项目集中开工活动，绍兴市在位于柯桥区钱清镇的杭州至绍兴城际铁路工程牛头山隧道施工现场设分会场。

8月18日，绍兴金柯桥科技城（绍兴市千人计划产业园）建设管理委员会揭牌成立。2017年5月升格为省级人才创业园——浙江绍兴人才创业园。

9月23日，浙江省第五届运动休闲旅游节暨2016浙江（柯桥）运动休闲旅游博览会在柯桥区瓜渚湖畔的北岸公园开幕。

10月6日至7日，2016中国杰出工程师科技创新论坛第五次峰会在柯桥举行。

从"中国·柯桥纺织指数"到"中国·柯桥时尚指数"

10月15日，在2016柯桥时尚周启幕仪式上，柯桥区政府联合中纺联共同发布全国首个纺织品时尚指数——中国·柯桥时尚指数。【相关链接】2007年10月21日商务部在第八届中国（绍兴）国际纺织品博览会上发布了我国首个纺织品指数——中国·柯桥纺织指数。

10月15至16日，全球纺织品数码喷墨印花峰会在柯桥举办。是国内首个国际性纺织品数码喷墨印花盛会。【相关链接】2022全球纺织品数码喷墨印花柯桥峰会于2022年11月17日开幕，峰会为中国轻纺城建设管理委员会颁发了2022全球纺织品数码喷墨印花峰会突出贡献奖，颁发了中国印染行业协会产品研发生产基地铜牌、中国印染行业协会印花技术专业委员会增补委员聘书，会上还发布了《2022中国纺织品数码喷墨印花发展报告》。至此，该峰会已连续5届在柯桥举办。

10月25日，2016柯桥区首届“幸福柯桥”村歌大赛精品节目展演暨颁奖晚会举行。

2017年

1月12日，省委书记、省人大常委会主任夏宝龙调研绍兴黄酒小镇。

1月25日，柯桥区举行“点亮鲁镇”柯岩风景区“夜鲁镇”开园庆典暨首届水乡光影艺术节亮灯仪式。灯会持续2个月，到3月25日结束。

3月3日，绍兴金柯桥·首届海外高层次人才创新创业大赛总决赛在柯桥举行。

3月7日，柯桥区举行全区扩大有效投资重大项目集中开工仪式。17个总投资526.9亿元的重大项目集中开工。同日，柯桥区集中签约中石化战略合作等10个重大招商项目，投资总额183.3亿元。

3月23日，省委副书记、省长车俊到柯桥区调研传统产业改造提升工作。

7月31日，“申洲·横江”慈善基金成立。是柯桥慈善史上首个基金规模高达1000万元、资金一次性捐赠的定向基金，专款用于华舍街道助学、助困、救急救难等慈善项目。

8月18日至20日，2017绍兴柯桥中国轻纺城窗帘布艺展览会（秋季）在中国轻纺城国际会展中心举行，是自展会规格提升为国家级后的首次亮相。

8月30日，省委副书记、省长袁家军到柯桥区调研大小坂湖、鉴湖江水环境综合整治情况。

8月30日，柯桥区举行2017年第二批重大招商项目集中签约仪式，现场签约项目18个。

8月，柯桥区“花香漓渚”田园综合体成功入列国家级首批田园综合体试点项目。

9月4日，“点亮你我温暖全城”慈善公益晚会在蓝天大剧院举行。

9月，柯桥区被列为全省第一批11个县域医疗服务共同体建设试点县之一。

11月3日至6日，2017柯桥区运动休闲时尚周在东方山水乐园南大池广场举行。此为首届。【相关链接】2022年11月4日浙江省第三届生态运动会（绍兴柯桥站）暨“迎亚运 共参与”2022柯桥区第六届运动休闲时尚周开幕。在为期一周的时间里，包括2022年中国攀岩联赛浙江绍兴·柯桥站、2022年中国赛艇大师赛浙江绍兴·柯桥站等全国性比赛在内的15项特色活动在柯桥开展。

11月4日，国家“千人计划”专家创新成果产业化对接暨海内外博士柯桥行活动启动仪式和浙江（绍兴）外国高端人才创新集聚区揭牌仪式先后在柯桥区举行。

11月7日，绍兴龙之梦项目在柯桥区行政中心举行签约仪式。

11月17日，柯桥区中医医院新大楼启用，区老年康复医院开业。

11月23日，中国绿色印染创新高峰论坛在柯桥召开。会上，柯桥区人民政府和天津工业大学签订战略合作协议。

12月6日，中国国际时尚创意论坛首次在柯桥区举行。

12月6日，国内首个纺织印花设计园区——瓦栏设计园在中纺大厦正式开园。

12月8日至10日，中国轻纺城首次走出国门到缅甸仰光举办国际纺织展。【相关链接】2019缅甸国际纺织及机械展暨中国轻纺城巡回展于2019年12月6至8日在缅甸（仰光）会议中心举行。

12月17日，柯桥区妇幼保健院正式启用。

12月20日，柯桥区残疾人联合会第一次代表大会举行。

12月21至22日，柯桥区委一届二次全体（扩大）会议审议通过《中共绍兴市柯桥区委关于以习近平新时代中国特色社会主义思想为指引，加快建设富强民主文明和谐美丽的社会主义现代化强区的决定》。

12月22日，“服务实体振兴乡村共享社会”大型主题活动在柯桥区蓝天大剧院举行。活动现场举行“助力传统产业转型升级授信”仪式，振兴乡村结对捐助仪式暨“三位一体”授信仪式，“扶持万户共享社会”慈善捐赠仪式。瑞丰银行为柯桥区1000家企业合计授信100亿元，成立瑞丰慈善基金，3年捐献总额3000万元，第一年定向捐赠858万元。

2018年

1月7日，2018亚太国际金融论坛暨中国资本市场峰会在柯桥举行。这是该论坛首次落户柯桥。之后，又连续举办了2019（1月8日至9日）、2020（1月10日至11日）亚太国际金融论坛柯桥峰会。

2月9日，柯桥区召开全区旅游发展大会暨全域旅游示范区创建动员会。【相关链接】2019年2月柯桥区入选首批浙江省全域旅游示范县（市、区）。

2月，柯桥区成为第一批5个浙江省建筑工业化示范城市之一。

3月25日，柯桥区举行2018年首批重大项目集中开工暨重大招商项目集中签约活动。45个重大项目集中开工，总投资538.4亿元；20个重大项目集中签约，总投资293.7亿元。

3月27日（卡拉奇时间），中国轻纺城巴基斯坦面料展以展中展的形式在巴基斯坦亚洲纺织机械及亚洲服装面料展（Textile Asia）亮相。正式开启“丝路柯桥”2018首个海外展会活动。

3月28日，金柯桥科技城建管委、精工钢构、新谷集团在上海举行绍兴金柯桥海外创新孵化中心成立仪式，这标志着柯桥区首个海外科技创新中心落户美国波士顿并正式运营，也标志柯桥区实施企业“走出去”对接海外人才科技创新创业资源迈出了坚实一步。

3月31日，由柯桥区与山东电影制片厂、浙江立尚文化传播有限公司等联合摄制，根据著名作家峻青小说改编创作的电影《党员登记表》在柯桥蓝天影院举行全省首映式。

4月12日，第十五届浙江省投资促进机构联席会议暨2018“智造未来”国家投资合作交流会在柯桥举行。

4月13至15日，2018国家机器人发展论坛暨RoboCup机器人世界杯中国赛在柯桥举行。【相关链接】2019国家机器人发展论坛暨RoboCup机器人世界杯中国赛于4月19日在柯桥举行。

4月21日，在第二届世界工业设计大会上，柯桥区纺织工业创意设计基地荣获“TIA设计奖——十佳设计服务平台”奖。

北京、深圳、杭州、上海柯桥商会相继成立

4月22日，绍兴市柯桥区北京商会（联谊会）成立大会在北京举行。10月21日深圳市绍兴柯桥商会（联谊会）成立大会在深圳举行；12月9日杭州市绍兴柯桥商会成立大会暨绍兴柯桥招商引智推介会在杭州市举行。2019年12月15日，柯桥区上海商会成立大会暨绍兴柯桥文化旅游、投资环境推介活动在上海举行。

5月6日，“中欧时尚梦工厂”在柯桥正式启幕，第一批10家意大利企业签约入驻。

5月9日，时隔14年后浙江再次召开全省对外开放大会，会上公布浙江省外贸十强[23]县（市、区），柯桥区上榜。

5月22日，柯桥区召开金融工作会议暨“凤凰行动”计划推进会，区政府与上交所、深交所签订战略合作协议，举行银企联合授信签约、后备企业启动上市签约仪式。

5月25至26日，首届世界会计论坛暨第十三届中国CFO（首席财务官）大会在柯桥区举行。

5月26日，省委书记车俊在柯桥区上报的“柯桥中国轻纺城三十年坚持改革开放打造‘国际纺织之都’”信息专报上批示：中国轻纺城是浙江改革开放的一张金名片，要努力打造新时期“国际纺织之都”。

6月23至24日，2018中国柯桥高端纺织产业“千人”论坛在柯桥举行。现场，柯桥本地首个纺织产业大数据服务平台正式启动。

7月7日，全国纺织行业专业市场党建工作经验交流会在柯桥区举行。

7月13日，2018全球智能化产业发展暨物联网高峰论坛在柯桥区举行。

㉓ 2023年5月29日柯桥区上榜浙江省十佳外贸强县（市、区）。

确定“绍兴大城市建设的排头兵、接轨沪杭都市圈的桥头堡”战略定位

8月2日，柯桥区召开对外开放大会。会议通报2018年柯桥区对外开放十大标志性事件，其中第三件是：认真贯彻落实省委省政府“大湾区大花园大通道大都市区”建设决策部署，确定了“绍兴大城市建设的排头兵、接轨沪杭都市圈的桥头堡”战略定位。

“老绍兴，金柯桥”城市品牌发布

8月2日，由绍兴市柯桥区委、绍兴市柯桥区人民政府主办、柯桥区文化广电旅游局承办的2019“老绍兴，金柯桥”全域文旅品牌发布会在上海国际会议中心举行，纽约、上海、柯桥三城联动同步发布“老绍兴，金柯桥”城市品牌。

8月8日，省政协主席葛慧君到柯桥区考察浙江省现代纺织工业研究院。

8月27日，柯桥区人民政府与华夏幸福基业股份有限公司签署《浙江省绍兴市柯桥区福全产业新城PPP项目合作协议》，是绍兴市首个政府与社会资本合作项目。

9月8日，柯桥区举行第二批重大招商项目集中签约、重大项目集中开工暨重大民生实事项目投运仪式。现场有23个总投资372.66亿元的重大项目集中开工，16个总投资367亿元的重大招商项目集中签约，总投资106亿元的重大民生工程集中竣工投运。

9月14日，绍兴市柯桥区国际商会召开第一次会员大会。

9月，2017年度浙江省设区市、县（市、区）科技进步统计监测评价报告公布，柯桥区全省排名上升20位，首次进入前十强，列全省第七位。

10月10日，柯桥区召开乡村振兴·“五星3A”推进暨省美丽乡村建设示范县创建工作部署会。【相关链接】2021年11月8日柯桥区获浙江省新时代美丽乡村示范县称号。2022年10月柯桥区入选首批国家乡村振兴示范县创建名单。

10月11日，柯桥区政府和开元旅业集团举行绍兴柯桥古镇投资运营战略合作项目签约仪式。柯桥古镇将打造成为“柯桥的老底片、城市的新客厅”。

10月13至14日，第三届会稽山论坛暨第十届“文化中国”讲坛在龙华寺举行。

11月3日，第30届世界模特小姐大赛中国总决赛颁奖盛典暨国际总决赛预赛在柯桥举行。

11月16日，柯桥区政府与米兰华夏集团打造的首个海外柯桥面料展售空间——“丝路柯桥·米兰馆”在米兰开馆。【相关链接】2020年10月27日，在柯桥区举行的“米兰·柯桥馆”开馆仪式暨中意数字经济与跨境贸易主题沙龙上，“米兰·柯桥馆”正式开馆。

12月2日，首届绍兴·柯桥新锐电影节闭幕式暨颁奖晚会在柯桥区蓝天大剧院举行。

12月28日，绍兴市柯桥区红十字会第一次会员代表大会举行。

2019年

1月7日，由浙江华宇实业集团有限公司冠名的“华宇·贤德”慈爱基金正式成立，总金额1000万元，下设美德美育、急难救助、慈善组织孵化培育和西周社区专项等四大子基金。

1月22日，柯桥区与省级金融机构全面深入合作洽谈暨招商引智推介会在杭州举行。

2月，中国轻纺城跨境电商产业园项目正式交付运营（2015年12月28日开工）。

3月26日，《体育总局经济司关于2018年国家体育产业基地评选结果公示的通知》发布，柯桥区上榜国家体育产业示范基地（共9个）。【相关链接】2022年4月，柯桥区以全省第三的高分成功入选首批浙江省体育现代化县（市、区）。

4月18日，中国科学院控股有限公司2019年度工作会议在柯桥举行。会上宣布由柯桥区政府和中国科学院控股有限公司共同发起的中科院联动创新基金落户柯桥。

4月30日，柯桥区庆祝“五四运动”100周年各界青年代表座谈会举行。

世界休闲城市

5月13日，"世界休闲城市"授予仪式在柯桥举行，标志着绍兴柯桥正式成为继加拿大里士满市之后全球第二座世界休闲城市，柯桥也成为我国第一座获此殊荣的城市。【相关链接】2017年10月20日柯桥区获世界休闲组织颁发的2017世界休闲创新奖。2018年12月10日，在第四届SportIN大会暨体育BANK颁奖盛典上，位于鉴湖旅游度假区的酷玩小镇被评为2018年度最佳运动休闲小镇。2020年6月柯桥区文广旅游局收到了世界休闲组织首席运营官克里斯蒂娜发来的《世界休闲节申报成功函》，标志着柯桥区成功申报首届世界休闲节。

5月17日，柯桥区举行2019年重大项目集中签约开工暨恒天智能移动空间研发制造项目开工仪式。33个重点项目集中开工，计划总投资486.05亿元；19个重点项目集中签约，计划总投资330.55亿元。

6月13日，2019年全国大众创业万众创新活动周在柯桥中纺CBD举行绍兴分会场启动仪式暨高层次人才创业创新平台集中揭牌仪式。柯桥区西纺纺织产业创新研究院、江南大学柯桥纺织产业技术中心、浙江清华长三角研究院国际人才运营中心、中科湾区（浙江）科创中心4个平台揭牌。

6月，柯桥区国家外贸转型升级基地（纺织）入选国家级外贸转型升级基地名单。这是继化纤面料基地于2013年被商务部评为国家外贸转型升级专业型示范基地后的又一张"国字号"名片。

8月2日，"老绍兴·金柯桥"城市品牌发布会在上海国际会议中心举行，纽约、柯桥与上海三城同步发布。

9月6日，柯桥区举行文化旅游重点项目集中签约仪式，共签约温德姆酒店、鲁镇二期、安昌影视创新小镇等17个总投资达128.18亿的文化旅游重点项目。

9月28日，柯桥区庆祝中华人民共和国成立70周年文艺晚会在蓝天大剧院举行。

9月30日，柯桥区成立全省首个应急救援慈善公益基金。

中国曲艺高峰论坛永久落户柯桥

10月14至16日，第六届中国曲艺绍兴（柯桥）高峰论坛在柯桥区举行。会议明确中国曲艺高峰论坛今后将永久落户柯桥。【相关链接】2007年4月18日，绍兴县被中国曲艺家协会正式授予中国曲艺之乡称号。2009年举办第一届中国曲艺高峰（柯桥）论坛，此后每两年举办一届。2014年和2017年，柯桥区人民政府先后被中国曲艺家协会授予创建中国曲艺之乡工作先进单位称号。

11月29日，柯桥印染企业数字化高峰论坛暨柯桥纺织工业互联网基地启动仪式举行。区政府和中国纺织工业联合会、小米数字科技有限公司签署《共同打造柯桥区纺织工业互联网示范基地战略合作协议》。

11月30日，柯桥区举行绍兴兰亭森林野生动物园项目开工暨2019年第二批重大项目集中签约开工仪式，集中开工重大项目35个、总投资308亿元，集中签约项目30个、计划总投资260.81亿元。

12月12日，柯桥区社会矛盾纠纷调处化解中心正式揭牌运行。政法、司法、信访等单位常驻中心，教体、交通、市场监管等16家单位轮驻，变“多中心”为“一中心”。

12月17至19日，首届“枫桥经验”高峰论坛在柯桥区举行。

12月19日，柯桥区社科联第一次代表大会举行。

2020年

1月2日，省委副书记、省长袁家军到柯桥区开展“深化‘三服务’、助推开门红”调研活动。

首批省5A级景区城 5A级景区镇

1月9日，柯桥区上榜浙江省首批4A级景区城名单（全省6个）。2021年1月，在省文化和旅游厅公布的全省首批3个5A级景区城名单中，柯桥区荣列其中。同时，安昌街道上榜首批5A级景区镇（乡、街道），全省仅6个。

1月10日，柯桥区浙江绿筑集成科技有限公司的“高层钢-混凝土混合结构的理论、技术与工程应用”项目获国家科学技术进步奖一等奖。为绍兴市首次。

1月16日，上海浦东国际机场柯桥航站楼正式运营，是上海浦东国际机场设立的全国第三家、浙江省首家城市航站楼。

3月15日，中国轻纺城国际面料采购中心开业。

步鱼计划

3月20日，柯桥区召开全区干部大会暨制造业高质量发展“步鱼计划”推进大会。“步鱼计划”总目标：通过3年~5年努力，基本形成以现代纺织、现代住建、黄酒“3”大重点制造业集群为支撑，时尚产业、智能制造产业“2”大优势制造业为依托，新材料、生物医药“2”大新兴产业为发展方向的现代制造业体系。力争每年实施制造业重点项目100个以上，到2022年，全区重点制造业集群规模突破3000亿元，优势制造业规模达1500亿元，新兴制造业规模达1000亿元。到2025年，重点制造业集群进一步做大，规模突破5000亿元，现代纺织成为世界先进制造业集群。

4月22日，省委书记、省疫情防控工作领导小组第一组长车俊到柯桥区调研新冠病毒感染疫情防控和复工复产工作。

5月25日，柯桥区政府和浙江理工大学签署全面合作框架协议。

6月29日，中国（绍兴）跨境电子商务综合试验区首单业务（9610出口）开通仪式在柯桥区举行。当年11月，柯桥区成功完成中国（绍兴）跨境电商综试区“9710”企业出口退税第一单。次年2月，柯桥首单“9810”货物顺利通关。

6月，恒生·凤凰数字经济产业园获批浙江省小微企业园。11月获批省众创空间。

7月22日（纽约时间7月21日），2020浙江（绍兴柯桥）网上出口交易会暨中国轻纺城展团纽约国际服装面料展启幕。展会以“柯桥—北京—纽约”的视频连线方式在柯桥行政中心举行，开启了网上出口交易会“云”展会模式。

7月28日，柯桥区举行重大招商项目签约仪式。

8月7日，柯桥区委一届八次全体（扩大）会议审议通过《关于深入学习贯彻习近平总书记考察浙江重要讲话精神，在建设“重要窗口”新征程中走前列当标兵的决议》《关于加快建设新时代“名士之乡”人才高地，全力打造高水平创新性“十强区”的决定》。

8月17日，柯桥区荣获法治浙江（法治政府）建设先进县（市、区），柯桥区“枫桥式”司法所创建项目入选全省县乡法治政府建设“最佳实践”项目。

9月8日，作为首批省级试点的绍兴（柯桥）印染产业工程师协同创新中心在柯桥区现代纺织产业创新服务综合体内揭牌成立。揭牌仪式上，东华大学绍兴创新研究院（又名东纺纺织产业创新研究院）、西安工程大学柯桥纺织产业创新研究院、江南大学柯桥轻纺产业技术中心、浙江理工大学绍兴柯桥研究院等校地合作研究院现场签约工程师协同创新中心共建项目。

9月15日，绍兴柯桥中国轻纺城获批成为第五批国家级市场采购贸易方式试点，并于11月中旬接受了国家级和省级验收。

9月16日，省委副书记、代省长郑栅洁到柯桥区调研，参观轻纺城展示中心。

9月27日，“柯桥院士小镇”被中共浙江省委人才工作领导小组办公室、浙江省科学技术协会命名为首批8家“浙江院士之家”之一。为绍兴首个。

10月19日，柯桥区工商联（总商会）举行第一次会员代表大会。

10月23日，浙江省举行扩大有效投资重大项目集中开工仪式，绍兴市分会场设在柯桥区。柯桥区6个重大项目集中开工，总投资203.8亿元。

11月4日，柯桥区政府与浙江大学医学院附属第二医院签署战略合作意向书，双方合作共建柯桥未来医学中心（浙大二院柯桥院区）。12月18日柯桥区生物医药推进大会暨“健康岛”项目签约仪式举行。【相关链接】《2021年柯桥区政府投资及国有投资项目建设计划调整表》提出要将“柯桥未来医学中心”与柯桥“健康岛”深度融合，聚焦疾病诊断试剂、各类新药研发等，形成全产业链高新技术孵化与产业平台。2022年“健康岛”一期全面启动建设，8月16日柯桥未来医学中心（浙大二院柯桥院区）暨柯桥未来之城开工仪式在柯桥未来医学中心项目现场举行。

11月25日，柯桥区关心下一代工作委员会成立30周年[24]纪念大会举行。

11月30日，首届中国全能设计师主播大赛总决赛暨颁奖典礼在柯桥区举行。这是吴海燕国际时尚研究院2020年6月30日入驻柯桥后的首场大型时尚活动。

12月3日，第十二届“海外学子浙江行”绍兴洽谈大会暨第五届“海纳创新创业大赛”决赛在柯桥区举行。海外学子浙江行是浙江省政府与清华大学共同支持的一项重大招才引智活动，海纳大赛是海外学子浙江行的一项子活动。这是自2018以来第三年将决赛放在柯桥举行。

蝉联中国全面小康十大示范县

12月26日，柯桥区第12次蝉联中国全面小康十大示范县市称号，同时上榜2020年度中国营商环境百佳示范县市。【相关链接】2022年12月6日，2022年度高质量发展系列经典案例在线上公布，绍兴市柯桥区入围2022年度县域营商环境经典案例，位列2022年度县市投资环境百佳典范第七名。

12月28日，中国宝武钢铁集团与柯桥区产业发展合作交流暨精功碳纤维项目签约仪式举行。

12月，柯桥区被住建部评为2020年全国农村生活污水治理示范县（市、区）。

2021年

1月18日，绍兴市兰亭文化旅游度假区[25]管理委员会正式成立。

㉔ 1990年2月6日绍兴县关心下一代协会成立。1991年6月绍兴县关心下一代协会更名为绍兴县关心下一代工作委员会。

㉕ 2023年7月10日浙江省人民政府批复同意设立省级绍兴兰亭文化旅游度假区。

构建“南花园中都市北湾区”城市布局

2月23日，柯桥区人民政府网站发布《绍兴市柯桥区人民政府关于印发绍兴市柯桥区国民经济和社会发展第十四个五年规划和二〇三五年远景目标纲要的通知》。在柯桥的城市发展布局上，未来将构建“南花园中都市北湾区”的城市布局：柯岩、平水、兰亭是“南花园”，主城区柯桥街道、华舍街道定位为“中都市”，马鞍、安昌、齐贤定义为“北湾区”。实施“东融西同”发展策略：“东融”就是坚持全市“一盘棋”，突出大绍兴理念，推动柯桥、越城、上虞全面融合发展；“西同”就是坚持与杭同城，以钱清、杨汛桥为重点，发挥临杭区位优势，加快推动与杭州都市区在交通、产业、公共服务等方面一体化创新突破，努力打造“融杭接沪示范区”，更好承接杭州大都市溢出效应。

全国脱贫攻坚先进集体

2月25日，中共绍兴市柯桥区委员会被评为全国脱贫攻坚先进集体。【相关链接】2015年柯桥区与四川金川县建立扶贫协作关系，2018年又签订了东西部扶贫协作框架协议。2021年5月10日绍兴（柯桥）—乐山（峨边）东西部协作工作对接会在柯桥举行，双方签订《绍兴市柯桥区—乐山市峨边彝族自治县东西部协作框架协议》，开启新一轮东西部协作。

3月3日，首届中国春兰节在柯桥开幕，中国春兰研究院落户柯桥。

3月25日，国家开发银行浙江省分行与柯桥区政府达成300亿元贷款合作意向。

3月31日，柯桥区科学技术协会第一次代表大会召开。

4月21日，柯桥区荣获2020浙江文旅融合高质量发展十佳县（市、区）。

4月24日，科创之江百人会成立大会暨浙江省全球先进制造业基地建设科学家企业家智库圆桌会在柯桥区举行。

5月20日，浙江省美丽城镇建设现场会在柯桥区举行，会上公布浙江2020年度新时代美丽城镇建设优秀设区市、优秀县（市、区）名单，柯桥区上榜。2022年1月25日，2021年度新时代美丽城镇建设优秀县（市、区）名单公布，柯桥区再次上榜。

5月21至24日，2021年（第十届）药物毒理学年会在柯桥举行。

6月13日，绍兴市柯桥乡贤总会成立大会暨重大招商项目签约仪式在鉴湖大酒店举行。此为首届柯桥乡贤大会。

6月15日，在全省科学技术奖励大会上，柯桥区被授予2020年度全省党政领导人才工作述职评议考核优秀县（区、市），这是第九年获此殊荣。

7月21日，柯桥区上榜第五批省级生态文明建设示范市、县（市、区）。

7月26日，《绍兴市柯桥区生态环境保护“十四五”规划》印发。

8月18日柯桥区入选“科创中国”省级试点县（市、区）。【相关链接】2022年8月25日《柯桥区“科创中国”省级试点实施方案》印发。

8月19日，省政协主席葛慧君一行到柯桥区调研重点提案办理情况和政协提案工作。

8月20日，中国银行浙江省分行支持柯桥区打造共同富裕示范区先行地全面战略合作签约仪式在区行政中心举行。

8月30日，《柯桥奋力打造浙江高质量发展建设共同富裕示范区先行地行动方案（2021—2025年）》印发。【相关链接】2022年6月20日浙江省高质量发展建设共同富裕示范区第二批试点名单公布，柯桥区入选改革探索类试点。

蝉联全国综合实力百强区十强

9月28日，《光明日报》刊发《2021年中国中小城市高质量发展指数研究成果》，柯桥区位列全国综合实力百强区第十名，成功跻身十强区，并同步迈入全国科技创新十强区。2022年蝉联百强区第十名。（2022年11月18日《光明日报》）[26]

10月12日，第六届中国设计智造大奖（简称“DIA”）颁奖典礼在柯

㉖ 2023年排名再晋1位，位列第九（2023年11月18日《光明日报》）。

桥举行。

10月15日，柯桥区“一脑一中心、多端多应用—数据驱动的中国基层治理现代化样板”项目荣获2021世界智慧城市（中国区）治理大奖。

10月17日，中国艺术产业发展论坛在柯桥举行。

10月26日，由清华大学、米兰理工大学、柯桥区人民政府主办的中意青年未来时尚设计大赛颁奖典礼在柯桥举行。此为首届，于5月6日在第九届柯桥时尚周启幕秀上正式启动，于10月20日在清华大学举行决赛。【相关链接】2022年11月17日，2022国际时尚论坛暨中意青年未来时尚设计大赛颁奖典礼在柯桥举行。

11月23日，柯桥区政府与宝武碳业科技股份有限公司举行柯桥碳纤维项目战略合作框架协议“云签约”仪式。

12月10日，柯桥区入选全省首批公共文化服务现代化先行县创建名单。

12月17日，由柯桥区政府主导推动打造的织造印染产业大脑在省人民政府数字经济门户上线运行，并于17日起正式向纺织全产业链企业开放入驻。【相关链接】2021年6月省经信厅公布第一批行业产业大脑建设试点“揭榜挂帅”项目名单，柯桥区织造印染产业大脑上榜，并于2022年12月上榜省经信厅公布2022年度数字经济系统产业大脑优秀案例。

2022年

1月12日，中共绍兴市柯桥区第二次代表大会确立了建设共同富裕示范先行区，打造现代化“国际纺都、杭绍星城”这一总目标。

2月15日，“老绍兴回归工程”启动暨第一批重大项目集中签约仪式在柯桥举行。

4月12日，浙江金道科技股份有限公司在柯桥区举行上市仪式，以“云敲钟”的形式正式在深圳证券交易所上市。至此，柯桥区聚集了17.3万家市场主体、1319家规上企业、17家上市公司，累计上市融资254.57亿元。

4月，浙江省2021年高质量发展建设共同富裕示范区工作考核评价结果公布，柯桥区为优秀等次[27]，在全省90个县（市、区）中名列第九位。其中：全体居民人均可支配收入首次突破7万元，排名全省第四；城乡居民收入倍差缩小至1.648，农村居民人均可支配收入4.8万元，排名全省第二；慈善发展指数领跑全省，是全省首批无欠薪示范县（市、区）。

5月18日，柯桥区委农村工作会议暨强村富民推进会召开。

6月10日—11日，第七届清华校友三创大赛晋级赛（浙江赛区）在柯桥举行。现场进行罗家伦书院项目签约仪式，标志着国立清华大学首任校长罗家伦祖居激活计划[28]正式启动。柯桥区委组织部和清华大学浙江校友会签订“人才交流战略合作框架协议”。【相关链接】柯桥先后和清华大学相关力量共建浙江清华长三角研究院绍兴创新中心（2019年6月13日揭牌）、中意未来时尚馆（2021年4月签约），引入海纳创新创业大赛决赛、中意青年未来时尚设计大赛等创新创业赛事。

6月13日，柯桥区举办“喜迎七一·共富我先行”村社党组织书记领雁擂台赛，现场发布《柯桥区大抓基层“三项指数[29]”考评体系》。

6月23日，“赓续红色精神 凝聚奋斗力量——中国轻纺城冠名三十周年”庆祝活动在中国轻纺城展示中心广场举行。

6月，柯桥区以全省第一的成绩荣获2021年度省职成教发展考核优秀市县单位称号，这是自2017年以来第五次荣获该称号。[30]【相关链接】2015年5月上榜第二批国家农村职业教育和成人教育示范县。2016年5月入列第六批全国社区教育实验区。2017年8月上榜浙江省示范学习型城市名单（首批）。2018年9月上榜“全国数字化学习先行区”。

7月16日，第二届“新时代中国美丽城市、美丽乡村巡礼”暨“2022中国文旅和景城融合发展峰会”活动在柯桥区举行，柯桥区获评中国文旅融合

㉗ 浙江省2022年高质量发展建设共同富裕示范区绩效考核评价结果于2023年3月7日公布，柯桥区蝉联优秀等次，同时在市对区2022年度高质量发展建设共同富裕示范区督查考核中排名第一。

㉘ 2023年5月7日罗家伦祖居开放暨陈列馆开馆仪式在钱清街道江墅村新潮广场举行，清华大学乡村振兴工作站柯桥站签约并揭牌。

㉙ 三项指数：村社党组织“堡垒指数”、村社党组织书记“领雁指数”、党员“先锋指数”。

㉚ 2023年6月再次以全省第一的成绩荣获该称号。

创新典范区、中国最美全域旅游典范区。

7月25日，2022海内外青年人才柯桥周暨重点高校人才智力合作对接活动启动仪式在柯桥举行。

9月12日，2022年柯桥区高层次人才中秋恳谈会举行。

9月16日，柯桥区入选省农业“双强”行动“赛马”激励地区榜单，柯桥区南部省级现代农业园区入选2022年度十佳省级现代农业园区名单。

9月19日，柯桥区企业家协会三届一次会员大会暨新兴产业投融资论坛在绍兴国际会展中心举行。

9月30日，区政府印发《绍兴柯桥区构建乡村建设标准体系 全力打造共富星村试点实施方案（2022—2024年）》。

10月9日，杭绍临空经济一体化发展示范区绍兴片区揭牌仪式在柯桥区举行。

10月14日，柯桥区上榜2022年国家乡村振兴示范县创建名单。

10月30日，“超越·鉴湖新盛景”绍兴鉴湖概念规划与方案设计国际竞赛颁奖典礼暨跨界论坛在鲁镇演艺中心举行。

11月15日，2022新丝路故事汇·柯桥论坛在柯桥开幕。省长王浩、新华社总编辑吕岩松出席论坛并致辞。

11月18日，中欧班列“柯桥号”首列开行。

12月21日，在2022中国幸福城市论坛上，柯桥区上榜“2022企业家幸福感最强市（区）”。

浙江省现代纺织技术创新中心

12月28日，省委书记易炼红考察柯桥区浙江省现代纺织技术创新中心。易炼红深入考察共建实验室、院士工作站，了解产业用纺织品高能级技术创新平台助推传统纺织产业高质量发展情况，充分肯定了当地通过新技术新工艺、数字化赋能等推动纺织产业转型升级的成效。【相关链接】2020年12月3日柯桥区举行科技创新大会暨现代纺织鉴湖实验室启动仪式。2021年4月15日柯桥区政府与浙江理工大学举行合作协议签约仪式。根据协议，双方将高水平合作共建现代纺织鉴湖实验室。2022年2月17日浙江启动首批6家省技术创新中心建设，浙江省现代纺织技术创新中心（鉴湖实验室）成为唯一一家纺织印染类省级技术创新中心。7月12日浙江省现代纺织技术创新中心暨鉴湖实验室成立仪式在市行政中心举行。由绍兴市人民政府主导，柯桥区人民政府和浙江理工大学双牵头，科技部门联合纺织领域高校、科研院所和龙头企业共同建设的省现代纺织技术创新中心成立。

12月，柯桥区成为浙江省“大综合一体化”行政执法改革综合试点（全省唯一）。承担了为浙江省乃至全国行政执法体制改革提供标准样板的重要使命，也标志着柯桥区的执法改革工作进入新的阶段。

是年，柯桥区城乡居民收入比值进一步缩小至1.599。农村居民人均可支配收入达到51605元，人均收入绝对值跃居浙江全省各县（市、区）第一，成为全省“农村居民收入第一区”。

附　录

柯桥区【绍兴市（县级）、绍兴县】领导任职年表（1979—2022）

市委、县委、区委书记

王金友　中共绍兴县委书记（1977.3）

沈祖伦　中共绍兴县委书记（1980.6）

邓习斋　中共绍兴市委书记（1981.8）

王咸波　中共绍兴县委书记（1983.11）

陈礼安　中共绍兴县委书记（1986.9）

纪根立　中共绍兴县委书记（1991.2）

陈敏尔　中共绍兴县委书记（1994.6）

顾秋麟　中共绍兴县委书记（1997.11）

徐纪平　中共绍兴县委书记（2002.5）

徐焕明　中共绍兴县委书记（2006.3）

何加顺　中共绍兴县委书记（2010.3）

何加顺[①] 中共柯桥区委书记（2013.11）

徐国龙 中共柯桥区委书记（2014.6）

沈志江 中共柯桥区委书记（2017.8）

赵如浪 中共柯桥区委书记（2021.1）

陈 豪 中共柯桥区委书记（2021.11）

市长、县长、区长

崔树桐 代市长（1981.3）

王余良 市长（1982.6）

陈礼安 县长（1983.11）

钱宝荣 县长（1987.5）

纪根立 县长（1990.5）

陈敏尔 县长（1991.3）

茹关筠 县长【1994.9（1994.9—1995.4任代理县长）】

徐纪平 县长【1998.1（1998.1—1998.3任代理县长）】

冯建荣 县长【2002.11（2002.11—2003.3任代理县长）】

孙云耀 县长【2009.7（2009.7—2010.2任代理县长）】

徐国龙 县长【2011.11（2011.11—2012.2任代理县长）】

阮建尧 区长【2014.10（2014.10—2015.1任代理区长）】

沈志江 区长【2016.11（2016.11—2017.2任代理区长）】

赵如浪 区长【2017.8（2017.8—2018.1任代理区长）】

陈 豪 区长【2021.1（2021.1—2任代理区长）】

袁 建 区长【2021.11（2021.11—2022.2任代理区长）】

① 2017年11月，何加顺因涉嫌严重违纪违法，接受组织审查。2018年7月2日，何加顺被一审判处有期徒刑6年，并处罚金人民币30万元。

人大常委会主任

王佃阁　主任（1982.6）

马岳樵　主任（1987.5）

纪根立　主任（1993.4）

汪传昌　主任【1994.9（1994.9—1995.4任代理主任）】

李会鹏　主任（1998.3）

徐林土　主任（2007.2）

吴　晓　主任（2012.2）

朱晓董　主任（2020.1）

政协主席

孙　洁　主席（1982.6）

崔树桐　主席（1983.11）

朱毓秀　主席（1987.5）

李会鹏　主席（1993.4）

赵六四　主席（1998.3）

李杏芬　主席（2007.2）

吴　晓　主席（2011.2）

孟柏干　主席（2012.2）

吴海洋　主席（2022.2）

后　记

进入建设中国式现代化的新时期，哪些地方实践走在了全国前列？这些地方实践又为处于不同发展阶段的地区“跑”出了怎样的实现路径？为梳理和总结好建设中国式现代化进程中具有示范效应的经验做法，2023年初，《中国式现代化市域实践观察》和《中国式现代化县域实践观察》两套书系正式启动出版。

也就是在2023年，我们很荣幸被聘为柯桥区共同富裕专家顾问。我们在浙江省发改委指导下，以柯桥区漓渚镇棠棣村为共同富裕实践观察点进行长期跟踪观察。经过大半年时间的调研、论证、谋划，我们将“中国式现代化县域实践观察”聚焦到柯桥，柯桥成为县域实践观察的首个样本。如今，《中国式现代化县域实践观察——“经纬之间”织就现代化“国际纺都”》即将付梓，感触颇多。

为什么是柯桥？

经过将近一年作为顾问团代表对柯桥的调研和编纂《中国式现代化县域实践观察——“经纬之间”织就现代化“国际纺都”》的经历，我们能很好地回答这个问题：全体人民共同富裕的现代化是中国式现代化区别于西方现代化最为显著的标志，柯桥在把推动共同富裕作为中国式现代化县域发展的主线、主轴的系统观念下，其探索实践为相对发达地区提供了可复制、可推广的经验。具体可以从这几个视角来阐述：

共同富裕要怎么看、怎么干？关于怎么看这个问题大家已经达成了共识，近两年半的时间，我们省市县乡村各级干部对于共同富裕的理解和看法都经历了许多轮的交流互动，形成了一些共识。怎么干这个问题，大家还都在摸索。

那么，柯桥到底做对了什么？

第一个是共同富裕怎么干的问题，最重要的是把三个体系建立起来。首先是目标体系，也就是到关键的时间节点，共同富裕要达到什么样的目标，柯桥依托自身非常好的起点和基础，高标准制定了目标体系；第二个是我们要把政策支撑体系建设好，我们观察到柯桥实际上做了很多这方面的创新试验，无论是抱团飞地政策，还是宅基地改革，又或是农民养老金，这些工作都有政策的突破，都走在全省前列；第三个是工作实施体系，也就是工作专班制度，柯桥构建了“一组一办一团一中心六专班”组织体系，并在全省创新组建共同富裕指导中心，相当于系统推进的“中枢”和“发动机”。

第二个问题是三次分配的问题。第一次分配，指的是工人的劳动所得、工资所得，表面上看是劳动所得和工资所得，实质上的问题是市场主体的发育问题，这也是所有领导、所有专家都很关注的问题。柯桥的主导经济和主导产业是非常清晰的（大纺织产业），在全面小康建设和共同富裕建设都是先行示范；第二次分配由政府主导，柯桥在公共服务领域做了很多先导性的工作，包括医疗、教育、养老、公共文化等供给能力。如为了让更多农民的退休生活有保障，柯桥不断完善被征地农民衔接基本养老保险的办法，使得大量征地农民纳入企业职工基本养老保险体系，其中很多农村居民享受到了这一红利，养老金水平显著提高；第三次分配是道德引领的，柯桥慈善构建了“五善机制”实现，大额慈善基金（信托）数量达84支，总规模达3.33亿元，所以这块工作做的基础也比较扎实。

第三个问题是共同富裕要始终关注3个领域的不平衡问题。第一是区域不平衡的问题，柯桥实际上是做了很漂亮的工作，主要指的是抱团飞地（南部山区三镇抱团在柯桥主城区的群贤198文创园部分楼宇建飞地），对于区域不平衡问题的解决起到了很大作用；第二是城乡不平衡的问题，城乡不平衡的问题主要是在乡村振兴这块工作，柯桥在做这一项工作的时候，特别是各种特色农产品的培育，然后加上共富工坊这个做法，对乡村振兴的产业振兴起到了比较大的作用；第三是人均收入不均衡的问题，柯桥在这块走在前列是因为他们开始做精准画像，其实这个精准画像是很难做的，哪怕是我们的城乡调查队，也不具备原来入户调查或者抽样调查家庭年均收入的问题，但是柯桥开始破题。我们认为，提低扩中最后会把重点落脚点落脚到乡村振兴上，并且是乡村里面的提低到扩中，就家庭年收入10万元以下的提升到10万元—20万元，而要解决这个任务，我们反复研究以后最后得出的结论就是：政府真正该做的事情，就是要加大农民职业技能培训，包括现代农业科技、小型农业机械的使用、农业品牌的建设、农村电商的应用等等。

在整个工作推进中，柯桥在这3方面工作做得很不错。第一个就是我们反复强调的，柯桥抓准了自己最大的特点，就是对于第一产业，也就是柯桥主导的纺织印染产业抓得比较到位；第二个就是开始对于画像，对于农民、对于年轻人开始了技能的培训；第三个就是柯桥在体制机制创新这一块上做了很多的尝试，包括对于宅基地制度的改革，对于农民保障的问题，对于特色农业的发展以及共富工坊的发展路径等等。

最后，说一些感谢。

本书的顺利出版，离不开大家的共同努力。

首先，对每一位新老柯桥人表示感谢。人民城市人民建，正是一代又一代的柯桥人持续发扬“围涂精神”“四千精神”，才有了柯桥从“河边布街”到“国际纺都”的崛起和蝶变。这是本书出版的基础和根本。

其次，感谢柯桥各业务部门、乡镇街道的负责人和工作人员，正是你们的付出，书中才能呈现出一个个扎实的做法和生动的案例，让本书变得更加丰满，可读、可学；感谢柯桥区共同富裕指导中心的同志们，从第一次开讨论会，到后续搜集大量素材，再到编撰后期的审稿，为本书出版提供了坚实的后盾，高效、务实！

感谢整个编纂团队的辛苦付出，感谢研究出版社大力支持和编审老师鼎力相助。

最后，还要特别感谢我们亲爱的读者，您的需求是我们创作这本书的初心。再次感谢您的阅读，希望您能有所收获。书中若有表述不当之处，也请你们不吝赐教。

未来，我们也将继续做好媒体的报道、总结、提炼、提升的本职工作，梳理更多中国式现代化区域实践的做法和经验。

谢谢大家！

赖惠能　周　宇

2024年3月24日

满目皆绿的乡村　林哲秉／摄

图书在版编目(CIP)数据

中国式现代化县域实践观察——"经纬之间"织就现代化"国际纺都"/赖惠能,周宇主编. --北京:研究出版社,2025.7. --ISBN 978-7-5199-1896-5

Ⅰ. D625.554

中国国家版本馆CIP数据核字第2025ZZ5860号

出 品 人:陈建军
出版统筹:丁 波
责任编辑:张 璐

中国式现代化县域实践观察——"经纬之间"织就现代化"国际纺都"

ZHONGGUOSHIXIANDAIHUAXIANYUSHIJIANGUANCHA

赖惠能,周 宇 主编

研究出版社 出版发行

(100006 北京市东城区灯市口大街100号华腾商务楼)

北京中科印刷有限公司印刷 新华书店经销

2025年7月第1版 2025年7月第1次印刷

开本:710毫米×1000毫米 1/16 印张23

字数:330千字

ISBN 978-7-5199-1896-5 定价:79.00元

电话 (010)64217619 64217652(发行部)